新型城镇化与新型城乡空间研究丛书

长三角城市多尺度创新网络

内涵、特征与机制

李迎成 著

图书在版编目（CIP）数据

长三角城市多尺度创新网络：内涵、特征与机制/李迎成著. —北京：商务印书馆，2024
（新型城镇化与新型城乡空间研究丛书）
ISBN 978-7-100-23103-9

Ⅰ.①长… Ⅱ.①李… Ⅲ.①长江三角洲—城市群—空间规划—研究 Ⅳ.①F299.275

中国国家版本馆 CIP 数据核字（2023）第 188173 号

权利保留，侵权必究。

新型城镇化与新型城乡空间研究丛书
长三角城市多尺度创新网络
——内涵、特征与机制
李迎成 著

商 务 印 书 馆 出 版
（北京王府井大街 36 号 邮政编码 100710）
商 务 印 书 馆 发 行
北京市白帆印务有限公司印刷
ISBN 978-7-100-23103-9

2024 年 4 月第 1 版	开本 787×1092 1/16
2024 年 4 月北京第 1 次印刷	印张 13¾

定价：80.00 元

丛 书 总 序

在人类社会漫长而无限的时空演进场景中，城镇的出现虽然历史悠久，但是其主导、引导人类社会的发展进程和城镇化成为人类社会演进的主旋律和主推力，却是最近两三百年的事情。然而，在这数百年波澜壮阔的城镇化发展进程中，人类社会发展变化的节奏、速度和程度，远远超过了此前数千年。一方面，城镇化的发展推动了人类社会的快速发展，另一方面则是人类社会迭次涌现的新技术、新制度、新观念等，不断改变着城镇化的模式和方向，新型城镇化模式也由此而阶段性地出现，并随之改变着城乡空间的类型、功能、图景和关系。

从全球层面来看当下的世界新型城镇化模式，其中既包括全球新技术革命带来的城镇化方式的创新，也包括由于中国快速崛起、中国城镇化迅猛推进带来的全球城镇化重心的转移，也就是中国特色城镇化模式。从中国城镇化演进历程来看其正在迈入的新型城镇化阶段，我们看到的是中国最近30多年快速城镇化所达到的城镇化水平超过50%的现实基础、所累积的复杂的资源环境与社会问题，以及所面临的老龄化、机动化和国际环境变化带来的挑战。这与30多年前中国城镇化水平在20%以下时的处境大不相同，也与10多年前中国城镇化水平跨越30%门槛时面临的形势有本质区别。如果说，中国在达到城镇化水平50%以前，还可以借鉴、甚至照搬与模仿西方工业化、城市化高峰时期的理论、模式、经验来指导中国城镇化发展的话，现在我们面临的许多问题，是西方既往城镇化"教材"所没有的，我们只能依靠对自身特点、经验、教训的深刻解读和对未来的超前预判和分析，来设计出适合中国发展的新型城镇化路径，这是我们面临的重要理论问题，也是中国学术界的历史责任，需要极大的创新勇气和艰苦的探索才可能找到答案。

和新型城镇化相对应，世界和中国城乡空间的变革也日新月异，这其中既包括新的城乡关系，也包括新的城乡空间类型、功能、景观，以至于新的城乡空间需求和理念，以及新的城乡空间研究视角和规划模式。仅就中国而言，计划经济、传统产业时期的城乡空间规划与建设理念和模式，与改革开放以来的市场经济、外向型产业和观念多元化变革时期的城乡空间规划与建设的理念和模式截然不同，物质空间为本时期与以人为本时代的城乡空间规划与建设的模式也不同，加上新技术带来的空间变革，一个新型城乡空间关系、空间类型、空间建设与规划模式涌现的新时代正在来临，需要我们察微知著、详加研判。

城镇化模式与城乡空间类型的创新既有阶段性质变，也有连续性的渐变，学术研究要遵循事物发展客观具有的"承前启后"的因果链条。因此，本丛书所指的"新"，其历史起点定格在20世纪70年代全球化和新技术革命开启的新阶段以后，特别是中国改革开放以来，既包括对已经走过的30多年所积累的与传统阶段相比有所不同的"新型"的既往式总结，也包括当下进入新世纪第二个十年、中国城镇化进入加速发展后期以及迈向成熟期之时，对即将面临的"新"时期的预见性展望。希望通过对已经走过的30多年新实践诸如开发区建设、新城开发、都市圈与城市群等培育进行系统总结和提炼，构筑当代"中国特色城镇化模式"的科学起点，通过对正在成为共识的"以人为本"新阶段所蕴含的新型城镇化的新趋势、新型城乡空间的新类型等进行基于国情现实的预判，改变长期的"拿来主义"倾向，重新确立基于发展自信的文化自信，在面向未来、寻求新路的同时更加对准中国历史原点，逐步建立起未来真正意义上"中国特色城镇化模式"的科学内涵与理论构架。

本丛书是一个动态扩展的开放式学术专著集成平台，围绕"新型城镇化和新型城乡空间"这一总的方向，立足时代前沿、扎根中国实践、进行理论探索。丛书既包括对中国城镇发展与规划进行探索的中青年学术骨干的著作，也包括不断涌现的"80后"年轻学人的学术专著，预计"90后"新学人的专著出现也为时不远。欢迎学术同人、社会各界对丛书进行指导和支持，也欢迎对本丛书有兴趣的高水平学术新作不断充实进来，汇集涓涓细流，形成推动中国城乡空间与规划研究的新力量。

本丛书前六本在东南大学出版社已经出版。由于各方面情况的变化，自2021年起，新系列在商务印书馆继续出版。

王兴平

东南大学建筑学院教授、博士生导师

2013年于东南大学建筑学院

2021年修改

序

　　城市是集聚创新活动的主要空间载体，提供了创新所需的基础设施、智力资源与空间氛围。同时，城市的创新过程与外界存在各种各类的创新联系。这些联系所形成的城市创新网络成为重塑全球与区域创新发展格局的重要力量。随着信息通信技术和轨道交通的不断发展，中国城市间的创新联系日益强化，对中国城市发展的影响日益突出，探讨中国城市间的创新联系及城市创新网络成为时代的新命题和迫切需求。

　　在此背景下，近年来针对中国城市创新网络的研究方兴未艾。相关学者从组织结构、形成机制和外部效应等方面对中国城市创新网络展开了多类型、多尺度、多层面的研究，取得了丰硕的研究成果。城市创新网络既可以看作是城市网络研究范式在城市创新领域的延伸与具体应用，又可看作是创新网络在城市尺度的一种空间映射。作为城市网络与创新网络研究的交叉领域，城市创新网络研究推动了"网络研究范式"在创新地理等领域的迅速应用与发展，对理解中国城市创新网络的形成与发展有重要的作用。

　　李迎成教授近年来努力扎根创新地理学的研究，先后在英国伦敦大学学院攻读博士学位，在麻省理工学院作博士后研究，现已是东南大学教授、博士生导师。近些年来，在国内外重要期刊发表了较多的、在创新地理领域具有创新性的学术论文，已成为中国创新地理研究的优秀青年学者。即将显现给各位读者的《长三角城市多尺度创新网络：内涵、特征与机制》集中反映了李迎成教授近年来关于城市多尺度创新网络的思考与探讨，既对城市多尺度创新网络的内涵进行了系统的理论阐释，在理论上具有开拓性，也对长三角城市多尺度创新网络的演化特征与机制进行了实证分析，具有应用价值。总体而言，本书在以下三个方面进行了探索与创新，为中国城市创新网络研究提供了一些新的视角和方法。

　　通过追溯城市群这一概念的理论源头，重新审视城市群在全球知识经济时代下的创新与枢纽功能，结合创新网络的尺度特征，创新性地提出了城市多尺度创新网络这一学术概念和理论模型，突破了以往城市创新网络研究多关注单一尺度的局限，为城市群更好地融入国家和全球尺度的城市创新网络提供了理论指导。

构建了城市多尺度创新网络结构特征的分析框架，提出了基于创新联系的城市群功能多中心测度方法，以论文合作数据为表征的科学创新联系和以专利合作数据为表征的技术创新联系进行了明确的区分，深化了创新时代城市群空间结构及其内部差异的科学认识。

探讨了城市多尺度创新网络形成的微观机制，弥补了既有研究对城市创新网络微观形成机制认识的不足。通过对长三角科研人员的大规模邮件调查和对专利信息的深度挖掘，揭示了以创新型人才和企业为代表的城市内部创新主体对城市多尺度创新网络形成与演化的重要推动作用，发现科研人员之间的"地缘""学缘"和"业缘"关系是长三角城市多尺度科学创新网络形成的微观基础。

2014年，在首都师范大学召开中国首届创新地理大会，2016年我联合国内的创新地理研究的学者共同出版《创新地理学》，如今已有众多学者参与到创新地理的研究。创新地理研究对国家实施创新驱动发展战略具有重要的作用。本书是中国城市创新地理的又一新作。创新网络研究对指导长三角区域创新共同体建设具有现实意义。随着中国城市在全球城市创新网络中的地位不断提升，中国城市创新网络研究对于理解中国式现代化以及创新驱动的城市化进程变得愈发重要，有待更多学者特别是年青一代学者的持续探索，为进一步推动城市创新网络的研究提供中国方案。

迎成索序，欣然命笔！

吕拉昌
首都师范大学 教授、博士生导师
北京城市创新与发展研究中心 主任
2024年2月

前　言

　　近年来,"网络研究范式"在城乡规划学、地理学、经济学等不同学科领域受到了广泛关注,其中学术界针对城市网络的研究更是方兴未艾,在理论与方法层面均取得了丰硕成果。按照社会网络的一般定义,城市网络可以看成是以城市为节点、城市间相互联系为通道构成的一种城市空间组织结构。随着信息通信技术与交通基础设施的不断发展,人员、信息、知识、资金、商品等要素的高频高速流动使得城市间的联系日趋复杂多样,并进而推动了不同尺度、不同类型城市网络的发展。在众多联系类型中,城市间基于知识流动形成的创新联系正成为重塑新时代区域创新发展格局、构建城市创新网络的重要力量,针对城市创新网络基本特征和影响机制的研究也已成为当前城市网络研究的热点议题之一。

　　"城市多尺度创新网络"是本书提出的一个核心概念,具体指城市群内部各城市之间以及城市群内部的城市与城市群外部的城市之间,通过位于城市内部的企业、高校、科研院所等创新主体之间的知识流动,在全球、国家和城市群尺度形成的一种城市创新空间组织结构。可以看出,"城市多尺度创新网络"是以城市群为基础形成的一个多尺度、开放式的创新系统。当然,作为一个规范的学术概念,"城市多尺度创新网络"需要有其自身的理论基础,这主要体现在以下两个方面。一方面,城市群不仅代表了当今世界大尺度城市化进程的主要空间形态,而且也承担着在全球知识经济时代的开放(枢纽)与创新(孵化器)功能,而后者在法国著名地理学家戈特曼(Gottmann, 1957, 1961)对美国东北海岸城市群的研究中就已被提及。事实上,在全球化和地方化相互交织背景下,单一的区域经济体不可能具有发展创新所需的所有知识,获取外部创新资源的能力已成为决定区域经济体是否具有创新竞争优势的关键因素。因此,城市群作为国家参与全球竞争合作的基本空间单元,既要加强城市群内部各城市之间的功能联系,也要积极融入国家和全球的经济和创新网络。另一方面,数字化时代下,地理邻近已不再是决定知识流动的唯一因素,尽管其仍发挥着重要作用。事实上,知识流动受地方与空间的限制已越来越少,跨城市、跨区域的知识流动日趋频繁。因此，基于知识流动形成的城市间创新联系具有突出的多尺度特征，基于不同尺度城市创新联系形成的城市创新网络也正成为创新经济地理学研究的重要内容之一。对于城市群而言，城市间创新联系不仅存在于城市群内部各个城市之间，同时也存在于城市群内部的城市与外部位于国家和全球尺度的城市之间。可以说，城市间创新联系所具有的这一"多尺度"特征为重新审视城市群的开放与创新功能提供了新的研究视角。

长三角城市群是中国经济发展最活跃、开放程度最高、创新能力最强的区域之一。本书以江浙沪两省一市构成的长三角城市群为实证分析对象，对长三角城市多尺度创新网络的概念内涵、功能多中心结构特征以及微观形成机制进行了深入研究。本书通过对城市网络、创新经济地理、多维邻近等理论的综合运用以及对"大数据"与"小数据"相结合的研究方法的探索，旨在从理论与方法层面进一步丰富城市创新网络的研究，并为针对国内外其他城市群的相关研究提供借鉴与参考。围绕上述研究内容和目标，本书共设置七章，分为四个部分。其中，第一部分（第一至三章）重点阐述了城市多尺度创新网络的理论基础、概念内涵和分析框架；第二部分（第四章）重点分析了长三角城市多尺度创新网络的结构特征与演化规律，包括科学创新网络与技术创新网络两种类型；第三部分（第五至六章）分别重点探讨了长三角城市多尺度科学创新网络与技术创新网络形成的微观机制；第四部分（第七章）在总结本书主要结论的基础上，探讨了长三角城市多尺度创新网络的启示与建议。

本书在写作过程中，得到了澳大利亚墨尔本大学 Nicholas Phelps 教授的大力指导以及比利时鲁汶大学 Ben Derudder 教授、英国伦敦大学学院 Jung Won Son 副教授的指点与帮助，在此予以诚挚感谢。本书在研究过程中，对长三角科技工作者进行了大规模的问卷调查并对部分人群进行了访谈，在此对所有参加问卷调查和访谈的人员予以衷心感谢。此外，研究生李金刚、涂曼娅、杨钰华和钟笑寒协助整理了部分资料并处理了部分图件，在此予以致谢。由于成书仓促，加之作者水平有限，书中难免有遗漏、不足甚至谬误之处，敬请各位同行及读者批评指正。

李迎成

2022 年 7 月于东南大学前工院

目　录

丛书总序……………………………………………………………………………… iii
序 …………………………………………………………………………………… v
前言 ………………………………………………………………………………… vii

第一章　开放与创新：城市群功能特征的再审视 …………………………… 1
　　第一节　城市群概念的百年演变 ………………………………………… 2
　　第二节　中国城市群开放与创新功能的现实基础 ……………………… 8
　　第三节　城市多尺度创新网络：解读城市群功能特征的新视角 ……… 14

第二章　全球地方视角下的城市多尺度创新网络 …………………………… 18
　　第一节　基于城市网络的城市群功能多中心研究 ……………………… 19
　　第二节　基于创新联系的多尺度创新网络研究 ………………………… 30
　　第三节　城市多尺度创新网络：城市网络与创新网络的融合 ………… 47

第三章　城市多尺度创新网络的理论框架与实证策略 …………………… 55
　　第一节　城市多尺度创新网络的概念模型与基本特征 ………………… 55
　　第二节　城市多尺度创新网络的形成机制 ……………………………… 63
　　第三节　基于论文与专利合作的城市多尺度创新网络构建 …………… 69
　　第四节　城市多尺度创新网络的多中心结构测度 ……………………… 72

第四章　长三角城市多尺度创新网络的结构特征 ………………………… 75
　　第一节　创新联系数据收集 ……………………………………………… 75
　　第二节　长三角城市多尺度创新网络的结构演化 ……………………… 81

第三节　长三角城市多尺度创新网络的功能多中心演化 …………… 95
　　第四节　重新审视长三角城市群的创新枢纽功能 ………………… 104

第五章　长三角城市多尺度科学创新网络的形成机制 ……………… 113
　　第一节　针对论文通讯作者的邮件问卷调查 ……………………… 114
　　第二节　整体视角下微观邻近对科学创新网络的影响 …………… 125
　　第三节　"城市对"视角下微观邻近对科学创新网络的影响 …… 133
　　第四节　城市个体视角下微观邻近对科学创新网络的影响 ……… 140

第六章　长三角城市多尺度技术创新网络的形成机制 ……………… 148
　　第一节　基于专利申请人关系的微观邻近界定 …………………… 149
　　第二节　整体视角下微观邻近对技术创新网络的影响 …………… 155
　　第三节　"城市对"视角下微观邻近对技术创新网络的影响 …… 165
　　第四节　城市个体视角下微观邻近对技术创新网络的影响 ……… 171

第七章　长三角城市多尺度创新网络的启示与建议 ………………… 179
　　第一节　城市多尺度创新网络研究的理论价值及启示 …………… 179
　　第二节　对长三角科技创新共同体建设的政策建议 ……………… 185

参考文献 ……………………………………………………………… 188

第一章 开放与创新：城市群功能特征的再审视

作为大尺度城市化进程的一种主要空间形态，城市群近年来正在全球范围内迅速兴起，已成为各国城镇化、工业化与现代化发展的重要推动力量，并受到国内外学术界的持续关注。然而，相较于显性的空间形态特征，城市群开放与创新的功能特征在已有研究中却常常被忽视（Harrison and Hoyler, 2015）。在知识经济化与区域一体化不断加速的时代背景下，城市群的发展也呈现出一些新趋势，其中一些趋势对强化城市群开放与创新的功能特征具有重要意义，值得特别关注。首先，由于交通、信息和通信技术的快速发展，城市群内外城市之间的联系日益紧密。人口、货物、资金和信息的流动使得大尺度城市化地区正在由"场所空间"向"流空间"转变（Castells, 2000; Taylor and Derudder, 2016; Taylor et al., 2010）。其次，城市群对于知识密集型产业、高层次人才和高水平技术人员更加具有吸引力，使得城市群不仅是人口集聚的地区，更是人才汇集的场所（Florida et al., 2008; Sassen, 2007; Yusuf, 2007）。最后，城市群已经成为各个国家和地区融入全球经济的主要空间单元，这在欧洲空间发展战略（European Spatial Development Perspective, ESDP）、"美国2050"空间战略规划以及中国近期制定的多个国家级城市群发展规划中均有直接体现。这些趋势表明全球范围内的城市群发展正在经历一场转变，这要求我们对城市群的认识不能仅仅停留在其作为一种大尺度城市形态和制造业集聚的空间存在，也应该将其视作一种基于功能联系和创新驱动形成的新型城镇化空间。因此，重新审视城市群开放与创新的功能特征，对于理解全球知识经济时代中国城市群的发展、推动中国城市群融入全球创新网络具有重要意义。

本章的结构如下：首先，通过简要回顾一个世纪以来城市群概念的发展演变历程，指出半个多世纪前戈特曼（Gottmann, 1961）提出的大都市带的枢纽和孵化器功能对于理解新时代中国城市群的发展仍然具有重要的理论价值，需要重视城市群的功能特征研究。其次，通过对中国城市群发展概况的梳理，探讨中国城市群承担开放与创新功能的现实基础。最后，探讨本书所提出的城市多尺度创新网络这一概念的理论背景和基本内涵，指出城市多尺度创新网络为重新审视城市群开放与创新的功能特征提供了新视角。

第一节　城市群概念的百年演变

作为一个规范的学术概念，城市群一词最早出现在西方学者针对"megalopolis"的相关研究中。自20世纪初以来，国内外学术界针对城市群的研究大致经历了三个不同的发展阶段，从格迪斯（Geddes, 1915）和芒福德（Mumford, 1938）早期对巨型城市（megalopolis）的研究，到戈特曼（Gottmann, 1957, 1961）对美国东北海岸大都市带的研究，再到近年来对全球范围内兴起的巨型区域（megaregion）的研究（Florida et al., 2008; Lang et al., 2009）。图1-1列出了一个多世纪以来国内外学者围绕"megalopolis"一词所提出的一些代表性概念。虽然这些概念无法全面反映城市群这一概念的百年演变历程，但可以发现，学术界对大尺度城市化进程的研究兴趣一直持续至今，且各阶段在研究的地理背景、地理尺度和关注焦点等方面存在较为明显的差异。同时也可以看出，在这三个阶段的研究中，国内外学术界对城市群概念的认识也经历了从消极到积极、从特殊到一般、从形态到功能的转变。当然，经过一个多世纪的演变，城市群也已成为当前国内学术界定义和研究巨型区域所普遍采用的一个学术概念，其通常被翻译为"urban agglomeration"，这一翻译也受到了国际同行的普遍认可（Fang and Yu, 2017）。

一、格迪斯和芒福德对巨型城市的研究

贝金塔（Baigent, 2004）和梅勒（Meller, 1993）等人认为，针对大尺度城市化进程的学术研究最早可追溯至20世纪初格迪斯（1915）和芒福德（1938）两位学者对巨型城市所做的开创性研究。作为一名深受生物进化论影响的苏格兰规划师，格迪斯在《进化中的城市》（*Cities in Evolution*）一书中用"megalopolis"一词描述他对巨型城市生态环境恶化的关注。格迪斯（1915）认为这些巨型城市具有"令人沮丧的生活……伴随着疾病和愚蠢……恶习和冷漠……懒惰和犯罪……"，"为了寻求更小、更简单、更健康和更幸福的社会发展而离开这些城市是一种解脱"。作为格迪斯的学生，芒福德（1938）进一步发展了其老师有关"megalopolis"和城市进化的

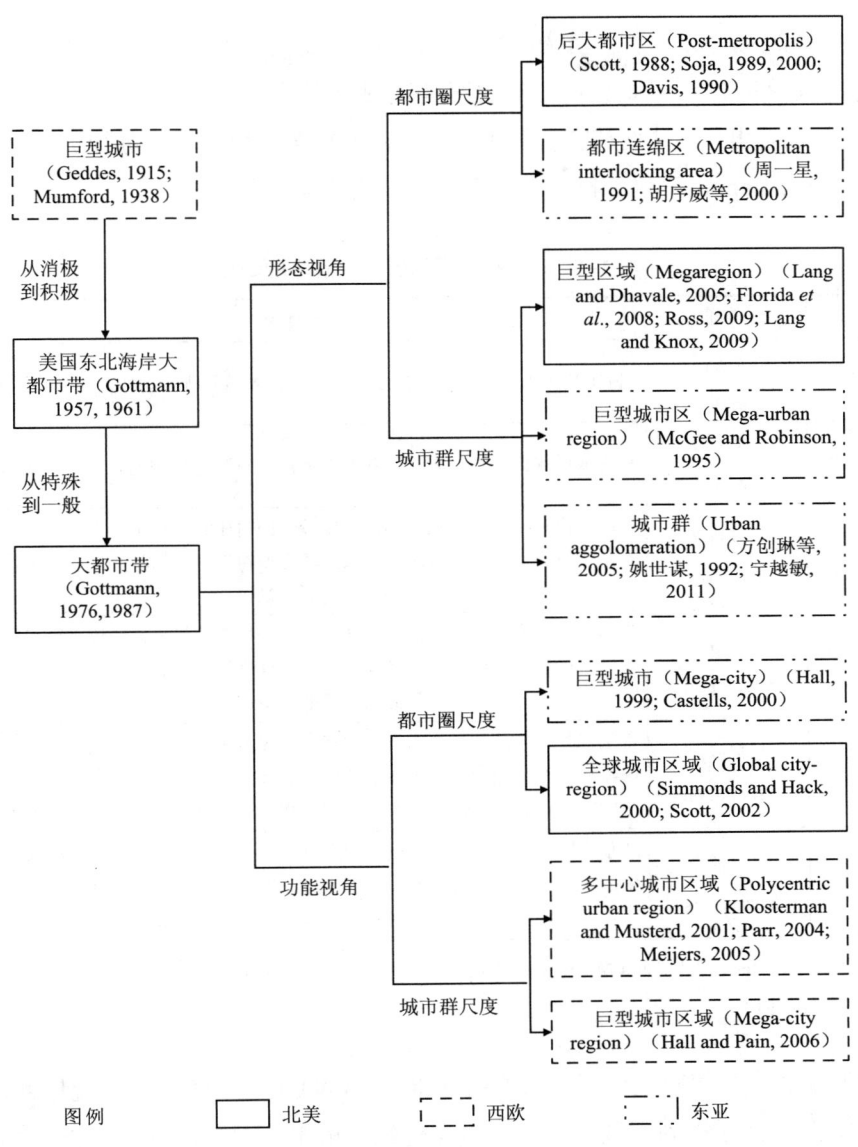

图 1-1 城市群代表性概念的演变

思想，其在《城市文化》(*The Culture of Cities*) 一书中将城市进化分为六个阶段，依次为原始城市 (eopolis)、城邦 (polis)、大城市 (metropolis)、巨型城市 (megalopolis)、专制城市 (tyrannopolis) 和死亡之城 (nekropolis)，不同阶段城市的主要特征如表 1-1 所示。芒福德 (1938) 认为巨型城市是城市不断生长到一定阶段后走向衰落的开始，并在《城市发展史》(*The City in History*) 一书中进一步强调巨型城市的衰落和灭亡不可避免，认为"每一个巨型城市的核心，以及与之紧密联系的外部地区，都表现出相同的衰落征兆，正如衰亡之前的罗马帝国所表现出的特征一样"（Mumford，1961）。可以看出，格迪斯和芒福德虽然从不同的视角对巨型城市进行了研究，但是在应用"megalopolis"这一概念时均表现出强烈的消极和负面色彩。

表 1-1 芒福德关于城市发展阶段的划分

发展阶段	名称	主要特点
第一阶段	原始城市（eopolis）	村庄社区兴起，并发展为永久居住地；养殖和驯养动物，建立公用事业。
第二阶段	城邦（polis）	村庄或氏族的联合，有一个共同的地点；有利于防御他人，有系统的分工。
第三阶段	大城市（metropolis）	在区域内，一个城市从差别化程度较低的村庄和乡镇中出现；利用战略位置和基础设施，吸引大量居民，成为"母城市"；区域生产过剩，出现了专门的贸易阶层。
第四阶段	巨型城市（megalopolis）	衰落之初：为了富人的福祉，城市专注于规模和权力，通过军事、财务、侵略性企业和进取性侵略的倾向来主导，过度投资于庞大的物资设备；作为联系载体和文化避风港的城市开始出现分离。
第五阶段	专制城市（tyrannopolis）	寄生在整个经济和社会场景中的延伸。政治变成了不同阶级或集团对市政和国家财政的争夺；发展掠夺性手段以取代贸易和交换；生产阶层和消费阶层之间的差距扩大；未来的每一种前景都笼罩着不确定性；开始出现大迁徙。
第六阶段	死亡之城（nekropolis）	战争、饥荒和疾病折磨着城市和农村；实体的城镇变成了空壳；那些留在其中的人无法继续获得旧的市政服务或维持旧的公民生活；城市已名存实亡；回到更原始的乡村职业。概言之：城市已成为死亡之城。

资料来源：Harrison, John, and Michael Hoyler, eds. *Megaregions: Globalization's New Urban Form?* Edward Elgar Publishing, 2015。

格迪斯和芒福德有关巨型城市的研究推动了区域主义视角在美国规划领域的发展。事实上，美国规划领域中的区域主义传统根植于美国区域规划学会（Regional Planning Association, RPA）的核心思想，而 RPA 的思想在一定程度上也受到了格迪斯和芒福德的影响。但是总体而言，由于美国在格迪斯和芒福德时代制定的区域规划主要集中在都市圈这一尺度，因此巨型城市的概念对 20 世纪早期美国规划和政策方面的影响非常有限（Levy, 2015; Talen, 2005）。然而，自 20 世纪 70 年代开始，巨型城市这一概念在美国区域规划的政策制定中又获得了适度的流行（Pell, 1966），这一方面是由于未来学家和城市学家道萨迪亚斯（Doxiadis）对北美五大湖地区的研究（Doxiadis, 1968; Doxiadis et al., 1972），另一方面也得益于戈特曼（Gottmann, 1957,

1961)等人对美国东北海岸大都市带的研究。

二、戈特曼对大都市带的研究

虽然格迪斯（1915）和芒福德（1938）将巨型城市作为城市蔓延的一种表现形式而进行猛烈抨击，但法国著名地理学家戈特曼（Gottmann, 1957, 1961）则在其对于美国东北部沿海地区城市化的开创性研究中，首次将大都市带作为一种新的城市形态进行积极推广。在《大都市带：美国东北海岸的城市化》（*Megalopolis: The Urbanized Northeastern Seaboard of the United States*）一书中，戈特曼（1961）用"Megalopolis"一词特指美国东北海岸出现的大城市连绵区现象。作为代表未来城市进步和发展的希望，大都市带这一概念甫一问世，便受到当时那个时代人们的普遍接纳，并从20世纪60年代到80年代在美国迅速流行，研究大尺度城市化进程的"主战场"也从欧洲转向了美国。与此同时，"Megalopolis"这一当时被用来专门描述美国东北海岸地区城市化形态的名词也被赋予了更为普遍的含义，成为描述大尺度城市化进程的一个通用概念。

在后续研究中，戈特曼（1976, 1987）除了继续从形态学的角度强调大都市带这一概念的形态特征以外，也在其晚期作品中探讨了大都市带所具有的两大核心功能：一是作为贸易、文化、技术和人口流动的枢纽连接大都市带内的城市与外部位于国家和全球尺度的城市；二是作为新趋势、新知识和新发明等重大社会经济变革的孵化器。事实上，在对美国东北海岸大都市带的研究中，戈特曼就已经关注到大都市带的枢纽功能。例如，戈特曼（1961）提出"大都市带为美国东北海岸地区这样的发达区域与世界其他地区的联系提供了一个纽带"，认为"美国东北海岸地区大都市带是世界上人口、思想和商品最活跃的中心地带，具有远超国界的影响力。并且只有成为一个这样的中心地带，才可以使其具有目前的经济领先地位"。在其随后针对全球范围内的大都市带研究中，戈特曼（1976）进一步对大都市带的两大核心功能进行了界定，提出"所有的大都市带都承担枢纽的职能，推动了其所在国家与世界其他地区在贸易、文化、技术和人口流动等方面的联系……成为大都市带的一个必要条件就是其要作为两到三个网络链接的枢纽，其中之一是国家内部网络，另一个是国际网络……大都市带除了要具备枢纽功能以外，还必须具备孵化器功能，对传统的习惯和稳定进行破坏性创造……正是由于功能混合和强大的活力，大都市带才在当今世界经济发展中凸显出极为重要的特点"。在全球知识经济时代，枢纽功能反映了大都市带所具有的开放性,创新孵化器功能则强调了大都市带在知识集聚和促进创新当中的作用。这两个核心功能也是理解当代城市群融入全球创新网络的关键,使得大都市带以及随后出现的巨型城市区域、城市群等概念具有持续的学术吸引力和研究价值。

三、形态与功能:当今城市群研究的两大主流学派

20世纪80年代到90年代之间,随着经济下滑对城市发展造成的负面影响不断出现,北美学者针对大都市带的学术和政策研究也开始逐渐消退。这一时期对于大尺度城市化进程的研究转向了都市圈尺度,其中一类典型研究主要围绕洛杉矶学派提出的"后大都市区"等概念展开(Davis, 1990; Scott, 1988; Soja, 1989, 2000);另一类典型研究主要关注国内学者提出的与大都市带概念相关的都市连绵区等概念(胡序威等,2000;周一星,1991)。

近20年来,随着城镇化与区域一体化进程的不断发展,针对城市群尺度的大尺度城市化研究开始重新受到国内外学者的关注。哈里森和霍勒(Harrison and Hoyler, 2015)归纳总结了当代城市群研究的两个主要视角。一个是以形态为主导的研究视角,即主要从空间形态的视角出发对城市群进行研究,相关学者群体也被称之为"北美巨型区域主义学派(North American School of Megaregionalists)"。近年来,美国的规划师、地理学家和经济学家对巨型区域的关注很好地说明了这一点(Florida *et al.*, 2008; Lang and Dhavale, 2005; Lang and Knox, 2009; Ross, 2009)。此外,以空间形态为出发点的这一研究视角也被广泛运用于分析北美以外地区的大尺度城市化进程,如东亚地区的巨型城市区域(McGee and Robinson, 1995)和中国的城市群(方创琳等,2005;宁越敏,2011;姚世谋,1992)。然而,无论采用何种概念,以空间形态为出发点的研究视角通常关注如何选取一系列标准来定义城市群的边界,并在一定区域范围内划分出若干个城市群。这些标准经常包括人口规模、经济总量以及组成城市群的城镇数量等。然而,由于城市群在空间形态上往往呈现出较强的同质性,因而城市群作为枢纽和创新孵化器的功能特征在此类研究中通常被视作一个"黑箱"(Harrison and Hoyler, 2015)。

另一个研究视角以功能为主导,即主要关注和强调城市群所具有的不明显甚至不可见的功能(如知识交流、资本流动)。相应地,相关学者群体也被称之为"欧洲巨型区域主义学派(European School of Megaregionalists)"。该研究视角被广泛运用

于针对西欧地区的多中心城市区域（Burger and Meijers, 2012; Kloosterman and Musterd, 2001; Parr, 2004; Meijers, 2005）和巨型城市区域（Hall and Pain, 2006）的研究。此外，在都市圈尺度开展的一些研究也蕴含了从功能视角对城市群的分析，例如针对东亚巨型城市（Hall, 1999）和北美全球城市区域（Scott, 2002）的研究。

需要强调的是，尽管近年来对城市群的研究存在形态主导和功能主导这两大主要的研究视角，但戈特曼从功能视角对大都市带的研究在当代有关城市群的研究中仍然经常被忽视，这主要是由于他对大都市带研究的贡献通常被学术界解读为有力地推动了大尺度城市形态的研究（Lang and Knox, 2009; Short, 2007; Vicino et al., 2007）。事实上，一个概念的原始意义和真实价值确实很容易被丢失（Sayer, 2010）。正如哈里森和霍勒（2015）所言："戈特曼的研究传统上被认为推动了对城市形态结构和演化的描绘与规划，然而深入研究可以发现，戈特曼后续关于大都市带和城市体系的研究其实蕴含了丰富的功能主义和关系经济地理学的思想……然而，对戈特曼研究贡献的主流解读仍然是其对推动城市形态相关研究的贡献。"在早期对于戈特曼大都市带研究方法的综述中，阿格纽（Agnew, 2003）就已经指出"大都市带这一概念正在被越来越多的学者简单地与城市扩张联系在一起，并指出这一趋势具有很强的误导性。然而，有关大都市带的研究仍然被相关文献所同化，这些文献将城市视作可分离的实体，独立于政治地理的重构进程之中"。

四、中国城市群研究和发展的简要回顾

自 20 世纪 80 年代开始，亦即在戈特曼（1957）对美国东北海岸大都市带开展研究的 30 年之后，国内地理学家开始关注到一些区域特别是沿海地区具有发展成为大都市带的潜力。例如，在西方学者对于大都市带概念研究的基础上，周一星（1991）、胡序威等（2000）结合中国城市概念和城镇人口统计口径，提出了中国都市连绵区的概念和界定标准，并指出中国东部六个人口稠密的城市化地区将发展成为都市连绵区。

自 20 世纪 90 年代以来，城市群的概念逐渐受到国内地理、规划和经济等不同领域学者的关注，并成为描述中国大尺度城市化空间形态的主要概念之一（姚世谋，1992；方创琳等，2005；宁越敏，2011；方创琳，2014）。然而，对于城市群至今还没有形成一个统一的定义，并且对于国内城市群的数量也没有一个统一的结论。根据方创琳等（2015）的研究，对于中国城市群的空间格局至少存在七种不同的看法。

其中，方创琳（2014）提出了"5+9+6"的中国城市群空间格局，即重点发展 5 个国家级城市群，稳步推进 9 个区域级城市群，同时积极培育 6 个地区级城市群。

尽管学术界对中国城市群空间格局和数量的认识存在差异，但是普遍认同五个国家级城市群的提法。这五个国家级城市群分别是：长三角城市群、粤港澳大湾区城市群、京津冀城市群、长江中游城市群和成渝城市群。近年来，这五个国家级城市群的发展规划也陆续获得了国家层面的批复（表 1–2），从而进一步支撑了这些城市群的发展。

表 1–2　五个国家级城市群的相关发展规划

城市群	相关发展规划	实施时间
长三角	《长江三角洲城市群发展规划》	2016 年 5 月
	《长江三角洲区域一体化发展规划纲要》	2019 年 12 月
粤港澳大湾区	《粤港澳大湾区发展规划纲要》	2019 年 2 月
京津冀	《京津冀协同发展规划纲要》	2015 年 4 月
长江中游	《长江中游城市群发展规划》	2015 年 4 月
成渝	《成渝城市群发展规划》	2016 年 4 月

第二节　中国城市群开放与创新功能的现实基础

经过半个多世纪的发展，戈特曼（1961, 1976, 1987）笔下的大都市带正在全球范围内以城市群、巨型区域等新的空间形态蓬勃兴起。与此同时，大都市带作为枢纽与孵化器的核心功能也被不断赋予新的时代内涵。过去二十多年来，城市群在推动中国城镇化、工业化与现代化发展过程中发挥了举足轻重的作用，也是国内推动大尺度城市化进程的主要空间形态。然而，随着中国经济增长与城镇化进入高质量发展阶段，城市群的发展模式也亟需进行调整，应更加重视城市群在当今经济全球化与区域一体化背景下的创新与开放功能。事实上，以长三角、粤港澳大湾区和京津冀为代表的中国城市群在推动创新发展、加强内外联系方面已经具有一定的现实基础。

一、城市群的开放功能

戈特曼（1961，1976）所认为的大都市带枢纽功能主要指大都市带能够汇集人口、物流、资金、信息等各种可见和不可见要素，强调大都市带是整个国家对内对外联系网络相结合的枢纽。在国际环境日益复杂的背景下，形成"以国内大循环为主体、国内国际双循环相互促进的新发展格局"已成为中国经济社会发展的新时代主题。一方面，促进国内大循环，需要充分挖掘国内经济发展的潜力，推动商品、人力及其它生产要素在各地区间实现比较充分的自由流动，从而形成新的要素聚集地，进而推动区域经济发展。另一方面，促进国内国际双循环，需要从多维度扩大对外开放，从更大范围、更宽领域、更深层次推进全面开放。城市群作为相互联系、分工协作、功能互补的城市组合，城市间的协同效应使其成为构建"双循环"新发展格局的"先锋军"，其在依托强大交通运输和通讯基础网络激发出城市触媒效应的基础上，所具备的整合自身、国内和国际生产要素的全球资源配置能力已成为新时代城市群开放功能的内涵所在（欧阳杰和李家慧，2020）。

城市群作为联系国内外市场、实现同其他外部环境地区畅通循环的立体通道，其开放功能是在对内和对外联系中共同体现的。尤其是在国内加快城市群发展和进入高铁时代的双重背景下，城市群通常是交通基础设施投资的优先区域。日益增长的人流、物流、信息流等都不断推动城市群的内外联系。从国内层面来看，为了实现经济要素的集聚扩散和区域一体化发展，城市群已逐渐形成以公共交通为纽带、综合交通站点为节点的空间和功能布局形态。城市间的轨道交通，尤其是高速铁路凭借快速、便捷、大运量等特征成为城市群内不同等级城市之间连接的重要骨干和支架，成为引导和带动城市群经济、人口和资本紧密发展的重要力量。

长三角、粤港澳大湾区和京津冀城市群已成为全国铁路网络的三大集聚区，占国内城际出行频率的35.7%（王海江和苗长虹，2014）。根据中国铁路基础设施的中长期空间布局规划，要建成连接主要城市群的现代高速铁路网，未来城市群内部以及相互之间的高铁网密度还将进一步增加。从国际视角来看，城市群的开放功能愈发凸显。随着经济全球化进入新阶段，中国城市群建设逐渐重视融入全球产业与创新网络，城市群已发展成为参与全球竞争和高水平国际分工的重要平台。以北京、上海、广州、深圳等核心城市为引领的京津冀城市群、长三角城市群和粤港澳大湾区已经能够在国际经济、贸易、金融、科技等合作中提供全球经济社会循环所稀缺的"公共服务"。同时，超过70%的国际航空机场均分布在各大城市群中的重要城市，其中仅长三角城市群内就有17个国际机场，这一定程度上也反映出城市群开放功能所起到的内外连通作用。

二、城市群的创新功能

在知识在生产中占主导地位的创新型经济时代，城市群作为创新空间组织的基本单元，已成为中国推动创新发展、实现区域一体化、参与全球竞争的重要平台。城市群在国家重大战略部署中的地位被不断提升，一定程度上也说明其创新功能正在不断显现和受到重视。在21世纪初期中国区域发展差距十分明显的背景下，"以城市群为主体形态，推动大中小城市和小城镇协调发展"的城镇化思路被正式提出。此后，城市群就成为中国城镇化战略长期持续关注的重要空间形态。同时，伴随着国家创新驱动发展战略的提出和深化落实，城市群的发展内涵不断提升、建设思路不断完善。例如，国家"十三五"规划不仅强调了要将长三角、珠三角和京津冀城市群建设成世界级城市群的基本目标，也提出要不断强化城市群核心城市的全球联系，不断提升城市群内部城市间的协调发展水平，促进城市间的合作联系；《国家创新驱动发展战略（2016—2020）》提出应促进创新资源的集聚和流动，推动在长三角城市群、京津冀城市群等经济相对发达的地区构建区域创新网络；国家"十四五"规划提出要"全面形成'两纵三横'的城市群格局，建立健全城市群一体化协同发展机制"，并应"以京津冀城市群、长三角城市群、粤港澳大湾区为重点，提升创新策源能力和全球资源配置能力，加快打造引领高质量发展的第一梯队"。

事实上，各大城市群已经集聚了中国大部分科技创新资源，尤其集中在京津冀城市群、长三角城市群、粤港澳大湾区中的北京、上海、江苏、广东等地区（邸月宝和赵立新，2020）。由于知识的流动和空间溢出效应，科技创新资源的集聚也显著提高了所在城市的创新能力，这在2021年科技部中国科技信息研究所发布的《国家创新型城市创新能力评价报告2021》对中国创新型城市创新能力的排名中亦可体现（表1–3）。例如，综合评价前20的城市均位于各大城市群，其中属于长三角城市群和粤港澳大湾区城市群的城市达到10个。

表 1–3　2021 年创新型城市创新能力排名前二十的城市（不含 4 个直辖市）

排名	城市	所属城市群	排名	城市	所属城市群
1	深圳	粤港澳大湾区	11	成都	成渝城市群
2	杭州	长三角城市群	12	厦门	粤闽浙沿海城市群
3	广州	粤港澳大湾区	13	无锡	长三角城市群
4	南京	长三角城市群	14	济南	山东半岛城市群
5	苏州	长三角城市群	15	宁波	长三角城市群
6	武汉	长江中游城市群	16	常州	长三角城市群
7	西安	关中平原城市群	17	大连	辽中南城市群
8	长沙	长江中游城市群	18	南昌	长江中游城市群
9	合肥	长三角城市群	19	东莞	粤港澳大湾区
10	青岛	山东半岛城市群	20	沈阳	辽中南城市群

资料来源：科技部中国科技信息研究所发布的《国家创新型城市创新能力评价报告 2021》。

此外，就城市群整体而言，其作为创新资源主要集聚地和协同创新重要载体的地位也十分突出。城市群已成为中国经济发展格局中最具创新活力和潜力的区域。例如，2021 年长三角、珠三角、京津冀三大城市群专利授权量达 243.30 万件，占全国的 52.88%（崔丹和李国平，2022）。作为中国"两个一百年"奋斗目标的历史交汇期，"十四五"时期将是形成以创新为引领、以城市群建设为主体的区域协同创新发展格局的重要时期，可以预计城市群的创新功能也将得到进一步的提升和显现。

三、长三角城市群的代表性

（一）长三角城市群的开放与创新功能

长三角城市群是"一带一路"和"长江经济带"的重要交汇地区，已成为中国经济发展最活跃、开放程度最高、创新能力最强的区域之一。伴随着区域的不断扩张，长三角城市群范围的划定也经历了多次调整，其囊括的空间范围不断增大。根据 2019 年国务院发布的《长江三角洲区域一体化发展规划纲要》，长三角全域范围由上海市、江苏省、浙江省、安徽省三省一市构成。随着长三角一体化发展的不断深入推进，长三角城市群在经济社会发展方面取得明显实效，该地区以仅占全国总面积 2.3% 的国土空间贡献了约占全国 25% 的 GDP。同时，在协同开放和创新发展方面，该地区也处于全国领先地位。

从城市群的开放功能来看，依托通江达海、承东启西、联南接北的区位优势，并在机场航线、江河海运、高速铁路等多层次综合交通网络逐渐完善联通的基础上，长三角地区已成为国家对内和对外联系的双重枢纽。对内联系层面，长三角地区拥有 22 条高铁线路，覆盖三省一市地级及以上城市中的 34 个，已成为全国高速铁路网最密集和完善的地区之一（林涛，2022）；对外联系层面，一方面，沿江沿海协作的航运体系基本形成，长三角世界级港口群建设取得重要进展，2021 年长三角地区港口集装箱吞吐量首次突破 1 亿标准集装箱（周红梅，2022）。另一方面，区域机场群体系基本建立，长三角城市群与国内及国外区域的联系愈发紧密。具体来说，在全球范围内，长三角的江浙沪地区国际航线已经覆盖了 90 多个国家（地区），基本上能够连接世界上的主要城市。在全国范围内，长三角的江浙沪地区通过机场与 100 多个城市和区域（包括港澳台）进行联系。

从城市群的创新功能来看，长三角地区科教资源丰富、区域创新能力强、科创产业融合紧密，已逐步成为具有全球影响力的世界级科技创新城市群是国家创新驱动发展战略的重要载体。具体来说（表 1-4），一是长三角城市群在高等教育方面具有显著的集聚水平。三省一市共拥有高等学校数量 461 所，其中全国约四分之一的"双一流"高校、国家重点实验室、国家工程研究中心分布在该地区。二是长三角城市群科学技术领域支出、有效发明专利数等均占到全国总量的三分之一左右，地区科研实力居于全国领先水平。三是大数据、云计算、物联网、人工智能等新技术新产业与传统产业相互渗透融合，在电子信息、生物医药、高端装备、新能源、新材料等领域已经逐渐形成了一批国际竞争力较强的创新共同体和产业集群。

表 1-4 长三角城市群 2020 年主要创新能力指标

省/直辖市	普通高等学校数量/所	R and D 活动经费支出/亿元	有效发明专利数/万件
上海市	63	1 615.7	14.6
江苏省	167	3 005.9	29.2
浙江省	109	1 859.9	20.0
安徽省	120	883.2	9.8
总计	459	7 364.7	73.6

资料来源：各地区统计年鉴。

（二）本书研究的长三角城市群范围

如前所述，长三角城市群的范围一直处于不断调整之中。事实上，长三角城市群最初是一个地理概念，是由上海市、江苏省和浙江省两省一市构成的三角形冲积平原。1982 年，上海经济区的成立极大地提升了该区域的经济价值，后来长三角城市群的范围改由上海、江苏四市和浙江五市组成。1986 年，上海经济区的范围进一步扩大，除原先的两省一市外，进一步囊括了安徽省、福建省和江西省，不过这一概念于 1988 年被取消。1997 年，长江三角洲城市经济协调会作为区域经济协调组织而成立，会员城市的数量从最初的 15 个增加到 2003 年的 16 个，再到 2010 年的 22 个，2014 年会员城市数量已经达到 30 个。

如表 1–5 所示，有关长三角城市群范围的官方界定首次出现在国务院于 2010 年发布的《长江三角洲地区区域规划》中。根据该规划，长三角城市群是由两省一市共 25 个城市组成。具体而言，包括一个直辖市——上海市、两个省会城市——江苏南京和浙江杭州以及 22 个地级市。该规划也确定了长三角城市群的核心区域，即上海市、江苏八市和浙江七市。2016 年，国务院进一步发布了《长江三角洲城市群发展规划》，以此作为长三角城市群发展的最新指引。规划确定了长三角城市群由上海市、江苏九市、浙江八市和安徽八市组成。2010 年和 2016 年的两版规划对于长三

表 1–5 长三角城市群历版规划确定的范围

历版规划名称	上海市	江苏省	浙江省	安徽省
《长江三角洲地区区域规划》（2010）	上海*	南京*、苏州*、无锡*、常州*、镇江*、扬州*、泰州*、南通*、盐城、徐州、宿迁、淮安、连云港	杭州*、宁波*、绍兴*、湖州*、嘉兴*、舟山*、台州*、金华、温州、丽水、衢州	—
《长江三角洲城市群发展规划》（2016）	上海*	南京、苏州、无锡、常州、镇江、扬州、泰州、南通、盐城	杭州、宁波、绍兴、湖州、嘉兴、舟山、台州、金华	合肥、芜湖、铜陵、马鞍山、安庆、滁州、池州、宣城
《长江三角洲区域一体化发展规划纲要》（2019）	上海*	南京*、苏州*、无锡*、常州*、镇江、扬州、泰州、南通、盐城*、徐州、宿迁、淮安、连云港	杭州*、宁波*、绍兴*、湖州*、嘉兴*、舟山*、台州*、金华*、温州、丽水、衢州	合肥*、芜湖*、马鞍山*、铜陵*、安庆*、滁州*、池州、宣城、蚌埠、淮南、淮北、黄山、阜阳、宿州、六安、亳州

注：长三角城市群内的核心城市上标"*"表示。

资料来源：国务院发布的长三角历版规划。

角城市群范围的界定主要差别在于2016年的规划剔除了江苏和浙江的部分城市,而增加了安徽的一些城市。2019年,国务院发布了《长江三角洲区域一体化发展规划纲要》,长三角城市群全域范围由上海市、江苏省、浙江省、安徽省三省一市构成,并确定了以上海、南京、无锡、苏州、杭州、宁波、合肥等27个城市为长三角城市群的中心区,辐射带动长三角地区高质量一体化发展。

本书采用2010年《长江三角洲地区区域规划》中确定的长三角城市群范围作为研究范围,而并未采用该规划确定的长三角城市群核心区范围以及2016年和2019年相关规划确定的长三角城市群范围,主要原因有二。首先,仅关注长三角城市群的核心区可能会遗漏一些与核心区城市之间存在密切创新联系的其他城市。其次,2016年《长江三角洲城市群发展规划》和2019年《长江三角洲区域一体化发展规划纲要》所界定的长三角城市群范围,新增了安徽省的大部分城市,其主要目的是协调和推动区域一体化发展并带动和促进安徽省欠发达城市的发展。然而,我们发现安徽省的大部分城市与江浙沪范围内的城市之间仅存在较为薄弱的创新联系,即使与南京、杭州等中心城市之间的创新联系也十分有限。事实上,从表1-4也可以看出,安徽省的主要创新能力指标要远低于江浙沪地区。在综合考虑上述因素的基础上,本书将所研究的长三角城市群范围界定为上海以及江苏和浙江两省下辖的所有城市组成的范围,共25座城市,包括1个直辖市、2个省会城市以及22个地级市。

第三节 城市多尺度创新网络:解读城市群功能特征的新视角

毋庸置疑,戈特曼(1961,1976,1987)提出的大都市带所具有的枢纽和创新孵化器这两大核心功能是理解当代城市群开放与创新功能的基础,但戈特曼的研究以观察与描述相关典型事实为主,缺乏从整体与宏观层面的量化分析。近年来,相关数据与量化分析方法的出现为从新的视角解读城市群的开放与创新功能奠定了基础。本节对本书的核心概念"城市多尺度创新网络"进行概要式的介绍,重点讨论城市多尺度创新网络的理论背景、基本内涵及其对解读城市群开放与创新功能特征的现实意义,有关城市多尺度创新网络的理论基础与模型建构将在后续章节进行具体阐述。

一、城市多尺度创新网络的理论背景

20世纪90年代以来,"网络研究范式"在社会科学领域的发展推动了规划和地理学者对全球、国家和区域等不同空间尺度城市网络的研究。按照社会网络的一般定义,城市网络可以看成是以城市为节点、城市之间的相互联系为通道构成的一种城市空间组织结构。随着交通、通信等技术的不断发展,基于信息流、资金流、商品流等要素流动形成的城市间复杂多样的联系推动了不同空间尺度城市网络的形成和发展。从全球尺度来看,以泰勒等(Taylor, 2002)学者为代表的"世界城市网络"学派开创性地运用高级生产者服务业企业内联系表征世界城市的经济联系,并在此基础上勾勒了世界城市网络的复杂图谱。此后,世界城市的联系类型逐渐扩展到社会文化联系(Taylor, 2005)、交通出行联系(Derudder et al., 2007)和创新联系(Matthiessen et al., 2010)等。受世界城市网络研究方法的影响,国内学者近年来对国家和区域尺度的城市网络进行了大量研究。尽管大部分研究关注的城市联系类型以高级生产者服务业企业内联系为主,也有相当部分的研究开始关注其他类型的城市联系,如客运交通联系(罗震东等,2011)、网络社会空间联系(甄峰等,2012)、上市公司企业内联系(李仙德,2014)和创新联系(李丹丹等,2015;吕拉昌等,2015)等。

就基于创新联系视角的城市网络研究而言,近年来相关研究涉及全球、国家和区域等不同尺度,但主要集中在全球和国家尺度。例如,在全球尺度,玛西森等人(Matthiessen et al., 2002, 2010)持续研究了世界主要城市间基于论文合作联系构成的城市知识网络的结构特征和演化趋势。黄亮(2014)从研发合作的视角分析了国际研发城市网络的特征及演化趋势;在国家尺度,吕拉昌和李勇(2010)较早地关注了基于城市创新职能的中国创新城市空间等级体系,并在其后续研究中逐渐关注国家尺度城市创新网络的特征。牛欣和陈向东(2013)通过构建城市创新引力模型研究了中国地级以上城市创新网络空间结构。马海涛等(Ma et al., 2014, 2015)先后基于城市间的论文合作联系和专利申请合作联系研究了中国城市创新网络的结构特征和变化趋势。

随着国家创新驱动发展战略在区域层面的深入实施,创新与区域发展之间的关系正在被重新认识,针对区域尺度创新空间组织结构及其网络化特征的研究也逐渐受到重视。例如，吴志强等（2015）通过计算城市的创新引力和外向创新联系分析了长三角创新城市群落的组织特征和空间网络结构。王兴平（2014）基于逻辑推演和实践观察较早地在国内提出"创新型都市圈"的构想，并初步探讨了其"多尺度、跨政区和复杂网络"的基本特征以及创新要素、政策规划和服务配套对其发展的驱动作用。朱凯（2015）总结了中国创新型都市圈研究的缘起和进展，认为现有研究缺乏从空间角度对都市圈内部各创新主体的空间作用机制和组织模式的探讨。

二、城市多尺度创新网络的基本内涵

不难看出，基于创新联系的城市网络是区域创新空间结构的一个重要特征，但单纯基于区域尺度的城市网络研究并不能全面反映全球知识经济时代下城市群开放与创新的功能特征，需要在已有城市创新网络研究的基础上引入多尺度的研究视角。事实上，卡姆尼等（Camagni et al., 1993）早期在对城市网络的定义中就认为区域、国家和全球三个尺度的城市网络相互嵌套形成了既有竞争又有互补合作的城市网络。随着全球化、地方化以及全球地方化进程的不断推进，区域性的城市网络通过产业链、创新链和价值链融入国家和全球尺度的城市网络也已成为不争的事实。

显然，城市之间无法自动产生创新联系，城市之间的创新联系本质上由各种各样的经济实体进行维持。事实上，个人、企业、高校科研机构等经济实体创建了城市的主要外部创新联系。这些经济实体可能会根据对特定知识的需求和供给情况，在所处城市、周边地区城市、国家尺度城市甚至是全球尺度城市内寻找合适的创新合作对象。因此，创新联系的这一多尺度特征使得我们可以研究不同地理尺度下的城市创新网络，城市创新联系也是理解城市多尺度创新网络形成和发展的关键。

基于上述认识，本书将城市多尺度创新网络定义为："城市群内部各城市之间以及城市群内部的城市与城市群外部的城市之间，通过位于城市内部的企业、高校、科研院所等创新主体之间的合作联系，在全球、国家和城市群尺度形成的一种城市创新空间组织结构"。城市多尺度创新网络是一个多尺度、开放式的系统，城市创新联系不仅存在于城市群内部各个城市之间，同时也存在于城市群内部的城市与外部位于国家和全球尺度的城市之间。城市创新联系这一"多尺度"的空间特征也体现了戈特曼早期关于大都市带作为内外联系枢纽和创新孵化器两大核心功能的判断。在全球化和地方化相互交织的背景下，城市群作为国家参与全球竞争的新的空间单元，一方面要加强城市群内部各城市之间的功能联系，另一方面也要积极融入国家和全球的经济和创新网络。因而,对城市多尺度创新网络的研究要突出其"多尺度"的空间特征,这也正是这一概念区别于基于其他联系类型的城市网络研究的重要特征之一。

三、城市多尺度创新网络视角下的城市群功能特征

城市多尺度创新网络是本书从功能视角分析全球知识经济背景下中国城市群发展的一个核心概念。当然,从功能视角研究中国城市群的发展也并非一件易事,原因在于城市群的内外部联系具有多种类型,如人流、物流、信息流、资金流等。而作为城市多尺度创新网络形成的基础,城市创新联系也仅是城市群内外部不同联系类型中的一种,但基于城市创新联系构建的城市多尺度创新网络对认识城市群的开放与创新功能至少具有两个方面的重要意义。

一方面,城市多尺度创新网络以城市群内外部城市的创新联系为基础,能够同时反映城市群开放与创新的功能特征。创新联系本身就与城市群的创新驱动发展高度相关,随着创新主体的协作和互动在知识生产过程中发挥着越来越重要的作用,重视内外部联系的城市群更有可能成为创新型区域。因此,对基于城市群内外部创新联系形成的城市多尺度创新网络进行研究,有利于探究城市群的开放性以及城市群如何推动国内外城市间的创新联系。如前所述,城市之间的创新联系不是自发形成的,其来源于城市内部的个体、企业等各类经济实体之间的创新联系。就此而言,城市创新联系是对不同地理尺度上各类微观经济实体在知识生产过程中合作与互动的理想表征。

另一方面,尽管中国城市群的核心城市通常集聚了大量的创新资源,但是核心城市与城市群内部其他城市之间、与城市群外部城市之间的创新联系尚有诸多需要进一步探讨的问题。如若一个城市群的核心城市与城市群的其他城市之间存在较弱的创新联系,则该城市群本质上仍然是一个"制造型城市群",表现为创新能力较强的核心城市被很多以制造业为主的城市所包围的一种空间结构。而城市群的核心城市与城市群外部城市间松散的创新联系也会阻碍城市群融入全球和国家创新网络的进程。换言之,一个健康、可持续的城市群创新体系应该兼顾全球与地方的创新联系。目前,长三角和粤港澳大湾区等国内相对发达的城市群均已提出构建区域创新网络和打造世界级城市群的目标。在此背景下,探讨这些城市群的城市多尺度创新网络具有十分重要的意义,不仅有利于更好地理解城市群开放与创新的功能特征,也有利于为推动中国城市群的创新一体化发展与创新共同体建设提出针对性的政策建议。

第二章　全球地方视角下的城市多尺度创新网络

近年来，关于城市网络（Batten, 1995; Burger and Meijers, 2012, 2016; Camagni, 1993; Derudder, 2006; Taylor, 2001）和创新网络（Amin and Cohendet, 2004; Bathelt et al., 2004; Boschma, 2005; Coe and Bunnell, 2003; Faulconbridge, 2006; Hudson, 2005; Hughes, 2007; Simmie, 2003）的研究受到学界越来越多的关注，本章也将主要基于对这两个方面文献的梳理探讨城市多尺度创新网络这一概念的理论基础。作为联系城市群内外城市的枢纽，城市群同时受全球化和地方化的影响，并且也是同时链接全球化与地方化进程的枢纽。正如斯温格多（Swyngedouw, 2004）所定义的全球地方化过程一样："在此过程中（全球地方化过程，笔者注），首先，制度或者管理从国家尺度向上转移到超国家或者全球尺度，并且向下转移到个体或者地方尺度。然后，城市或区域格局、经济活动和企业网络同时变得更加地方化和国际化。在这一全球地方化过程中，经济流和网络的规模，以及区域管理都将被重塑。"根据这一定义可以总结全球地方化进程的核心观点，即全球和地方力量在不断变化的社会空间过程中具有重要作用。事实上，经济地理学领域的许多概念和研究都反映了这一思想，例如"全球渠道与本地蜂鸣"（Bathelt et al., 2004）、知识的关系经济地理（Bathelt and Glückler, 2011）和有关不同地理尺度下的城市群集聚经济的研究等（Phelps and Ozawa, 2003）。更为重要的是，在全球地方化过程中，城市群内的城市一方面处于共同的全球化过程之中，另一方面仍将保持自身独特的发展方式。正如哈里森和霍勒（Harrison and Hoyler, 2015）所写，"在巨型区域空间中，存在多种会使巨型区域化进程在空间上分布不均衡的力量"。

本章的结构如下：第一节讨论城市群尺度的城市网络研究，特别关注近年来欧洲学者基于城市网络分析方法对多中心城市区域（polycentric urban regions, PURs）进行的研究，包括多中心城市区域的功能多中心结构特征和功能联系类型，同时对中国多中心城市区域的相关研究进行简要回顾。第二节讨论基于创新联系的多尺度创新网络研究，包括创新联系的主要类型及其多尺度空间特征，旨在分析创新联系在城市多尺度创新网络研究中的适用性。第三节通过将城市网络和创新网络这两个概念融合在一个分析框架中，讨论城市多尺度创新网络对理解全球知识经济时代城市群发展的必要性与创新性。

第一节　基于城市网络的城市群功能多中心研究

城市间的功能联系是城市网络形成的核心要素，其理论源头可以追溯至雅格布斯（1969）和梅西等人（Massey et al., 1999）的相关研究。虽然他们并没有明确提出城市网络的概念，但是均认识到联系对于城市和区域发展的重要性，这在他们的相关作品中可见一斑。例如，雅格布斯（Jacobs, 1969）曾写道："城市的发展不仅仅依赖于与城市腹地贸易，更需要与其他城市一起开展贸易和其他联系。"梅西（Massey et al., 1999）也曾提及："如果不了解城市与外部其他地区的关联，则不可能讲好有关该城市发展的故事。"

1990 年代初，卡姆尼和萨罗内（Camagni and Salone, 1993）以及巴滕（Batten, 1995）等学者提出了城市网络的概念，以期对中心地理论进行补充（Christaller, 1933; Lösch, 1940）。随后，城市网络研究的地理尺度不断变化，出现了区域、国家以及全球等不同尺度的研究。这些研究在研究方法、研究内容等方面存在一定的差异（李迎成，2018），然而对不同尺度的城市网络研究进行综述超出了本书的研究范围。考虑到本书的研究重点，本节仅对城市群尺度下城市网络的相关研究进行回顾和总结，聚焦近年来欧洲部分学者所关注的多中心城市区域以及相关的功能多中心概念，并对国内城市群尺度的城市网络研究进行简要回顾。

一、功能多中心的概念演变

（一）从单中心到多中心

有关城市网络的讨论起源于早期关于城市系统的研究，这一领域的研究出现于 20 世纪 20 年代，兴盛于 20 世纪 60 年代到 80 年代。在其关于城市系统的开创性研究中，伯吉斯（Burgess, 1925）提出了单中心城市的概念，并指出单中心城市的城市内部关系具有层次性和集中性的特征。在后来的发展中，这一概念逐渐不能解释一些新出现的现象和事实，如郊区经济的发展（Phelps, 2010; Wu and Phelps, 2011），企业的去中心化（Lang et al., 2009）、人口结构的变化（Champion, 2001）和居民通勤方式的变化（Renkow and Hoover, 2000）等。鉴于主要受中心地理论影响的单中心城市模型越来越难以解释空间现实，一些学者提出并发展了城市系统（urban systems）的概念，即为了寻求外部城市联系或者城市之间联系而形成的一组相互依存的城市（Berry, 1964; Bourne, 1975; Bourne and Simmons, 1978; Pred, 1977）。

由于数据缺乏、概念不统一等原因，早期有关城市系统的研究基本上是对国家城市系统等级体系的研究，很少关注对城市联系进行量化测度（Bourne and Simmons, 1978）。然而，在这一系列文献中，一些研究已经体现出了与当今城市网络研究十分相关的思想（Taylor and Derudder, 2016）。例如，普瑞德（Pred, 1977, 1978）在基于大型跨国组织的内部联系对城市流动进行的实证研究中，认为传统的城市等级观可能存在问题，并强调从关系的角度出发将城市间联系进行概念化。此外，伯恩（Bourne, 1975）、伯恩和西蒙斯（Bourne and Simmons, 1978）以及博尔丁（Boulding, 1978）等学者在相关研究中从全球化的视角对城市系统所蕴含的功能联系内涵也进行了一定的思考。

自 1980 年代以来，随着基于中心地理论的空间分析越来越难以解释城市间的功能联系现象，学术界对于城市系统的研究关注度逐渐降低。对于城市空间组织的重新关注始于 1990 年代初，此时作为对中心地模型进行修改和补充的城市网络模型已经开始出现。泰勒等人（Taylor et al., 2010）提出的城市外部联系的两个一般过程较好地解释了两个模型之间的差异。传统的中心地理论通常描述了城市聚居地的空间等级关系，这可以看作是城镇化的进程。泰勒等人（Taylor et al., 2010）提出的中心流理论则描述了一种垂直或者非地方化的城市间联系类型，可以被看作是城市化过程。基于中心流理论，泰勒等人（Taylor et al., 2002）在全球尺度提出了世界城市网络的概念，并被 Globalization and Word City（GaWC）研究组（见 http://www.lboro.ac.uk/gawc）进一步发展，该概念在过去的二十多年中受到国内外学术界的广泛关注。

近年来，学术界针对具有城市网络与多中心特征的区域提出了许多描述这类区域的概念，从"城市网络（city network）"（Camagni, 1993; Camagni and Salone, 1993）到"网络城市（network city）"（Batten, 1995）到"多核大都市区（poly-nucleated metropolitan region）"（Batty, 2001; Dieleman and Faludi, 1998）到"多中心城市区域（polycentric urban region）"（Kloosterman and Musterd, 2001; Parr, 2004）再到"多中心巨型城市区域（polycentric mega-city region）"（Hall and Pain, 2006）等。这些概念可以说起源于伯顿（Burton, 1963）早期提出的"分散城市"概念，但一定程度上也

同时受到了世界城市网络研究范式的影响。通过分析这些学术概念的具体演化过程，我们至少可以发现两种变化趋势。首先，学术界对大尺度城市化地区的多中心空间结构日益重视。其次，学术界对城市网络研究的地理尺度也在不断扩大。然而，随着对多中心性这一概念关注程度的不断提高，以及"多中心"一词和地域概念如"大都市区""城市区域""巨型城市区域"等出现的各种组合，"多中心"这一概念也已成为学术界和业界使用最模糊、延伸性最大的概念之一。这种模糊性主要是因为"多中心"在不同地理尺度、不同的分析视角和不同的发展阶段均具有不同的意义。事实上，进一步厘清"多中心"的概念近年来已经成为学者们的广泛共识（Burger and Meijers, 2012; Davoudi, 2003; Kloosterman and Musterd, 2001; Lambregts, 2009; van Meeteren et al., 2016；罗震东和朱查松，2008；吴一洲、赖世刚和吴次芳，2016）。

（二）从形态多中心到功能多中心

近年来，学术界在对"多中心"这一概念的阐述方面已经取得了一些进展。例如，林伯仁（Lambregts，2009）区分了针对"多中心"研究的三种相关但不同的研究视角。这三种研究视角分别将"多中心"视为应用于不同地理尺度的一个规范化规划策略、一个空间过程，以及该过程的空间结果。然而，关于"多中心"是否仅指形态维度还是也应该包括功能维度这一问题，学者们之间仍然存在争论。在近年来的研究中，学术界对形态多中心和功能多中心的差异进行了广泛的探讨（Burger and Meijers, 2012; Burger et al., 2014a; Green, 2007; Vasanen, 2012; van Meeteren et al., 2016；罗震东和朱查松，2008）。前者主要指城市在地域和规模上的均衡分布，而后者则聚焦于城市功能关系的均衡分布。这与中心地理论和中心流理论的对比也具有一定的相似性，前者强调形态上的城市联系，而后者强调功能上的城市联系。尽管在区域尺度上，城市间联系是多中心城市网络的形成基础，但是直到最近一些研究才开始使用关系数据来探究城市网络的结构特征。长期以来，大部分针对城市多中心的研究主要基于属性、静态的方式或者从形态学的角度出发。换言之，城市的节点特征而不是流动特征被当做空间相互作用的反映。然而，仅仅关注城市的节点特征并不能全面认识城市网络的发展，具有相似规模并且地理邻近的城市之间并不会自动产生功能联系（Albrechts, 2001; De Goei et al., 2010; Lambooy, 1998）。

虽然关注节点特征可以反映人们对城市的传统认知，但是城市间的功能联系也已成为城市间信息流动日益频繁的一个重要表现。卡斯特尔（Castells, 1999, 2000）在对其提出的"信息时代"概念的阐述中认为，信息时代触发了城市形式向信息化城市的转变，而信息和通信技术的迅速发展导致经济活动同时出现集中与分散。同时，卡斯特尔（1999）指出，"城市内部、地区之间和国家之间的网络通过可变的几何结构与全球网络进行联系，该结构由信息流以及基于信息的高速运输系统进行制定和修改"。在后续有关"流空间"的研究中，卡斯特尔（2000）又进一步指出，"得益于新的社会特征，基于知识、围绕网络组织并由部分流组成的信息城市不是一种形式而是一种过程，这种过程以流空间的结构主导为特征"。

城市功能联系的重要性还在于，高级生产性服务业公司间的信息流动和经济关系提供了"用于探讨较大城市区域与国家和全球尺度城市之间关系的一种策略"（Hoyler et al., 2008；路旭、马学广和李贵才，2012）。通过对当前针对巨型区域研究的两大主流学派的比较（即以空间形态主导的美国巨型区域主义学派和以功能联系主导的欧洲巨型区域主义学派），哈里森和霍勒（Harrison and Hoyler, 2015）强调："优先考虑巨型区域的功能而不是其形式与形态，有助于发现真正意义上的巨型区域空间。这些功能虽然从形态或物理空间特征上看不出具有巨型区域的特征，但从功能联系视角看，它们确有可能正在经历巨型区域化的过程。"伯格和梅杰斯（Burger and Meijers, 2012）也认为："明显地，中心规模分布的均衡并不一定意味着不同中心之间存在功能联系，更不用说这些联系存在多样化的分布与流动模式。"

（三）功能多中心的空间现实

从关系角度看，我们可以从很多研究和学术流派中找到功能多中心概念的理论基础，从早期有关城市内生增长的研究（Jacobs, 1969）到有关空间本质的研究（Massey et al., 1999），再到"流空间"（Castells, 1999, 2000）、"关系经济地理"（Bathelt and Glückler, 2011）和中心流理论（Taylor et al., 2010）等研究。这些研究虽然各有特点，但是均强调了外部和横向城市联系对于城市和区域发展的重要作用。然而，现实是城市之间不可能自动产生联系，而是通过人口、商品、信息、资金等各种形式的流动产生联系，并且人口、企业和组织之间产生的联系可以进一步将位于不同地理尺度、可能存在一种或者多种功能互补关系的城市联系在一起。回到林伯仁（Lambregts, 2009）所区分的三种研究多中心性的视角，我们可以看出功能多中心被更多地视为一种规范化的规划策略和空间过程，而不是这一过程的空间结果。事实上，作为规范化的空间规划概念，（功能性）多中心性的确被视为多中心城市区域发展和治理的愿景和目标，这在欧盟、美国以及中国特大城市空间规划中都得到了具体体现（Faludi, 2004；徐江，2008；罗震东和朱查松，2008）。然而，近年来学术界也逐渐开始关注如何评估现实世界中不同区域的多中心程度，以更好地理解多中心作为一种过程的空间结果。

从已有研究看，许多学者发现某些区域的功能多中心程度事实上相当有限。彼得·霍尔（Peter Hall）领导的 POLYNET 项目应该是这类研究中的典型代表之一，该项目对欧洲西北部八个巨型城市区域（MCRs）的功能性多中心性进行了测度。在其研究中，八个研究小组采用三个步骤对各自区域的功能多中心性进行评估（Hall and Pain, 2006）。首先，基于功能城市区域之间的通勤流，对每个巨型城市区域的功能多中心度进行测度。然而，结果表明所有的巨型城市区域的功能多中心性均较弱。随后，根据高端生产性服务企业的联系进行功能多中心测度。结果显示，莱茵—鲁尔和兰斯塔德地区具有较高的功能多中心度，而英国东南部、巴黎地区、莱茵—美因地区、大都柏林地区则相对表现为功能单中心。通过对部分利益相关者的访谈，研究团队发现虽然某些巨型城市区域存在功能上的内部相互作用，但是功能联系仍主要存在于每个巨型城市区域的核心城市之间。

部分学者还对单个巨型城市区域的功能多中心进行了研究，如西班牙北部的巴斯克地区（Meijers et al., 2008; Van Houtum and Lagendijk, 2001）、荷兰兰斯塔德地区（Burger and Meijers, 2012; Burger et al., 2014a; Meijers, 2007; Van Oort et al., 2010）、比利时中部地区（Albrechts, 2001; Hanssens et al., 2014）、英格兰东南地区（De Goei et al., 2010）、中国长三角、珠三角、京津冀地区（罗震东，2010；蔡莉丽等，2013；赵渺希等，2016）等。在上述研究中，实际上并不是所有地区都能够被简单视为具有显著功能多中心特征的巨型城市区域。值得一提的是，从形态学的角度来看，荷兰的兰斯塔德地区（Randstad）通常被认为是典型的多中心区域。然而，即使针对这一由阿姆斯特丹、鹿特丹、海牙和乌得勒支以及其他城镇组成的地区而言，也没有充足的证据表明这些城市之间存在强大的功能联系（Burger and Meijers, 2012）。

然而，基于上述研究也不能简单地得出在某些区域的结构中不存在功能多中心特征。相反，功能多中心性与空间现实之间的差异引发了对该概念的多样性的争论。以下三个小节将从功能性多中心的尺度依赖特征、城际功能联系的多种类型和功能性多中心度的不同度量三个方面梳理相关研究文献。

二、功能多中心的尺度依赖

（一）尺度依赖：经常被忽视的功能多中心特征

如前所述，多中心在不同的地理尺度下存在不同的意义。这一点已成为很多学者的共识（Burger et al., 2014a; Davoudi, 2003; Hall and Pain, 2006; Meijers, 2005,

2008；罗震东和朱查松，2008）。例如，达武迪（Davoudi, 2003）观察到，多中心性可以存在于城市内部、城市间和区域间的尺度上，并且随着地理尺度的增加，多中心性的含义逐渐从分析概念转变为规范性规划策略。以欧盟为例，欧洲空间发展战略（ESDP）已将多中心和区域均衡发展作为主要目标，以增强欧盟成员国之间的凝聚力（EU Commission, 1999; Faludi, 2004）。除了在不同地理尺度具有不同的意义之外，不同空间尺度下的多中心程度也可能存在较大差异（Hall and Pain, 2006；蔡莉丽等，2013）。

尽管上述论点也适用于功能性多中心性的分析，但是在现有关于城市网络的文献中，已有研究很少关注功能多中心的尺度依赖特征。一方面，从不同地理尺度对（功能）多中心性的研究之间的相互联系还相对松散。基于对城市研究领域多中心文献的科学计量分析，范·梅特伦等人（van Meeteren et al., 2016）发现多中心性的概念在某种意义上已经被泛化了。他们发现城市内部、城市间和区域间的多中心研究之间仅存在微弱的联系。实际上，不同地理尺度的多中心研究文献与其他方面的研究文献更为紧密。例如，区域间多中心的研究与区域空间治理的研究相关，而城市内部多中心的研究则与通勤研究具有很强的相互依存关系（van Meeteren et al., 2016）。

另一方面，大多数研究仅仅关注区域尺度（Burger and Meijers, 2012; Burger et al., 2014a; De Goei et al., 2010; Vasanen, 2012；罗震东，2010；赵渺希等，2016），只有少部分研究关注到了不同地理尺度功能多中心的比较（蔡莉丽等，2013）。值得一提的是，霍尔和佩恩（Hall and Pain, 2006）、泰勒等人（Taylor et al., 2008）基于高端生产性服务业企业间的联系，对欧洲多中心巨型城市区域在区域、国家和全球尺度的功能多中心进行了测度。唐子来和李涛（2014）分别计算了长三角城市群和长江中游城市群在区域、国家和全球尺度的功能多中心性程度。汉森等人（Hanssens et al., 2014）利用企业间的交易联系数据，对比利时中部地区在区域和国家尺度的功能多中心程度进行了测度。这些实证研究的一个普遍结论是，所研究区域的功能多中心程度随着地理尺度的扩大而降低。

显然，对于功能多中心尺度依赖特征的实证研究主要是基于企业内部和企业之间的联系数据。这主要是由于企业（特别是高端生产性服务业公司）可以在不同的地理尺度内与其子公司或同行建立联系（Sassen, 1991, 1994），而其他类型的联系如通勤和购物出行等通常局限在区域范围内。以此而言，通过使用可能存在于不同地理尺度的城市联系类型数据（例如，企业联系、创新联系），我们可以更好地分析功能多中心的多尺度依赖特征。

（二）功能多中心的多尺度特征：分析全球化与城市互动关系的新视角

考察功能多中心的多尺度特征不仅仅是对不同地理尺度的功能多中心程度进行测度。实际上，功能多中心的程度随着地理尺度的增加而不断降低是可以预见的。不同地理尺度的功能多中心分析之所以如此重要，在于其提供了分析全球化与城市（尤其是与城市群内的门户或者主要城市）之间关系的新视角。通过借鉴"门户城市"这一学术概念（Bird, 1983），肖特等人（Short et al., 2000）以及尼曼（Nijman, 1996）和佩恩（Pain, 2011）认为城市群内的主要城市承担了"门户城市"的功能。这些城市将城市群与世界其他城市相连。尽管伯德（Brid, 1983）认为门户城市的形成过程非常缓慢，但是门户城市在全球范围内的不断崛起是不争的事实。这与戈特曼（Gottmann, 1961, 1976）所提出的大都市带具有枢纽功能的观点相一致。

然而，关于门户城市和全球化/城市关系的争论在城市网络的大量研究文献中常常被忽视，这些文献主要关注城市网络的物理结构或者其分析方法。当然，也有一些研究关注到这一问题。例如，尼曼（1996）对迈阿密的门户城市功能进行了研究，该研究对迈阿密在美国城市体系和全球城市体系中所扮演不同角色进行了区分，认为迈阿密虽然在美国城市体系中并不是非常重要，但是却是联系中美洲和世界的"门户"城市。布朗等人（Brown et al., 2002）对迈阿密的案例进行了进一步阐释，通过将迈阿密置于世界城市网络体系的分析框架之内，再次证实了迈阿密在全球尺度的"门户"作用以及在国家尺度相对薄弱的地位这一客观事实。当然，迈阿密也可能是一个特例，主要由于其在文化、语言和贸易等方面与拉丁美洲之间存在较强的联系。然而，关于迈阿密的分析确实揭示了将城市群尺度下的城市网络置于更高尺度进行分析的重要性。

事实上，谢泼德（Sheppard, 2002）提出了"定位"一词用于描述在当代全球化背景下如何将不同的空间连接在一起，并且可以将"定位"一词的理解进行扩展。正如"定位"所强调的那样，一个地区发展的可能性条件并不主要取决于本地的主动性或跨尺度的嵌入关系，而在很大程度上取决于与遥远地区的直接交互。通过分析功能多中心的多尺度特征，我们可以更好地理解城市在不同地理尺度下城市网络中的定位。值得注意的是，大都市圈的主要城市通常在较大地理尺度上发挥着更为重要的作用。换言之，当将大都市圈的主要城市置于国家和全球尺度的背景下，可以更好地展现大都市圈主要城市的"门户"和"枢纽"功能。因此，如果仅仅在大都市圈尺度对功能多中心的程度进行判定，大都市圈城市之间的功能差异可能微乎其微。然而，如果忽视大都市圈主要城市（尤其是在当今全球化背景下的巨型城市）在国家和全球尺度的作用，这样的结论可能具有误导性，或者至少说是片面的。正如卡斯特尔（Castells, 2000）所指出："对于巨型城市而言，最为重要的是其与外部处于国家和全球尺度城市间的联系，而这些巨型城市与本地和内部的人群之间却存在断裂的关系。这些人群通常被认为在功能上不重要或具有社会破坏性……当然，正是这种在地域和社会上'全球联系而地方分离'的独特特征，使得巨型城市成为一种新的城市形式。"

三、功能多中心的联系类型

近年来，学术界采用多元化的城市联系类型对不同区域的功能多中心程度进行了测度。借鉴德吕代（Derudder, 2006）对世界城市网络研究所用到的联系类型的分类标准，本书将城市群尺度下城市网络研究中经常使用的城市间联系类型分为了四类，分别是人流、企业联系、信息流和基础设施联系。每一种类型又可以进一步划分成几个子类（表2-1）。事实上，某一特定区域的功能性多中心程度很大程度上取决于所选取的城市间联系类型（Lambregts, 2009）。伯格（Burger et al., 2014a）指出："城市网络是一种多元现象，因此，多中心和相互依赖性可以通过评估城市和区域之间不同类型的功能联系来研究……然而，每一种功能联系的空间组织模式并不一定需要类似。因此，对某一种类型的功能联系而言，区域可能呈现出多中心特征并且呈现紧密的联系，而对于另一种类型的功能联系而言，区域则可能呈现出单中心的特征并且呈现松散的联系。"

表 2-1 城市群尺度城市间功能联系的代表性类型划分

大类	子类
人流	通勤出行、休闲出行、购物出行、商务出行
企业联系	企业内联系、企业间联系
信息流	电话、邮件、百度指数
基础设施联系	铁路、高速公路

表2-2进一步列出了基于不同城市联系类型对功能多中心开展的一些代表性研究。其中，通勤出行在过去并且还将继续是大多数研究关注的主要关系类型（Burger et al., 2014a; Hall and Pain, 2006；钮心毅等，2018）。当然，购物和休闲出行有时也

被认为属于通勤出行的范畴（Burger and Meijers, 2012; Limtanakool et al., 2009）。一些学者甚至认为，其他类型的个体流动也应与通勤出行一样被同等对待，主要是因为它们之间的空间格局存在显著的差异（Limtanakool et al., 2009）。

企业联系是另一种被广泛使用的关系类型，主要包含企业内联系与企业间联系两个子类。随着高端生产性服务业企业内联系在世界城市网络研究中的广泛运用（Taylor et al., 2002；路旭、马学广和李贵才，2012），企业内部联系也越来越多地被应用于区域尺度城市网络以及功能性多中心的研究中（Burger et al., 2014a; Taylor et al., 2008；唐子来和李涛，2014；李仙德，2014；朱惠斌和李贵才，2015；赵渺希等，2016）。近年来，部分研究还关注了基于供应商—需求商关系的企业间联系类型（Hanssens et al., 2014；陈肖飞等，2020）。

近年来，基础设施联系被较多地运用于世界城市网络的研究（Choi et al., 2006; Derudder et al., 2007, 2008）。受此影响，一些学者在分析区域尺度城市网络的过程中也应用了这类联系（从铁路联系或者高速公路联系的角度）（Liu et al., 2016；罗震东等，2011；蔡莉丽等，2013）。

信息流近年来也被应用到区域尺度的城市网络研究中。例如，霍尔和佩恩（Hall and Pain, 2006）以及格林（Green, 2007）以城市间的电话和电子邮件数量反映城市间的联系强度。然而，由于信息流的数据通常数量庞大并且属于私密数据，因此在研究过程中难以获取，从而限制了这种关系类型数据的广泛使用。与之相关的一类联系类型数据是百度指数。该指数近年来被部分国内学者尝试用于区域或国家尺度的城市网络研究之中（熊丽芳等，2013；安頔、胡映洁和万勇，2022）。

整体而言，这些城市间的不同联系类型在具体应用过程中存在以下几个方面的差异。首先，人流、企业联系和基础设施联系的数据易于获取，而信息流数据则难以获取。其次，人流数据通常是具有时间序列的，因而可用于对功能多中心的动态分析（De Goei et al., 2010），而大多数基于其他联系类型的研究则通常是静态分析。第三，基于企业间联系数据可以对功能多中心进行多尺度分析（Taylor et al., 2008；路旭、马学广和李贵才，2012；朱惠斌和李贵才，2015），而基于其他联系类型的研究则主要是在城市群尺度进行。第四，城市间的不同联系类型所能代表的城市之间的实际联系程度有所差异。例如，虽然百度指数易于获取，但是基于百度指数的城市间联系与城市间的实际联系往往有较大差异。值得注意的是，任何类型的城市间联系都具有优缺点，因此在实际应用中不能采用"一刀切"的方式，而应根据研究目的和研究需要选取最合适的城市间联系类型。

表 2-2 区域尺度城市网络及功能多中心的代表性研究及比较

研究	联系类型					时间	测度	区域
	个体	企业	基础设施	信息				
Liu et al. (2016)	—	—	铁路	—	静态	网络分析	中国多中心城市区域
Burger et al. (2014a)	通勤	企业内和企业间	—	—	静态	规模等级分布	荷兰兰斯塔德
Hanssens et al. (2014)	—	企业间	—	—	静态	建模	比利时中部
李仙德 (2014)	—	企业内	—	—	静态	网络分析	长三角城市群
唐子来和李涛 (2014)	—	企业内	—	—	动态	网络分析	长三角城市群
熊丽芳等 (2013)	通勤和购物	—	—	百度指数	静态	网络分析	长三角城市群
Burger and Meijers (2012)	—	—	—	—	静态	规模等级分布	荷兰地区
罗震东等 (2011)	通勤	—	高速公路和铁路	—	动态	网络分析	长三角城市群
De Goei et al. (2010)	通勤和休闲	—	—	—	动态	建模	英国大东南部
Limtanakool et al. (2009)	—	—	—	电话	静态	网络分析	荷兰巨型城市区域
Halbert (2008)	通勤	—	—	邮件	动态	网络分析	巴黎城市区域
Green (2007)	商务	企业间	—	邮件	静态	网络分析	英格兰康沃尔
Hall and Pain (2006)							欧洲巨型城市区域

四、中国城市群尺度功能多中心研究的特殊性

从已有研究看，国外针对功能多中心的讨论主要关注欧洲的城市区域（如荷兰的兰斯塔德地区）。在欧盟层面，多中心一直是欧洲空间规划文件中的关键词，而且促进多中心城市体系的形成依然是规划的一个主要目标（EU Commission, 1999），这主要是因为欧盟的空间发展格局一直以来都不太均衡。欧洲大陆西北角的区域在欧盟经济发展中一直占据主导地位，导致欧盟的空间发展格局整体呈现出一种单中心的空间格局结构。为此，欧洲空间规划引入多中心概念的目的之一，就是为了促进欧洲大陆西北角以外地区的增长，以实现区域均衡发展并建立全球经济一体化区域（EU Commission, 1999）。

国内有关城市网络和功能多中心的研究主要集中在国家尺度（李迎成，2018），但近年来国内学者对于多中心城市区域的关注也在逐渐增加（罗震东等，2011；Liu et al., 2016；蔡莉丽等，2013；唐子来和李涛，2014；赵渺希等，2016）。虽然"多中心"这一概念在国内受到越来越多的关注，但在进行国内区域的多中心研究时，有必要注意国内城市和国内城市体系区别于西方城市和城市体系的一些独特特征。

（一）城市间联系的类型

城市间联系的类型或许是国内研究区别于国外研究的最显著特征之一。与依据通勤联系实现功能联系的欧洲城市不同，国内城市之间的联系主要是通过物流、资金流和信息流进行反映（顾朝林，2011）。换言之，通勤出行并不是国内城市联系的主要功能联系类型。通常情况，国内的通勤主要是在城市内部进行的，也就是城区与郊区之间。在这样的背景下，国内城市网络的研究主要关注其他类型的功能联系。具体而言，受世界城市网络研究范式的影响，近年来国内城市网络的研究主要关注基于高端生产性服务业企业内联系形成的城市联系类型（唐子来和李涛，2014；赵渺希和刘铮，2012）。然而，如前文所述，城市群尺度下高端生产性服务业企业内的联系实际上相对较弱，这也是开展城市群尺度功能多中心研究需要特别关注的一个情况。

此外，在城市群尺度开展城市网络与功能多中心的研究，有可能夸大城市网络的多中心程度。这主要受中国城市体系特征的影响。自古以来，中国的城市体系就是一个很强的等级系统。这与西方国家基于功能性城市区域形成的城市体系有显著不同。因此，国内的城市群可能更多表现为形态多中心，而不是功能多中心。在城

市层面，总体规划中的功能定位通常表述为全球金融中心或者区域经济枢纽，而常常忽视在不同地理尺度上城市之间的实际功能联系。事实上，城市等级越高，越有可能促使资源进一步向少数几个中心城市集聚，从而形成形态多中心程度更高的城市区域。

（二）多中心城市区域的尺度特征

另外一个需要特别关注的典型特征也与中国的城市规模相关。事实上，欧洲的大多数多中心城市区域相当于国内的都市圈尺度，而国内有关多中心城市区域和区域尺度城市网络的研究大多是在城市群尺度上进行的，长三角就是其中一个重要的研究区域。在城市群尺度下，功能多中心的尺度依赖性变得更加显著，而对于功能多中心的尺度依赖性认识不足可能会导致对中国城市网络结构的片面理解，也可能会忽视城市群在全球知识经济背景下所具备的"枢纽"和"门户"功能。实际上，最重要的城市应该是将全球和地方联系起来的城市，而不仅仅是在其邻近城市区域中占据主导地位的城市。

综上所述，国内关于功能多中心的研究仍然局限于少数类型的城市间联系和特定的地理尺度。通过这些研究，我们可能还无法真实、全面的掌握和了解城市之间的互动关系。以上讨论指出，我们应该从不同的地理尺度对功能多中心进行探究。更具体而言，只有将城市群置于国家和全球尺度下，我们才能充分揭示城市群主要城市的"门户"作用。因此，有必要探索运用新的城市间联系类型数据，对城市之间的功能联系和功能多中心的尺度依赖性进行观察和测度。从这一意义上讲，城市创新联系可以作为城市网络研究中的一种新的城市间联系类型进行深入研究。下一节将对基于创新联系的多尺度创新网络进行详细探讨。

第二节 基于创新联系的多尺度创新网络研究

创新联系是促进知识流动与传播的重要途径之一，并且随着信息通信技术与交通基础设施的不断发展而愈发频繁。若根据帕尔萨和大卫（Partha and David, 1994）有关科学知识与技术知识的分类方法，基于知识流动的创新联系亦可分为科学创新联系与技术创新联系。尽管一些传统观点认为知识流动具有空间局限性，但近年来针对跨城市、跨区域的知识流动研究也逐渐受到学界的关注，说明创新联系在空间上存在多尺度的特征。本节首先简要回顾知识的不同类型，并对科学创新联系和技术创新联系进行区分。在此基础上,重点讨论两类创新联系的空间多尺度特征。

一、创新联系的主要类型

(一)知识的不同类型

在讨论创新联系的不同类型之前,有必要对知识的相关定义进行简要阐述。事实上,关于知识定义的讨论一直是哲学、社会学、经济学、组织科学等领域学者之间不断争论的一个话题。例如,在哲学领域,最为著名的知识定义之一是哲学家柏拉图给出的"经过辩证的真的信念"。在创新和组织科学的文献中,野中和竹内(Nonaka and Takeuchi, 1995)将知识定义为"一个为个人信仰的'真理'进行辩证的动态过程"。

由于长期以来对知识定义存在分歧,因而许多学者提出了不同类型的知识。当然,对知识的类型进行区分需要结合具体的研究目的。正如马赫卢普(Machlup, 1962)所写:"除非明确说明分类的目的是什么,否则分类毫无意义"。在知识的不同分类中,引用最多的一种分类应该是波兰尼(Polanyi, 1962, 1967)对隐性知识和显性知识的区分。尼尔森和温特(Nelson and Winter, 1982)以及野中和竹内(Nonaka and Takeuchi, 1995)对这种分类方式做了进一步发展。简言之,两者之间主要区别是,显性知识可以以编码的形式表达并且易于传播,而隐性知识则与个人的经验和价值观紧密联系在一起,难以进行形式化(Grant, 1996; Gertler, 2003; Howells, 2002; Nonaka *et al*., 2000; Spender, 1996)。

除了波兰尼(1962,1967)对于显性和隐性知识的区分外,还有很多其他的知识分类体系。例如,马赫卢普(1962, 1980)将知识视为一种经济资源,并将其分成了五类,包括实践知识(对人们工作、决策和行动有用的知识)、智慧知识(科学、人文和文化知识)、闲聊和消遣知识(八卦、新闻、故事、笑话、游戏等)、精神知识(与宗教有关的知识)和不需要的知识。从企业学习的角度来看,布莱克勒(Blackler, 2002)也将知识划分为五类,包括嵌入大脑的知识(理性思维与认知能力)、嵌入身体的知识(根植于特定语境的实践性知识,多是隐形的)、嵌入文化的知识(含义和共享理解)、嵌入知识(日常活动和组织制度)和编码知识(标志和象征,如书籍、手册等大多数经过整理的知识)。事实上,在知识分类中,存在很多基于相互对比的分类,如个体知识与集体知识、一般知识与特定知识、现有知识与实践知识、主观知识与客观知识以及程序性知识和陈述性知识等(Amin and Cohendet, 2004; Grant,

1996)。

（二）科学知识与技术知识的对比

根据本书的研究目的以及后续实证分析的需要，本书将知识划分成科学知识和技术知识两类，表 2-3 从研究领域、产出形式、传播方式等不同方面对科学知识与技术知识的基本特征进行了对比。

表 2-3　科学知识与技术知识的基本特征比较

不同领域	科学知识	技术指数
知识产出	研究型（增加新知识）	市场型（增加租金流）
知识传播	最大化传播（公共）	最小化传播（私人）
涉及知识	高编码、低隐性	高隐性、低编码
知识生产者	研究人员、科学家	企业研发员工
知识测度	论文	专利年
研究目标	学术发展	经济发展、企业增长
研究学科	管理学	经济地理学

帕尔萨和大卫（Partha and David, 1994）对于科学与技术之间的差异进行了详细的辨析，他们认为："科学和技术的本质区别在于两个研究群体的研究目标、研究行为、知识的传播方式、研究的绩效奖励制度等"。换言之，科学活动的主要目的是为现有的"知识储备"增加新知识，并尽可能广泛地传播它，而技术团体则希望保护他们拥有的私人知识的收益。

科学知识与技术知识之间的另一方面差异在于，前者偏向于纯粹的科学导向的研究，而后者则具有较为明显的应用和市场导向特征。两者之间的这一差异主要与研究目标相关，并且可以从斯托克斯（Stokes, 1997）提出的基础和应用研究的分类中找到其根源，即"基础研究的特征是其致力于扩展对于科学领域现象的理解……其定义的本质是寻求对一个科学时代的一般的、解释性的知识体系作出贡献……如果说基础研究的目标是试图扩展对基础理解领域的范围，那么应用研究的目标则是应对某些个体、团体和组织实践应用的需要"。通过比较不同研究过程对基本理解的追求程度和对使用的考虑程度之间的差异，斯托克斯（1997）进一步将研究划分为纯基础研究（波尔型研究，仅以理解为导向，而不考虑实际用途）、纯应用研究（爱迪生型研究，仅以应用为导向，不考虑科学领域现象的更一般理解）和基础研究（巴斯德型研究，既考虑对理论前沿的扩展，也思考如何应用）三种类型。瓦尔加等人

（Varga et al., 2014）以该分类为基础进行了实证分析，发现欧盟的爱迪生型研究受集聚的影响较为显著，而波尔型研究则受区域科学网络的影响较为显著。

与斯托克斯（1997）的分类相似，经济合作与发展组织（OECD）将基础研究定义为"主要为获得有关现象和可观察事实的潜在基础的新知识而进行的实验或者理论工作，不存在任何应用或者使用作为目标"，而将应用研究定义为"为获得新知识而进行的调查研究，但是其指向一个具体的实际目的或者目标"（OECD, 2002）。因此，可以认为科学知识的生产通常涉及大学或者科研机构的科学家和科研人员（如教授、学生），而技术知识则主要来自于企业的工程师和发明者。需要特别说明的是，上述说法也只代表了一般或者通常的情况，或者说是为了实证分析的需要。事实上，科学家和科研人员也可以产生以市场应用为导向的技术知识。

根据野中和竹内（Nonaka and Takeuchi, 1995）以及野中等人（Nonaka et al., 2000）的观点，知识生产（作者强调无论是科学知识还是技术知识）是一个隐性知识和编码知识相互作用并转化的过程。该过程包括"四种知识转换模式"，分别是（1）社会化（从隐性知识到隐性知识）；（2）外部化（从隐性知识到显性知识）；（3）组合（从显性知识到显性知识）；（4）内部化（从显性知识到隐性知识）。考虑到科学知识与技术知识的本质差异，科学知识的生产过程更多是涉及与编码知识之间的交互，而技术知识的生产过程则需要与更多的隐性知识进行交互（Varga et al., 2014）。此外，从所属的学科研究领域看，科学知识主要属于管理学领域的研究范畴，而技术知识则主要属于经济地理领域的研究范畴。同样地，关于科学创新联系的研究主要关注联系与合作的影响因素以及合作如何促进学术发展，而技术创新联系的研究主要与城市和区域发展以及企业发展有关。

（三）两类创新联系的测度

与科学知识与技术知识的分类相对应，本书将为获取科学知识的创新行为称之为科学创新，而将为获取技术知识的创新行为称之为技术创新。在全球知识经济的背景下，无论是科学创新还是技术创新，都离不开创新主体间的合作与互动。事实上，知识和创新生产过程中的互动特征近年来变得愈加明显，合作与互动在知识和创新生产的过程中也发挥着越来越重要的作用。从这一意义上讲，没有任何个体、企业、组织、城市、地区和国家可以拥有创造新知识所必需的所有资源。合作是在知识和创新生产过程中进行的，可以使个体、企业和组织等合作参与者之间建立直接联系。从组织如何动态创造知识的角度看，野中等人（Nonaka et al., 2000）将知识创造定义为"一个连续的自我超越的过程，在这个过程中人们通过获得新的环境、新的世界观和新的知识而超越旧的自我边界，成就新的自我……知识是通过个体之间或者个体与环境之间的相互作用而创造出来的，它超越了自我与他人之间的界限"。

因此，如何对这些创新联系和互动的特征进行描述，对于分析创新联系至关重要（Maggioni and Uberti, 2011）。已有研究主要采用一手数据和二手数据进行分析，表 2–4 对比了用于衡量创新联系的这两种数据类型之间的差异。

表 2–4 测度创新联系的两种数据类型比较

差异	一手数据	二手数据
数据来源	调查、访谈	数据库
知识类型	技术、更多为隐性知识	科学与技术、更多为编码知识
分析单元	个体、企业	个体、企业、高校和科研机构、城市、区域、国家
地理尺度	个体或少数城市	从地方到全球

创新联系的一手数据通常是通过对有限数量的个人、企业或者组织进行问卷调查或者访谈。因此，通过这些调查或者访谈所获取的创新联系以隐性知识的合作联系为主。由于收集这些一手数据通常较为昂贵，并且耗费精力，这些调查或者访谈大都在相对较小的地理尺度上进行，一般仅涉及单个或者多个城市（Doloreux and Shearmur, 2012; Sternberg, 1999; Simmie, 1998, 2001; Shearmur and Doloreux, 2015; Van Geenhuizen, 2007；陈肖飞等，2018；李俊峰、柏晶菁和王淑婧，2021）。因而，这类一手数据比较适合进行案例研究，因为其提供了创新联系过程中相关主体的详细信息。事实上，详细的案例分析长期以来一直是相关研究对知识和创新合作过程进行理论化和概念化总结的主要依据（Chesbrough, 2003）。然而，基于调查数据的研究也受到一些学者的批判，例如，数据的质量取决于问卷设计的正确性，并且问卷数据也不能反映知识和创新联系的全貌（Giuliani and Bell, 2005; Ter Wal and Boschma, 2009）。

欧盟的社区创新调查（Community Innovation Survey, CIS）是大规模收集知识和创新联系一手数据的一个典型代表。社区创新调查由欧盟国家每两年执行一次，以企业为主要受访目标，其主要目的是对不同部门和地区的创新能力进行评估。在这些调查涉及的众多问题中，存在一系列关于企业产品和工艺创新的信息来源和合作问题，这些问题正好与本书所探讨的创新联系密切相关。基于调查的结果，许多研究探讨了知识和创新联系的经济地理过程（Evangelista *et al.*, 2002; Frenz and

Ietto-Gillies, 2009; Hashi and Stojčić, 2013; Iammarino et al., 2012; Simmie, 2003）。

虽然社区创新调查的结果可以提供一些关于企业和地区创新联系的信息，但是其不能反映城市与区域之间创新联系的全貌和总体格局。因此，关于城市间、区域间以及国家间的创新联系研究主要还是采用大量的二手数据。事实上，不少学者提出创新经济地理的研究需要对知识和创新进行统计测度，特别是那些针对创新网络地理特征的宏观研究（Gault, 2013; OECD, 2005）。正如夏尔默（Shearmur, 2012）所言："如果城市是创新的焦点，那么我们就必须证明，创新在城市中发生的可能性与频率要比在非城市地区高得多，而这只能通过统计数据加以分析。"近年来，由于"关系"数据库的可获得性和可访问性不断提高，针对知识与创新合作联系二手数据的应用越来越广泛。这些数据库通常包含大量的时间序列和关系数据，对于创新网络及其演变特征等方面的分析十分重要。

关于科学创新联系的测度，使用最为广泛的指标之一当属研究者之间合作论文的数量（Hoekman et al., 2010; Ponds et al., 2007; 马海涛、黄晓东和李迎成，2018; 许培源和吴贵华，2019）。瓦格纳-多布勒（Wagner-Döbler, 2001）发现，20世纪的一百年时间里，合作论文数量占全球论文总量的比例从10%上升到了50%以上。同样地，合作专利的数量则通常用于技术创新联系的测度（Ó huallacháin and Lee, 2014; Wilhelmsson, 2009; 周灿、曾刚和曹贤忠，2017; 段德忠等，2018）。事实上，在合作论文和合作专利作为创新联系的表征指标被广泛应用之前，论文和专利本身也已经逐渐被作为一种较为理想的知识生产指标（Acs et al., 2002; Fritsch, 2002; Griliches, 1990; Jaffe et al., 1993; Schmoch, 1997; Sonn, 2004; Sonn and Storper, 2008; Zucker et al., 2007; 隆连堂，2006; 李习保和解峰，2013）。

当然，作为创新联系的测度指标，合作论文和合作专利数据自身也有较为明显的缺点与不足。基于格里利什（Griliches, 1990）和弗伦肯等人（Frenken et al., 2007）的研究，霍克曼等人（Hoekman et al., 2009）提出了使用论文和专利数据存在的三个主要缺点：（1）研究并不必然产生论文和专利。审稿人拒稿是研究工作不一定形成论文或者专利的主要原因之一，其他原因还包括研究人员提交报告、发表论文或申请专利的时间、成本制约、企业保密策略等；（2）论文和专利不一定对我们的知识有贡献。大多数的论文和专利很少被引用（如果有的话），这表明它们对知识和创新的附加值较小。就专利而言，其商业价值差异很大；（3）论文发表率和专利申请率在不同的科学和技术领域存在较大差异。由于技术专业化的差异，对区域进行比较容易产生偏差。

然而，合作论文与合作专利数据的优点也很突出，并且在实际研究中得到了广泛认可。论文和专利中包含了研究人员的姓名和地址等详细信息，这对于研究创新联系的经济地理特征而言具有十分重要的意义。同时，这些数据的规模庞大，并且其存量还在不断地增长，为进行历史演化研究提供了可能。相关学者进一步指出，这些数据特别适合在较大地理尺度开展研究，因为基于个人访谈获得的数据仅仅只能覆盖有限的地域范围。

尽管存在上述差异，但这两种创新联系均具有明显的空间尺度特征，这主要是因为创新合作的机构之间不一定彼此邻近。事实上，很多具有创新联系的机构往往分布在不同城市、不同区域甚至不同国家。然而，相关研究直到最近才逐渐关注创新联系与知识互动在地理空间上的多尺度特征，下一小节将分别梳理两种创新联系的多尺度空间特征，对这种研究范式的转变进行探讨。

二、创新网络的多尺度特征

（一）科学创新网络

如前所述，科学创新联系主要涉及的是编码知识的交流，而非隐性知识的交流。考虑到编码知识和隐性知识在空间相互作用机制方面存在差异，科学创新联系的地理尺度可能不会局限于地方边界。正如吉特尔曼（Gittelman, 2007）所写："科学社会学的经典研究表明，科学界的组织是为了跨空间的高效交流和工作"。事实上，已有许多研究基于合作论文数据对科学创新联系的空间多尺度特征进行了探讨（表2–5）。

通过比较可以发现，已有研究在科学创新联系的地理尺度（如国家、洲域和全球）和空间分析单元（如团队、集群、城市、区域和国家）上具有多元化的特点，并形成了不同类型的"尺度—单元"结合，如国家和全球尺度的城市科学创新网络（Andersson et al., 2014; Ma et al., 2014；Matthiessen et al., 2002, 2010；刘承良等，2017；桂钦昌等。2021）、国家和洲域尺度的区域科学创新网络（Shapiro et al., 2010; Wang et al., 2005；Hoekman et al., 2010；汪涛等，2011）、洲域尺度的国家创新网络（Liang et al., 2006）等。然而，这些研究普遍发现科学创新联系在空间分布上更为分散，即科学创新联系具有明显的多尺度特征。就科学创新联系的绝对值而言，一些研究发现在国家和国际尺度合作论文的数量在不断增加（Shapiro et al., 2010; Wagner and Leydesdorff, 2005）。部分研究甚至发现区域内合作发表论文的数量比区域间合作发表论文的数量还要少（Wang et al., 2005）。

表 2-5 不同地理尺度科学创新网络的实证研究

研究	地理尺度	分析单元	数据来源	主要发现
Ma et al. (2014)	国家（中国）	城市	Web of Science	呈现区域网络化的趋势，地理邻近性在某些尺度上影响不明显
Andersson et al. (2014)	国家（中国）	城市	Web of Science	整体上显示出较强的省内城市合作趋势，但是城市间创新网络存在较低的空间阻碍
Kumar et al. (2014)	国际（东南亚国家联盟）	国家	Web of Science	1979-2010 年期间，地方间合作论文的比重下降，而国际合作论文的比重上升
Hoekman et al. (2010)	洲域（欧洲）	区域	Web of Science	2000-2007 年期间，国家和全球尺度的区域间合作有所增加
Shapiro et al. (2010)	国家（韩国）	省	Web of Science	空间上分散的研究人员和机构之间的协作有所增加
Liang et al. (2006)	洲域（欧洲）	国家	Web of Science	1993-2003 年期间，欧盟内部的合作有所减少，而欧盟与非欧盟国家之间的合作有所增加
Adams et al. (2005)	国家（美国）	研究小组	Web of Science	随着科学团队组成在空间上更加分散，与外国机构的合作在不断增加
Wang et al. (2005)	国家（中国）	省	中国科技论文及引文数据库（CSTPC）	对北京和天津这样的大城市而言，区域间的联系比区域内的联系更重要
Wagner and Leydesdorff (2005)	全球	国家	Science Citation Index (SCI) from Web of Science	国际合作论文的比例由 1990 年的 8.7%增加到 2000 年的 15.6%

然而，在大多数研究中，"尺度—单元"的组合是在国家和洲域尺度上，很少有研究关注城市群尺度下城市之间的科学创新网络，更不用说不同地理尺度下科学创新网络的比较研究。值得一提的是，安德森等人（Andersson et al., 2014）、玛西森等人（Matthiessen et al., 2010）和马海涛等人（Ma et al., 2014）的研究从城市间创新网络的角度对城市网络进行了量化测度。例如，马海涛等人（2014）以中国60个主要城市为例，对城市之间的科学创新网络进行了分析。通过将研究人员的合作关系投射到城市而非省域或者国家层面，可以对科学创新网络进行更为精细的描述。然而，已有研究较少关注到区域、国家和全球创新网络之间的相互连接问题。例如，玛西森等人（2010）的研究主要关注全球尺度的城市创新网络，安德森等人（2014）和马海涛等人（2014）的研究主要关注国家尺度的城市创新网络（以中国主要城市为分析对象）。

（二）技术创新网络

在经济地理领域的相关文献中，技术知识通常被简单地称为知识和创新，并且聚焦于企业、集群和区域内的学习和创新。自1980年代开始，关于知识和创新的空间属性已经成为经济地理学家争论的热点问题之一。在这一时期出现的主要理论包括"新工业区"（new industrial districts）（Saxenian, 1991; Scott, 1993）、"创新环境"（innovative milieu）（Aydalot and Keeble, 1988; Camagni, 1991）、"学习型区域"（learning regions）（Morgan, 1997）、"网络化生产系统"（networked production systems）（Scott and Storper, 1987; Scott, 1993）、"区域创新系统"（regional innovation systems）（Cooke et al., 2004; Doloreux, 2002）和"国家创新系统"（national innovation systems）（Lundvall, 1992; Nelson, 1993）等。这些理论均提出了知识互动过程的概念，并且都认为知识的协作和传播受空间限制，而基于知识联系所形成的创新网络因此也受地域的影响。

然而，近年来这一观点受到了越来越多的挑战。从知识流动的角度看，无论是基于知识流动现象的理论思考还是基于案例研究的观察总结，在全球知识经济背景下很多研究都倡导跨地方、跨区域的知识流通（Hughes, 2007）。例如，奥伊纳斯（Oinas, 1999）指出："由于对'真实学习过程'的研究较少，相关研究并不能支撑'本地性学习'的观点。没有经验证明，一个行业中少部分成功企业的集聚意味着本地性学习的存在。因此，关于学习的前提是什么，关于学习过程，我们知道什么，以及邻近性对于促进他们作用之间似乎存在着差距……实际上更为明显的是，新知识（学习）的创造可以更好地被视为'邻近和遥远相互结合'的结果。"同样地，阿明和科亨代（Amin and Cohendet, 2004）将知识实践定义为"具有不同深度和广度的学习网络相互交织在一起形成的一种现象，这一现象有利于理解特定地区如何作为多重网络的交汇点而存在"。科宜和邦内尔（Coe and Bunnell, 2003）认为创新系统是"地方内、地方外和跨国网络连接的组合，不同网络之间的平衡实际上是一个经验结果，而这一结果随着地区和部门的不同而不同"。相似的观点也可见于其他一些理论概念与研究中，如地方特有知识的泛化过程（Maskell and Malmberg, 1999）、与集群间创新联系相关的"全球渠道和本地蜂鸣"（Bathelt et al., 2004）、关系经济地理（Bathelt and Glückler, 2011）、知识流动网络理论（Glückler, 2013）等。除了这些理论概念，许多案例研究也表明地方外知识联系和跨地方创新网络对产业发展的重要性，特别是对高科技产业（Bridge and Wood, 2005; Gertler and Levitte, 2005; Owen-Smith and Powell, 2004; Gordon, 2001；盖文启和王缉慈，1999；董津津和陈关聚，2020）和知识密集型商业服务业企业而言（Balland et al., 2013; Faulconbridge, 2006; Grabher, 2002; Tödtling et al., 2006；王鹏和钟敏，2021）。

上述研究主要讨论了企业层面的学习和知识创造的互动过程，另一类通常具有实证性质的文献则重点关注了知识生产实践与城市和区域发展之间的关系，这与本书的研究主题更为相关（表2-6）。很显然，基于合作专利的创新联系数据和基于问卷调查的创新联系数据，是这些研究最常采用的两种主要的关系类数据，各自具有一定的优缺点。不管使用哪种类型的联系数据，大多数研究都发现技术创新联系形成的地理尺度在不断扩大。其中一些研究甚至发现，部分城市在专利合作方面主要以与本国城市的合作为主，区域尺度和全球尺度的技术创新联系较少（Krätke, 2010；焦美琪等，2019）。

已有关于科学创新联系的研究在地理尺度和研究单元的选取上较为多样，出现了许多不同类型的"尺度—单元"组合。与之不同的是，大多数针对技术创新联系的研究都只关注了企业间知识联系的分析。此外，部分研究进一步解释了企业间的知识创新联系如何影响城市和区域增长（Lambregts, 2008; Simmie, 2003）。其他基于合作专利数据的研究主要聚焦于国家尺度（Gao et al., 2011; Ó huallacháin and Lee, 2014；刘承良、管明明和段德忠，2018；张凯煌和千庆兰，2021）、洲域尺度（Maggioni et al., 2007）以及全球尺度（Guan and Chen, 2012；焦美琪等，2019）。

基于已有研究的相关结论和发现，本书认为科学创新网络与技术创新网络均具有多尺度的空间特征，这与传统上认为知识交流和互动具有空间局限性的观点不一致。然而，需要说明的是，已有研究较少关注城市群尺度下的城市创新联系，而针对

表 2-6 不同地理尺度技术创新网络的实证研究

研究	地理尺度	分析单元	数据来源	主要发现
Sun, 2016; Sun and Cao, 2015	国家（中国）	省	中国专利局（SIPO）	虽然主要创新区域倾向于从区域间合作转向区域内合作，但前者涉及的省份更多
Ôhuallacháin and Lee, 2014	国家（美国）	大都市圈	美国专利商标局（USPTO）	尽管地方和地区的联系仍然占主导地位，但国家间的联系在不断增长
Bathelt and Li, 2014	国际（中国和加拿大）	集群	加拿大亚太基金会	一个全球集群网络正在形成，促进了知识的全球传播
Guan and Chen, 2012	全球	国家	USPTO	尽管大多数合作仍在经合组织国家内部进行，但非经合组织国家所占的比重显著提高
Gao et al., 2011	国家（中国）	省	USPTO	区域内和国际合作是知识交流的主要形式
Krätke, 2010	区域（Hanover-Brunswick-Göttingen）	经济实体（公私部门）	调查	以国家尺度的联系为主，其次是区域和国际创新联系
Wilhelmsson, 2009	国家（瑞典）	发明者	欧洲专利局（EPO）	从 1994 年到 2002 年，发明者之间的平均距离增加了一倍
Lambregts, 2008	区域（荷兰兰斯塔德）	高端生产性服务业企业	访谈	依赖于知识的种类，但附近和延伸的知识关系共存
Maggioni et al., 2007	洲域（欧洲）	NUTS2 区域	EPO	空间网络地理上距离较远的创新集群进行联系，优于基于空间连续性的扩散模式
Simmie, 2003	区域（美国大东南部）	企业	社区创新调查（CIS）	国家和全球尺度的联系同地方联系一样重要

不同地理尺度下创新联系的比较研究则更少。事实上，弗伦肯等人（Frenken et al., 2009）在一篇针对空间文献计量学的研究综述中就曾指出："关于区域或城市间协作模式的研究很少"。尽管如此，科学和技术创新联系的多尺度特征已经足以表明，基于这些创新联系所形成的创新网络也具有多尺度的空间特征，有必要对创新网络进行多尺度的分析。

三、多尺度创新网络的形成机制：邻近视角

创新网络的多尺度特征在某种程度上说明了地理邻近不再是知识传播和流动过程中的唯一决定因素。事实上，关于"距离已逝"和"地理终结"的争论长期以来一直是学术界讨论的一个热点话题。随着信息和通信技术（ICTs）的出现，一些学者认为全球化和数字化的双重过程标志着"距离已逝"（Cairncross, 2001; Martin, 1996; O'brien, 1992）和"世界是平的"（Friedman, 2005）。尽管这种观点自诞生以来受到越来越多的青睐，但也受到了许多学者的质疑。部分学者认为地理邻近仍然很重要，并且在解释动态和复杂的社会经济过程方面（包括学习和知识创造的过程）仍然具有巨大作用（Healy and Morgan, 2012; Morgan, 2004; Tranos and Nijkamp, 2013; Rietveld and Vickerman, 2004; Wang et al., 2003; 刘承良等, 2017）。同样，不少学者指出，如果不考虑其他形式邻近性的作用，就不能完全理解地理邻近的影响。正如摩根（Morgan, 2004）所指出的："在标准化交易的背景下，虚拟邻近可以很好地代替空间邻近，但是在具有高复杂性、模糊性和隐晦性的交易背景中，虚拟邻近则无法替代空间邻近"。换言之，信息通信技术和面对面的交流并不是完全对立排斥的，而是作为互补的机制共同发展（换句话说就是"电子邮件和走廊""轮子和电线"的关系），而它们之间具体的组合方式将取决于交易性质和交易参与者的熟悉程度。

自1990年代后期以来，已有研究越来越集中于从多维邻近视角探究创新网络背后的形成机制。在已有的大量文献中，法国邻近学派在区分地理邻近性与其他维度邻近性方面做出了重要贡献（Carrincazeaux et al., 2008; Rallet and Torre, 1999）。除了地理邻近，相关文献中经常出现的邻近类型至少有六种，包括认知邻近、组织邻近、社会邻近、制度邻近、文化邻近和技术邻近。尽管这些所有的邻近类型都表示"邻近是在特定维度上度量的事物"，但是其定义的方式通常存在差异，有时会在很大程度上重叠，这就造成邻近这一概念本身仍然较为模糊，并且限制了该概念在解释知识交流和互动过程中的分析能力（Knoben and Oerlemans, 2006）。因此，在进一步详

细探讨他们在创新网络中的作用之前，有必要对这些不同类型的邻近性进行更为精确的定义。本节首先对不同维度的邻近性进行定义，随后在第二部分中对它们之间的关系进行探究。

（一）不同维度邻近的定义

邻近概念的不一致在一定程度上是源于其在不同学科领域中的广泛应用，包括经济地理学、区域科学和组织科学等。然而，如果根据这些研究所关注的不同尺度进行区分，我们可以发现邻近概念的不一致性会显著降低。图 2-1 列出了邻近性的七个维度及其通常被分析的层次。其中，地理邻近、认知邻近、组织邻近、社会邻近和机构邻近构成了博施马（Boschma, 2005）所提出的，并受到学者广泛认可的五维度邻近分类。

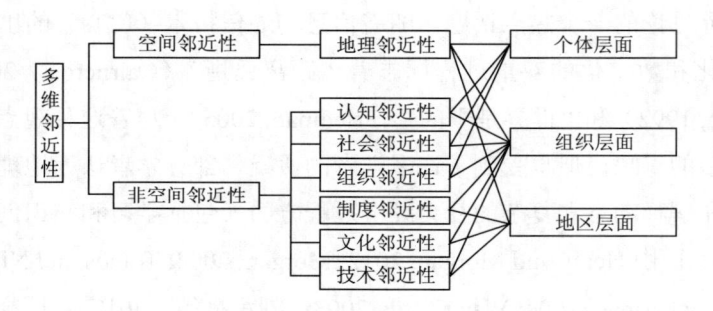

图 2-1 不同地理尺度下的多维邻近性

地理邻近是在文献中被提到最多的邻近维度，通常是通过协作参与者所处地点之间的物理距离（Hoekman et al., 2009; Liang et al., 2006；曹湛等，2022）或者通过考虑不同运输方式影响下的出行时间（Ponds, 2009；吕国庆、曾刚和顾娜娜，2014）进行测度。由于其定义在不同层面上仅略有不同，因此地理邻近这一概念的模糊性也最低。尽管人们对地理邻近在全球化知识经济中的重要性进行了大量讨论，但这些都不能否认地理邻近有利于促进面对面的互动，特别是知识和隐性知识的交流（D'Este et al., 2013; Howells, 2002; Gertler, 2003; Morgan, 2004; Shaw and Gilly, 2000; Sonn and Storper, 2008；刘承良等，2017）。最近，相对于恒定地理邻近，一些研究提出了临时地理邻近的概念（Rychen and Zimmermann, 2008; Torre and Rallet, 2005; Torre, 2008）。有学者认为，以临时邻近形式存在的地理邻近仍在知识交流中发挥着重要作用。巴塞尔特等人（Bathelt et al., 2014）在对贸易展览会如何影响全球知识流动的研究中提出了临时地理邻近的概念。他们认为，贸易展览会起到了临时集群的作用，聚集了来自不同城市、区域甚至国家的经济参与者。不仅如此，这些临时集群还为参与者提供了增加社会邻近和认知邻近等其他维度邻近的机会。

认知邻近的概念是由诺特布姆（Nooteboom, 1999, 2000）提出。广义上讲，认知邻近是人们对世界的感知、解释、理解和评估的相似性（Wuyts et al., 2005）。从关系经济地理的角度来看，认知邻近表示两个实体共享共同知识的程度。尽管认知邻近通常是在个体层面上进行讨论，但这些实体也可能包括企业和地区。在企业层面，认知邻近与组织邻近或技术邻近密切相关，通常是通过企业之间技术配置的相关性进行衡量（Broekel and Boschma, 2012; Nooteboom et al., 2007）。在区域层面，认知邻近在某些研究中也被称为"技术邻近"，反映了两个区域拥有相似技术的程度（Marrocu et al., 2011）。一些研究将公司/组织层面的认知邻近视为区域和国家层面文化邻近和机构邻近的"转化"（Knoben and Oerlemans, 2006）。

托雷和拉雷（Torre and Rallet, 2005）将组织邻近定义为"通过（显性或隐性）行为规则和行为惯例或表象系统和一组信念促进参与者互动的程度"。通常而言，已有研究主要在个体和企业层面对组织邻近进行分析。根据个人和公司是否属于同一组织，可以将其分为组织内和组织间的邻近。对组织邻近的更广泛定义通常包括认知维度，正如博施马（Boschma, 2005）所指出："一方面，组织邻近涵盖了行为者共享同一关系空间的程度（即行为者之间交互和协调的组织方式）；另一方面，它考虑了参与者共享相同参考和知识空间的程度，并考虑了组织形式的认知维度。"

社会邻近与嵌入性概念有关，通常在个体层面上进行分析，但一些研究也会将社会邻近视为企业/组织层面组织邻近的一部分（Filippi and Torre, 2003；曾德明、张裕中和戴海闻，2018）。博施马（Boschma, 2005）将社会邻近定义为："微观层面主体之间的社会嵌入关系。"社会邻近的形成以经济行为者之间的相互信任、友谊和经验为基础，有时得益于人们来自相同的种族或者具有相同的语言（Agrawal et al., 2008）。基于社会网络分析方法，社会邻近可以通过几种不同的方式进行衡量。一些实证研究将社会邻近定义为先前合作网络中合作者之间最短路径长度的倒数（Ter Wa, 2014）。当然，度量社会邻近更为简单的方式是根据以前合作者之间的合作次数进行定义（Marrocu et al., 2011）。

制度邻近表示区域在宏观层面共享制度框架的程度。该定义有助于对机构和组织邻近进行区分，因为后者通常被视为企业/组织层面的机构邻近（Boschma, 2005）。制度框架包括经济主体在互动学习和创新过程中共享的文化、习惯、规则、惯例和法律体系等（Edquist and Johnson, 1997; Maskell and Malmberg, 1999）。在大多数实证研究中，制度邻近被定义为一个二分变量（Hong and Su, 2013; Ponds et al., 2007）。如果合作实体处于相同的机构安排内，则制度邻近的值将被评分为 1，否则为 0。

文化邻近和技术邻近通常与其他邻近具有相似的含义。例如，Boschma（2005）认为，文化邻近可以视为区域或国家层面的制度邻近。如前所述，在企业/组织层面和国家层面，技术邻近通常认为与认知邻近密切相关（Marrocu et al., 2011）。

综上所述，不同维度的邻近往往由于分析时所处的层级不同而具有不同的含义。事实上，在同一个分析层级上，一些维度的邻近与其他维度的邻近往往具有相似的含义。从这个意义上讲，有必要明确如何在不同层级或不同地理尺度下分析邻近与创新网络关系的研究。一般情况下，地理邻近、认知邻近和社会邻近与个体层面创新网络分析的相关性更高。对于企业/组织层面的创新网络分析，应当更加关注地理邻近和组织邻近（其中包括认知邻近和技术邻近）。对于城市/区域/国家层面的创新网络分析，应该更加倾向于强调地理邻近、技术邻近（认知邻近）和制度邻近的作用。

（二）多维邻近之间的关系

虽然在定义和测度方面存在一些差异，但是不同维度的邻近之间存在一些共同特征并且相互关联，其中的一个共性特征与所谓的"邻近悖论"有关（Boschma, 2005; Boschma and Frenken, 2010; Broekel and Boschma, 2012）。继诺特布姆（Nooteboom, 1992, 1999）提出"认知距离与知识合作产出之间存在倒 U 型关系"这一论点之后，有关"邻近悖论"的研究不断受到学术界的关注。"邻近悖论"的核心论点是"虽然邻近对于知识的共享和交流至关重要，但是过于邻近将不利于知识的创造"，这一概念也引发了关于最佳邻近的讨论（Boschma and Frenken, 2010; Marrocu et al., 2011; Nooteboom, 2000；李琳和邓如，2018）。

多维邻近之间也以多种方式进行相互作用。首先，地理邻近不仅可以促进其他维度的邻近，而且也可以被其他维度邻近所替代。博施马（Boschma, 2005）认为"地理邻近可以促进组织间的学习，但它既不是充分条件，也不是必要条件。由于其他维度邻近可以替代解决协调问题，因而它并不是必要条件。由于知识协作过程除了地理邻近之外，至少还需要认知邻近，因而它也不是充分条件。然而，地理邻近可以间接地增强交互式学习和创新，这主要是通过激发其他维度的邻近而得以实现"。其次，如前所述，一些维度的邻近定义存在相互重叠的问题，如企业/组织层面的组织邻近、认知邻近和技术邻近，城市/区域/国家层面的制度邻近和文化邻近等。

（三）多维邻近影响创新网络的实证分析

近年来，越来越多的研究采用量化模型对不同维度邻近进行测度，并分析多维邻近对创新网络的影响。相关研究从个体间、企业间、城市间、区域间、国际间等不同尺度对多维邻近与创新网络的关系进行了实证分析（表2-7）。整体而言，这些研究发现某些维度邻近在促进不同尺度创新网络的形成方面表现出显著且积极的作用，相关研究的特点可以总结为以下三个方面。

首先，关注其他维度邻近与地理邻近的相互替代关系。长期以来，已有关于创新网络的文献一直强调地理邻近的作用。事实上，早在法国邻近学派出现之前，就已经出现了很多关于地理邻近的专门研究。直到最近，地理邻近和其他维度邻近的考量才在相关领域的研究中占据主导地位。这一研究范式转变的主要原因在于地理邻近越来越难以解释创新联系在空间上的多尺度特征。在个体（Saxenian，2007）、企业（Simmie，2003）和集群层面（Bathelt et al.，2004；Batellt and Li，2014）的研究都已经证实，地方外（区域，国家和全球）联系与本土联系对于经济实体持续增长具有同等重要的作用。简而言之，创新联系的国际化和全球化进程对地理邻近的作用形成了巨大挑战（Shapiro et al., 2010; Wagner and Leydesdorff, 2005）。在多数考虑和控制了非地理邻近影响的实证研究中，尽管地理邻近仍被发现在促进知识合作方面发挥着积极作用，但是其作用效果并没有十分突出（Balland, 2012; Hong and Su, 2013; Huber, 2012; Ponds et al., 2007; Scherngell and Lata, 2013；苏屹、郭家兴和王文静，2021；张华和孙鹏，2022），表明非地理邻近在一定程度上可以替代地理邻近的影响。例如，庞兹等人（Ponds et al., 2007）发现，与具有较强认知和组织邻近的组织相比，认知和组织邻近较低的组织之间的科学创新联系往往更倾向于本地化。胡贝尔（Huber, 2012）发现，其他维度邻近一定程度上会削弱地理邻近对创新网络的影响。

其次，关注多维邻近对不同尺度创新网络的影响。由于知识协作本质上是一种关系型数据，因此理论上可以将其累加至各个层级。弗伦肯等人（Frenken et al., 2009）认为，任何一对实体（例如研究人员、发明者、企业、组织、城市、区域和国家）都可以基于它们之间的创新联系建立网络，并至少在一个维度的邻近上存在关系距离。因此，实证研究中的分析单元涉及从发明者（Huber, 2012; Ter Wal, 2014）到企业和组织（Autant-Bernard et al., 2007; Balland et al., 2013; D'Este et al., 2013; Hong

表 2-7 多维邻近影响创新网络的实证研究

代表性研究	邻近性					分析单元	地理尺度	知识类型
	地理	认知	组织	社会	制度			
Acosta et al., 2011	+	−	−	−	−	区域	欧盟	S
Autant-Bernard et al., 2007	+	+↗	−	+	−	企业	欧盟	S and T
Balland et al., 2013	+↗	+	+↘	+↘	+↘	企业	全球	T
Broekel and Boschma, 2012	+	+	+	+	−	企业	国家（荷兰）	T
Cassi et al., 2015	+	+	−	−	/	国家	国际	S
Cunningham and Werker, 2012	+	−	/	−	−	组织	欧盟	S
D'Este et al., 2013	+	+	−	+	−	组织	国家（英国）	S
Hardeman et al., 2015	+	−	+	+	+	组织	全球	S
Hong and Su, 2013	+	+	+	+	−	组织	国家（中国）	S
Hoekman et al., 2010	+↘	−	−	−	+↘	区域	欧盟	S
Hoekman et al., 2009	+	+	−	+	+	区域	欧盟	T
Huber, 2012	+	−	−	−	−	发明者	集群	T
Morescalchi et al., 2015	+↘	−	−	−	+↘	区域	国家（荷兰）	T
Ponds et al., 2007	+	+	−	−	+	区域	国家（中国）	S
Scherngell and Hu, 2011	+↘	+	−	−	−	区域	欧盟	S
Scherngell and Lata, 2013	+↘	+↗	−	+↗	+↘	区域	国家（德国）	S and T
Ter Wal, 2014	+↘	−	−	−	−	发明者	国家（德国）	T
von Proff and Brenner, 2014	+	−	−	−	−	区域		T

注：(1) "+" 表示有影响，"−" 表示不清楚，"/" 表示不清楚；"+↗" 表示积极影响；"+↘" 表示消极影响；S: 科学的；T: 技术的；(2) 为了保持一致性，根据其定义对一些研究中所使用的邻近性进行调整，以上述五个维度的邻近性相一致。

and Su, 2013；李俊峰、柏晶菁和王淑婧，2021）到区域（Hoekman *et al*., 2009; Hoekman *et al*., 2010; Morescalchi *et al*., 2015; Scherngell and Hu, 2011; Scherngell and Lata, 2013; von Proff and Brenner, 2014；李琳和邓如，2018；苏屹、郭家兴和王文静，2021）甚至到国家（Cassi *et al*., 2012, 2015；刘承良等，2017）等不同类型。然而，值得一提的是，关于多维邻近与城市间创新联系关系的研究相对较少。

最后，关注多维邻近的动态和静态影响。尽管多维邻近在解释多尺度创新网络的特征方面具有非常重要的作用，但是大多数研究仍然采用静态的研究视角，对多维邻近与创新网络之间的关系难以形成一个全面的理解（Balland *et al*., 2015）。因此，近年来一些学者开始关注多维邻近的动态影响。相关研究主要关注了地理邻近的作用如何随时间变化，但研究结论目前也存在较多的争议。例如，莫斯卡尔基等人（Morescalchi *et al*., 2015）发现，经合组织（OECD）国家跨区域合作申请专利的数量在一定程度上受到地理距离的阻隔，且地理邻近的影响效果出现逐渐增强的趋势。巴兰等人（Balland *et al*., 2013）从行业生命周期的视角出发，认为随着行业的成熟，地理邻近的影响越来越大。然而，一些研究发现地理邻近在促进知识合作中的作用越来越小（Scherngell and Lata, 2013; Ter Wal, 2014；苏屹、郭家兴和王文静，2021），并且对于不同集群的影响作用可能呈现差异化特征（李琳和邓如，2018）。

第三节　城市多尺度创新网络：城市网络与创新网络的融合

通过以上讨论我们不难发现，已有的基于城市网络的城市群功能多中心研究与基于创新联系的多尺度创新网络研究分属两个相对独立的学科领域，城市网络与创新网络也是两个相对独立的概念。然而，两者之间本质上存在深层次的学理关系，具有在同一个分析框架中进行研究的学理基础。城市多尺度创新网络正是对城市网络与创新网络这两个概念的融合，对于理解全球知识经济时代城市群的开放和创新特质具有重要意义。

本节在前面两节讨论的基础上，进一步分析城市群功能多中心与创新网络研究之间缺乏融合的原因，并重新回顾戈特曼（Gottmann）等学者从不同角度对城市群功能特征的解读，强调将城市群置于全球地方视角与全球知识经济背景下研究的必要性，探讨城市多尺度创新网络研究需要关注的两个主要问题。

一、城市群功能多中心与创新网络研究缺少联系的原因

从本质上讲，城市群是一个宏观的地理和空间概念，以此来看很难与经济学和管理学领域关注的创新概念联系在一起，两个概念之间缺少研究关联的原因可以从与各自相关的文献中发现。一方面，基于城市网络的城市群功能多中心研究往往忽视了对城市群的功能特征进行全面深入分析；另一方面，城市群尺度也是在基于创新联系的多尺度创新网络研究中经常被忽视的地理尺度。

（一）基于城市网络的城市群功能多中心研究常常忽视城市群的功能本质

本书第一章的开头已指出，目前关于大尺度城市化过程的研究整体上缺少对城市群开放与创新功能的分析。而从上述针对基于创新网络的城市群功能多中心的研究综述中也可以发现，即使是在哈里森和霍勒（Harrison and Hoyler, 2015）所谓的"欧洲巨型区域主义学派"的研究中，戈特曼对于城市群开放与创新两大核心功能（即枢纽和创新孵化器）的阐述也仅仅得到了部分关注。事实上，近年来欧洲学者有关多中心城市区域的解释与分析框架建构于世界城市网络的研究框架之上，而并不是建构在戈特曼等学者对于城市群功能特征认识的基础上。换言之，大多数关于多中心城市区域的研究一直以城市间的联系为出发点（尤其是经济联系），而不是以城市群在全球知识经济中所发挥的枢纽和创新孵化器的作用为出发点。

具体而言，一方面，在从城市网络视角对多中心城市区域进行的研究中，较少有研究关注城市群在促进不同尺度城市间联系方面所起到的枢纽作用；另一方面，尽管部分基于城市网络的城市群功能多中心研究关注到了不同类型的城市间联系，但相较于企业联系、交通联系等常见的联系类型而言，已有研究对城市间创新联系的关注仍然较少。当然，近年来从创新网络的视角分析城市群功能多中心的研究也在逐渐增多，但进一步分析城市群尺度的创新网络与国家和全球城市体系之间关系的研究尚不多见。

（二）基于创新联系的创新网络研究常常忽视城市群尺度

长期以来，科学知识联系和技术知识联系被认为具有较为明显的本地指向，这主要是因为人们普遍认为隐性知识只能通过面对面的交流进行传播和交换，而隐性知识对新知识生产又具有至关重要的作用。这一观点也是"新工业区""创新环境"

等传统创新地理学理论的主要观点。然而，近年来知识创造和交流受地域限制的观点受到越来越多的挑战。相关研究已经指出，隐性知识也可以超出地方界限而在更大尺度范围内进行流动和传播，不应该过分强调地理邻近对促进创新网络形成的作用（Amin and Cohendet, 2004; Bathelt et al., 2004; Coe and Bunnell, 2003; Faulconbridge, 2006）。

从前文的文献回顾中也可以看出，尽管关于创新网络的研究涉及不同类型的"尺度—单元"组合（即不同地理尺度下不同类型单元之间的合作），但是较少有研究以城市作为分析单元探究城市群尺度下城市间的知识合作，将城市创新网络置于城市群、国家和全球不同尺度下的比较研究则更少。事实上，正如卡兹和马丁（Katz and Martin, 1997）所指出："协作可以在多个层次上进行，并且需要对这些层次进行仔细的区分，涉及个体、群体、部门、机构、地区和国家等不同形式之间的合作。"通过将个体层面的合作汇集到城市层面，城市群可以成为进行城市多尺度创新网络研究的一个理想地理尺度。

二、全球与地方联系：重塑全球知识经济时代的城市群

作为理解全球地方化进程中城市群发展的关键特征，城市群的枢纽功能虽然在基于城市网络的城市群功能多中心研究中受关注不多，但不少学者基于其他视角的研究均强调了城市群在联系全球和地方过程中所发挥的重要作用。

事实上，在提出城市群的枢纽功能之后，戈特曼（Gottmann, 1976, 1987）在相关研究中不断添加新的见解以强调这一功能的重要性。例如，从城市网络的角度出发，戈特曼（1987）在《二十五年后重返大都市带》（*Megalopolis revisited: 25 years later*）一书中写道："城市群是联系国家和全球的十字交叉口……这主要归因于其与世界其他地区形成了紧密的多重网络联系。"戈特曼（1987）进一步指出："城市群的概念似乎已经将这一想法普及，即现代城市不应该被孤立的视为一个有限区域的中心，而是作为'城市体系'的一部分，成为不断扩张的城市网络的参与者。"戈特曼还注意到，枢纽功能只有由城市群内的首要城市或者主要城市承担，类似于门户城市的概念（Bird, 1983; Nijman, 1996; Pain, 2011; Short et al., 2000）。例如，在针对现代城市外部关系扩展过程的探讨中，戈特曼和哈珀（Gottmann and Harper, 1990）写道："只有少数处于特殊条件的城市才是并且仍将长期是广阔而复杂网络的枢纽点。"为了强调城市中心的角色转变，戈特曼和哈珀（1990）进一步指出：

"中心城市不仅是区域中心,还是将城市、地区和国家的各种合作关系联系在一起的枢纽。"

近年来,戈特曼关于城市群枢纽功能的系列论述得到了许多学者的认可。例如,哈里森和霍勒(Harrison and Hoyler, 2015)在《巨型区域:全球化背景下的新城市形态》(*Megaregions: Globalization's New Urban Form*)一书中倡导应该加强基于功能视角的城市群研究。泰勒和德吕代(Taylor and Derudder, 2016)在第二版的《世界城市网络:一项全球层面的城市分析》(*World City Network: A Global Urban Analysis*)书中写道:"在我们继续考虑当代的世界城市之前,必须提到一个有时出现在城市系统文献中的概念——城市群……这一概念在有关国家城市体系模型的研究中仅仅被短暂提及(Berry and Horton, 1970; Johnston, 1982),这是一个遗憾。因为在很大程度上,戈特曼(1961)的研究就是关于城市间的关系,而且他的确认为城市群扮演着连接美国经济与世界经济的枢纽功能……将戈特曼对于城市间关系的独特贡献作为国家城市体系研究与世界城市研究的桥梁很有意义,但是这可能会产生误导……事实是,他的独特观点被视为'缺乏精确性,也缺乏普遍性'(Berry and Horton, 1970),并且从未被视为国家城市体系研究中的一部分。但是,随着全球化研究的发展,它逐渐成为全球城市区域、巨型城市区域和大都市区研究中的主流(Hall and Pain, 2006; Harrison and Hoyler, 2015; Scott, 2001;徐江,2008;罗震东,2010;赵渺希等,2016)。"实际上,在世界城市网络研究中,已有一些文献关注世界城市网络与国家和区域城市系统的衔接,这可以从对门户城市的讨论(Hennemann and Derudder, 2014; Rossi and Taylor, 2005;唐子来和李粲,2015)和对世界城市与其国家城市体系之间关系的讨论(Ma and Timberlake, 2013;顾朝林等,2005)中得到体现。

此外,一些研究虽然没有明确强调城市群的枢纽作用,但也已经认识到城市群对全球和地方经济关系的重要性,以下两类基于不同视角的研究特别值得一提。一类是从经济发展的视角对大尺度城市化过程进行的研究,上文所引用的泰勒和德吕代(2016)书中的一段话恰恰可以反映这一点。另一个典型的例子是斯科特(Scott, 2002)提出的全球城市区域(global city-region)概念。全球城市区域由全球城市及其腹地区域组成,虽然在空间尺度上不能被视为城市群,但阿格纽(Agnew, 2003)认为全球城市区域理论同样强调内外部功能联系,这在很大程度上类似于戈特曼对城市群枢纽功能的阐述。正如斯科特(2001)写道:"全球城市区域构成了资本、劳动力和社会生活的集聚场所。这些群体以错综复杂的方式紧密地联系一起,且存在于日益密切和广泛的跨国关系之中。"在对城市群的分析中,我们也可以找到类似的观点。例如，佛罗里达等人（Florida et al., 2008）认为："今天的巨型区域与以前的大城市所发挥的作用类似……但是他们的作用强得多。此外，尽管过去的城市是国家体系的一部分，但全球化却使它们处于世界范围的竞争中……巨型区域与全球经济的联系正在以类似城市群与国家经济联系的方式发生。"

另一类是从集聚经济的视角对大尺度城市化过程进行的研究，菲尔普斯和小泽（Phelps and Ozawa, 2003）将城市区域等大尺度城市化区域视为后工业经济时代集聚经济在地理尺度上的扩大。由于技术和服务业的发展，城市之间的无形流动多于有形流动，而这些无形的流动（如知识互动和信息交流）在促进城市联系和产生外部经济方面发挥着重要作用，并且其地域范围并不局限于城市地区，而是具有跨区域和跨国家的特点。城市群内部的城市间联系可以被视为城市群的内部经济，跨地方的联系则被视为城市群的外部经济，后者对城市群的发展具有十分重要的意义。正如菲尔普斯和小泽（2003）所指出，虽然集聚经济在地理尺度上的扩大与内部经济活动的变化以及个人和企业的流动性有很大关系，但是它与外部经济对个人和企业集体开放程度的地理变化也有关。此外，需要强调的是，这些不断增加的无形流动并不仅限于伦敦和纽约等少数几个全球城市之间，这是一种发生在不同地理尺度城市的普遍现象。正如卡斯特尔（Castells, 2000）所写的那样："在每个国家内部，网络体系结构都将其自身复制到区域和地方中心，从而使整个系统在全球层面内相互连接。"

综上所述，全球地方化进程中的城市群之所以重要，不仅是因为它们能够产生大量的知识，也因为它们与国家和全球之间保持着紧密的经济联系。从这个意义上讲，城市群竞争力的主要来源是城市群内外城市间的创新联系，而不是城市本身的知识储备。基于知识流动与传播形成的城市间创新联系，有利于推动传统意义上的城市群在全球知识经济背景下成为开放和创新的集聚区，而基于创新联系形成的城市多尺度创新网络则有利于进一步深刻理解城市群所承担的枢纽与创新孵化器功能。

三、城市多尺度创新网络的两个主要研究问题

城市多尺度创新网络具有城市网络的基本特征，因此对城市多尺度创新网络的研究也可以借鉴城市网络研究的一般范式，即探究城市多尺度创新网络的结构与演化特征。然而，与基于其他类型联系形成的城市网络相比，基于创新联系形成的城

市多尺度创新网络又具有一定的特殊性。城市创新联系的深层次原因是微观经济个体间的知识流动与传播，这为我们进一步探究城市多尺度创新网络的形成机制提供了基础。因此，本小节对城市多尺度创新网络需要研究的两个主要问题进行简要的说明，这也是本书重点回答的两个问题。

（一）关于城市多尺度创新网络是什么的问题

第一个需要研究的主要问题是如何刻画城市多尺度创新网络的模式与过程？这一问题又可以细分为以下三个子问题：

1. 城市多尺度创新网络的功能多中心结构及其演化特征是什么？
2. 基于科学创新联系与基于知识创新联系的城市多尺度创新网络在功能多中心结构特征上有何差异？
3. 城市群在促进城市多尺度创新网络的形成与发展中，如何发挥枢纽或门户作用？

前两个子问题均涉及功能多中心的概念，这一概念已经在基于城市网络的城市群功能多中心研究中被广泛讨论。现有研究主要发现，功能多中心的程度取决于功能联系的类型和城市网络研究的地理尺度。然而，基于城市网络的城市群功能多中心研究很少将创新联系作为一种城市间功能联系类型进行专门研究。此外，对不同地理尺度的功能多中心进行比较以及对城市群功能多中心结构演化特征等方面的研究也相对较少。

如前所述，城市创新联系可以作为研究城市网络多尺度特征的一种理想功能联系类型，因为它通过知识流动和交流将位于不同地理尺度的城市联系在一起。已有研究从理论探索（Amin and Cohendet, 2004; Bathelt et al., 2004; Coe and Bunnell, 2003; Hughes, 2007; Oinas, 1999；李迎成，2019）、案例解析（Balland et al., 2013; Faulconbridge, 2006; Grabher, 2002; Owen-Smith and Powell, 2004; Tödtling et al., 2006）和基于不同类型的"尺度—单元"组合对创新网络的多尺度特征进行了大量的研究，为进一步探究城市多尺度创新网络的功能多中心结构及其演化特征奠定了基础。然而，鉴于科学创新联系和技术创新联系之间的差异，基于这两种类型形成的城市多尺度创新网络在功能多中心结构方面可能存在差异。

第三个子问题涉及城市群功能多中心研究中经常被忽视的"枢纽"和"门户"功能。事实上，第一个子问题关注的是不同地理尺度下城市创新联系的分布特征，而这一子问题分析的是不同地理尺度下单个（主要）城市的创新联系分布特征。我们已经认识到，城市群内部城市之间、城市群内部城市与国家和全球尺度的城市之间均存在创新联系。然而，在城市群尺度上，与非主要城市相比，主要城市承担了城市群的"门户"和"龙头"功能，因而其往往具有更多的国家和全球尺度的创新联系。事实上，城市群内主要城市内的经济实体往往也更倾向于与相同或者更高级别的经济实体进行合作，而非主要城市之间的经济实体往往只能相互合作。因此，在城市多尺度创新网络中，城市群内的主要城市可能并不会在城市群尺度的城市创新网络中占据主导地位，但往往会在国家和全球尺度的城市创新网络中承担更为重要的功能。

（二）关于城市多尺度创新网络如何形成的问题

第二个需要研究的主要问题是如何解释城市多尺度创新网络的形成机制？鉴于科学创新联系和技术创新联系之间的差异，这一主要问题又可以分解为两个子问题：

1. 如何解释基于科学创新联系的城市多尺度创新网络的形成机制？
2. 如何解释基于技术创新联系的城市多尺度创新网络的形成机制？

已有与多中心城市区域相关的城市网络研究文献中，只有少量的研究通过考察个体和城市的固有特征对城市间通勤流的不同影响来探究城市网络的形成机制（Burger et al., 2014b; De Goei et al., 2010; Van Oort et al., 2010）。相比之下，基于多维邻近分析框架的研究文献中，对科学和技术创新网络在个体（Huber, 2012; Ter Wal, 2014；马海涛，2017）、企业（Balland et al., 2013; Hardeman et al., 2015）、区域（Morescalchi et al., 2015; Scherngell and Lata, 2013；汪涛等，2011）和国家（Cassi et al., 2015；李俊峰、柏晶菁和王淑婧，2021）等层面的驱动力已经进行了广泛讨论。然而，前文的讨论已经指出，已有关于多维邻近对宏观层面城市联系影响的研究主要基于回归模型分析的视角，通过对城市或区域之间多维邻近的测度，然后将其与城市间（或区域间和国家间）创新网络的关系进行建模。毫无疑问，这种回归分析方法对于理解城市创新网络和多维邻近之间的关系做出了重要贡献。然而，由于将城市、地区或者国家等基本分析单元视作"黑箱"，这类分析方法也容易忽视这种关系背后的微观机制。

为此，本书在回答这一研究问题的过程中，主要是从微观层面的多维邻近视角探讨城市多尺度创新网络在宏观层面的形成机制。作为对新的研究方法的一种探索，本书重点关注不同经济实体之间的微观距离如何影响城市多尺度创新网络的形成与发展。在微观层面，城市创新网络是由个体、企业和高校科研机构等经济实体间的创新联系形成的，而这一创新联系也被视为城市间功能联系的一种类型。通过关注这些经济实体之间而不是城市之间的多维邻近，本书旨在为如何理解城市多尺度创新网络形成的微观机制探索出一种新路径。考虑到科学创新联系与技术创新联系之间的差异，经济实体之间的微观距离对不同类型的创新合作和不同的地理尺度也可能会产生不同的影响。

第三章 城市多尺度创新网络的理论框架与实证策略

从国内外既有研究看，城市网络特别是城市群尺度下的城市网络更多地被视作一种规划手段和政策分析工具，用于描述和指导城市群的发展愿景。因而，大量研究集中在对典型地区的实证分析方面，如荷兰的兰斯塔德地区、中国的长三角地区等，但对城市群尺度下城市网络的理论探讨较少。城市多尺度创新网络同样是一个需要大量实证研究支撑的命题，同时也有必要从理论层面构建城市多尺度创新网络的分析框架，以便更好地指导相关的实证研究。

本章的结构安排如下：首先，基于逻辑推演提出城市多尺度创新网络的概念模型，分析其基本特征，并与其他类型的城市网络进行对比；其次，通过聚焦个体、企业、高校科研机构等经济实体之间的多维邻近，从个体流动、企业多区位布局策略和公共私营部门的研发合作三方面阐释城市多尺度创新网络形成的微观机制；最后，详细说明实证研究中如何基于论文与专利合作数据构建城市多尺度创新网络，探讨城市多尺度创新网络功能多中心的测度方法。

第一节 城市多尺度创新网络的概念模型与基本特征

一、城市多尺度创新网络的概念模型

城市之间无法自动产生创新联系，城市之间创新联系的维持需要各种各样的经济实体。事实上，个人、企业、高校科研机构等微观经济实体才是推动城市间创新联系的主要力量。但是，这些经济实体可能会根据特定知识的需求和供给，在所处城市、邻近城市、国家尺度城市甚至是全球尺度城市中寻找合作伙伴。创新合作的

这一多尺度特征使得我们可以研究不同地理尺度下的城市创新网络。

图 3–1 首先抽象地描述了不同地理尺度下的经济实体之间如何形成创新网络。由于本书仅关注城市间的创新联系，因而没有考虑城市内部的联系。为了简化创新网络的描述，图中仅显示了三种类型的经济实体（即个体、企业和高校科研机构），也并没有画出这些实体之间所有可能的创新联系，仅以部分联系作为示意。具体而言，图中的三种创新联系类型，分别代表在城市群尺度、国家尺度和全球尺度上不同经济实体之间的创新联系。以城市群尺度的城市间创新联系为例，城市群中不同城市的实体之间可能存在创新联系，它们之间的联系通过一条连线来表示，这也同样适用于国家尺度和全球尺度的创新联系。

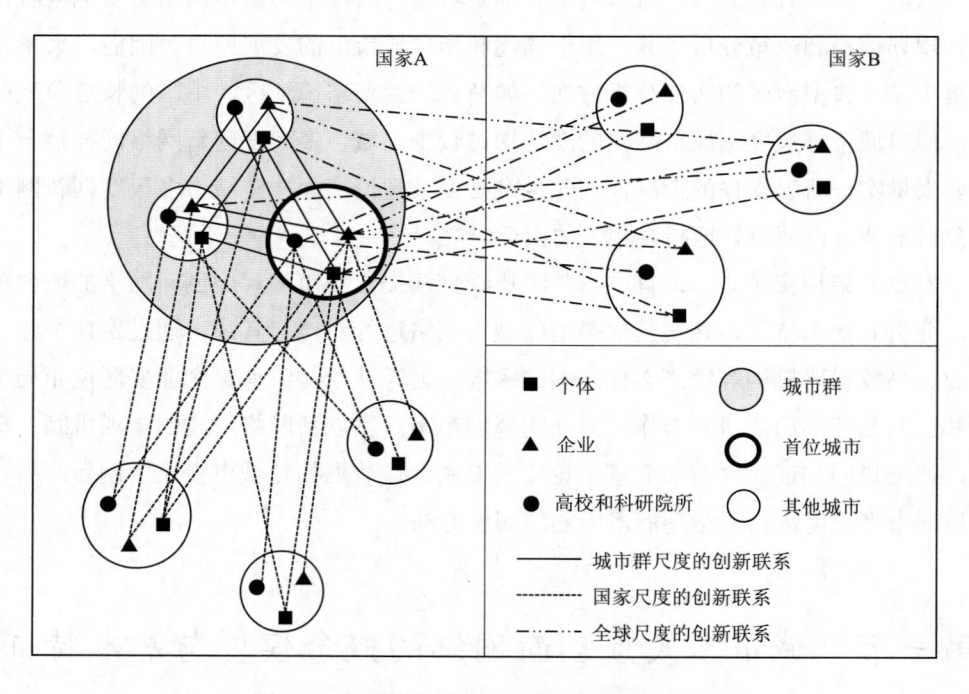

图 3–1　经济实体之间的多尺度创新联系示意

通过将经济实体之间的创新联系累加至城市层面，我们可以得到不同地理尺度下的城市创新网络（图 3–2）。在这个简化的城市多尺度创新网络概念模型中，城市群尺度包含四个城市，国家和全球尺度分别包含三个城市。就城市群尺度内的四个城市而言，每一个城市都通过三种非定向的线条与外部进行联系。这三种线条分别表示该城市在城市群尺度、国家尺度和全球尺度的创新联系。需要指出的是，我们所关注的城市间创新联系必须至少包含一个来自城市群尺度的城市。换言之，本书所研究的城市多尺度创新网络并不考虑城市群之外的两个城市之间的联系。

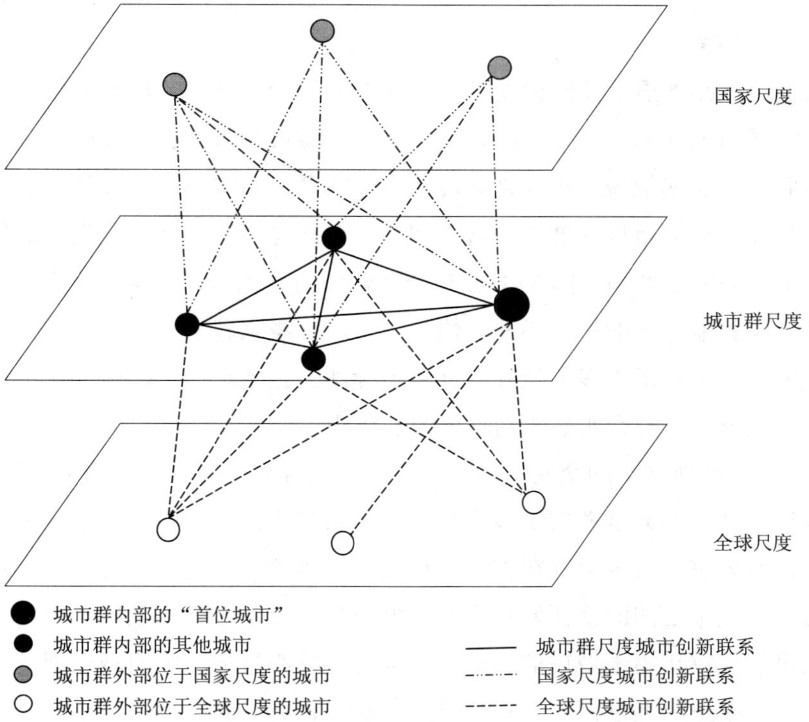

- ● 城市群内部的"首位城市"
- ● 城市群内部的其他城市
- ● 城市群外部位于国家尺度的城市
- ○ 城市群外部位于全球尺度的城市
- ── 城市群尺度城市创新联系
- ─·─ 国家尺度城市创新联系
- ---- 全球尺度城市创新联系

图 3-2 城市多尺度创新网络的概念模型

二、城市多尺度创新网络的基本特征

（一）尺度特征

多尺度是城市多尺度创新网络的基本特征之一，这本质上是由创新联系的多尺度特征所决定的。前文已从不同视角对创新联系的这一多尺度特征进行了讨论，在此不再赘述。此处需要说明的是，并不只有创新联系才具有多尺度的特征。企业联系、交通联系、社交网络联系等常见的城市间联系类型也都不局限于某一特定的空间尺度。例如，高级生产者服务业企业间的联系也可以同时存在于城市群、国家和全球尺度。然而，大部分针对城市群尺度下城市网络的研究仅仅关注到城市群内部各个城市间的联系，较少将城市群置于国家甚至全球尺度观察其结构特征，因而较难全面理解城市群的功能特征以及城市群内部不同城市间的发展差异。因此，城市多尺度创新网络所表现出的这一多尺度特征是本书后续实证分析将重点关注的内容之一。

（二）结构特征

城市创新联系本质上反映的是城市之间的一种功能联系，城市对外创新联系的强弱将影响城市创新网络的多中心程度。若某一城市吸引了城市群内部其他所有城市的创新联系，而其他城市相互之间没有创新联系，则将形成典型的功能单中心网络结构；相反，若城市群内部两两城市间均具有同等程度的创新联系，则将形成典型的功能多中心网络结构（图 3-3）。在全球化和信息化时代，创新要素在城市群内由核心城市向其他城市的扩散不断加快，单一城市越来越难以承担创新链的所有环节，迫使创新主体寻求更多的城际间甚至国际间的创新合作。因而，从理论上讲城市创新网络应该具有较为明显的功能多中心结构。

此外，城市创新网络的空间结构分析还需要结合其"多尺度"的空间尺度特征。前文已指出，欧洲部分学者关于多中心城市区域的研究已表明，城市网络的功能多中心程度在不同空间尺度上存在差异：空间尺度越大，功能多中心的程度越低。与城市群内部各城市之间的创新联系相比，城市群与位于国家和全球尺度城市之间的创新联系可能仅仅集中于城市群内部的少数几个核心城市，因而城市创新网络的功能多中心程度在理论上也存在随着空间尺度变大而降低的趋势。

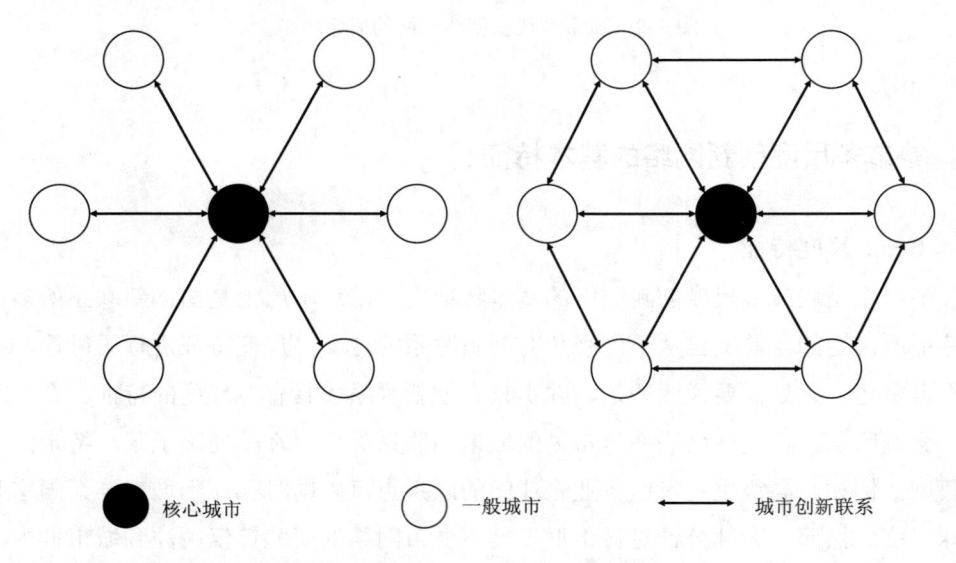

● 核心城市　　○ 一般城市　　→ 城市创新联系

图 3-3　功能单中心结构（左）与功能多中心结构（右）示意

(三)节点特征

城市节点与城市网络的关系为理解城市在区域发展中扮演的角色提供了新的视角。借鉴尼因曼(Nijman, 1996)和尼尔(Neal, 2011)关于城市中心性和节点性的讨论,可以将城市自身的创新能力定义为城市在城市创新网络中的创新中心性,城市的外向创新联系程度定义为城市在网络中的创新节点性。根据城市创新中心性和节点性的高低,可以将构成城市创新网络中的城市分为四种类型(图3-4)。

创新节点性	低	高
高	创新枢纽/门户城市	创新首位城市
低	创新边缘城市	创新"离线"城市

创新中心性

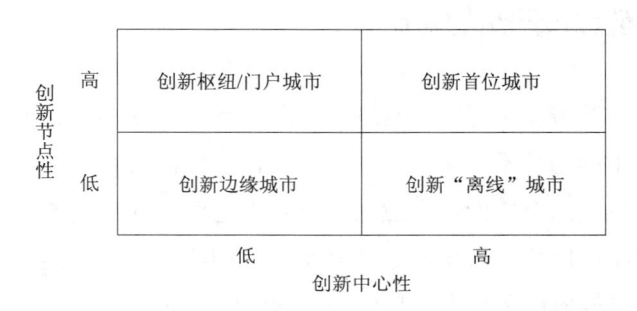

图3-4 基于创新中心性与创新节点性的城市类型划分

(1)创新首位城市。这类城市的特点是同时具有较强的创新中心性和创新节点性。一方面,创新首位城市往往是城市群内部创新能力最强的城市,承担着作为"龙头城市"提升城市群整体创新能力的作用,这要求其集聚城市群内部各类人才、高校、科研院所以及高新技术企业等创新主体。另一方面,创新首位城市还应该是城市群内部对外创新联系最紧密的城市,承担着作为"枢纽城市"衔接城市群内部其他城市与外部城市创新联系的作用,这进一步要求其集聚的各类创新主体具有较强的对外开放度。

(2)创新枢纽或门户城市。这类城市的特点是创新能力低于创新首位城市,但同时具有较强的对外创新联系。尽管这类城市集聚的创新主体数量可能低于创新首位城市,但这些创新主体往往都具有较强的对外创新联系,从而保证这类城市实现创新枢纽或门户作用,并有利于进一步集聚创新主体。随着创新能力的增强,这类城市可能成为创新首位城市。

(3)创新"离线"城市。这类城市的特点是创新能力较强但对外创新联系较弱。这类城市虽然集聚了较多的创新主体,但由于城市产业结构、创新氛围以及政策等因素的影响,这些创新主体的创新活动相对封闭,并导致这类城市在城市创新网络中的节点性较低。随着对外创新联系的增强,这类城市也可成为创新首位城市;反之，一旦脱离网络，城市整体创新能力也将受到影响。

（4）创新边缘城市。这类城市的特点是创新能力和对外创新联系均较弱，因而往往也是城市群内部经济社会发展水平较低的城市。对于这类城市的创新主体而言，其创新能力较弱且对外创新联系不足，使得其所在城市在网络中只能处于边缘地位，因而也较难获得网络整体对城市创新能力所产生的正外部效应。

三、与其他类型城市网络的对比

为进一步分析城市多尺度创新网络的概念与特征，表 3-1 将城市多尺度创新网络与其他类型城市网络从不同视角进行了对比，总体而言其差异主要体现在网络的结构特征与形成机制两个方面。当然，尽管存在这些差异，城市多尺度创新网络与其他类型城市网络之间均呈现出一定的多中心结构特征，针对其他类型城市网络的研究方法也可以同样应用于城市多尺度创新网络的研究。

（一）网络的结构特征

就多中心城市区域尺度下的城市网络研究而言，已有研究主要关注区域尺度下的人流、信息流、交通流等一种或几种类型的功能联系，但较少关注网络结构的动态演化特征。就国家和全球尺度下的城市网络研究而言，已有研究主要关注高端生产性服务业企业的内部联系，尽管世界城市网络的演化特征已经受到一些研究的关注（Derudder and Taylor, 2016; Derudder et al., 2010），但大多数针对国家和全球尺度的城市网络研究仍主要关注网络的静态特征。相比之下，城市多尺度创新网络虽然仅关注城市间的创新联系，但研究的是不同地理尺度下的城市创新网络，有利于揭示知识合作的跨尺度特征以及城市群的功能特征。由于论文与专利等反映知识合作的数据具有较好的时间连续性，针对城市多尺度创新网络的研究可以深入探究其动态演化特征。

（二）网络的形成机制

自城市网络概念产生以来，一些研究已开始对城市网络的形成机制进行了探究。例如，卡姆尼等人（Camagni et al., 1994）指出，城市之间的互补性和协同作用是城市联系的驱动力，但是这一观点不能解释为什么具有相同功能的现代城市之间也存在很强的相互联系。

近年来，部分有关世界城市网络的研究在探讨城市网络的形成机制方面进行了尝试。关于世界城市网络形成的理论解释主要来源于三个方面，包括萨森（Sassen,

1991,1994）提出的高端生产性服务业企业在全球经济发展中的重要作用，卡斯特尔（Castells, 1999, 2000）提出的"流空间"理论，以及泰勒等人（Taylor et al., 2010）提出的"中心流"理论。连锁网络模型是世界城市网络研究里的重要概念（Taylor et al., 2002; Taylor and Derudder, 2016），其通常认为高端生产性服务业企业（特别是那些全球性服务公司）是形成世界城市网络的四类主要机构之一。城市间的联系强度根据一系列计算规则而得出，其中一条就是：企业越重要，与位于其他城市的企业之间的联系就越多（Taylor and Derudder, 2016）。根据上述定义，城市战略位置的差异对世界城市网络的结构提供了一种解释，在战略上较为重要的城市之间的联系要比不太重要的城市之前的联系更强（Taylor et al., 2014a）。此外，与战略位置不太重要的城市相比，像伦敦和纽约等具有重要战略位置的城市可能具有更多的企业内部联系（Taylor et al., 2014a）。

与世界城市网络类似，在多中心城市区域尺度，由人流和企业间联系形成的城市网络本质上是两节点网络。具体而言，每个城市是网络中的一个节点，而个人、企业等微观经济实体则是网络的另外一个节点，刘行健和德吕代（Liu and Derudder, 2012）对于这一两节点网络的特征进行了详细探讨。需要强调的是，城市之间无法自动产生联系，个人、企业等微观经济实体才是推动城市间形成各种类型联系的驱动力量，这些经济实体与城市的固有特征都是影响城市网络形成的重要因素。

就城市的固有特征而言，城市的功能、规模以及城市之间的距离对推动形成城市之间的功能联系具有重要作用。伯格等人（Burger et al., 2014a）认为："在城市网络中，不同的城市可以承担不同的功能，在某个功能上处于核心地位的城市，不一定在其他功能上也处于核心地位……相对于其他功能而言，某些功能的分布将更加均匀。"这一观点可以进一步扩展为，与功能存在较大差异的城市相比，具备相似功能的城市可能产生更多的联系。此外，某个城市的功能越重要，则该城市与其他城市之间的联系就越多。不过，这些假设需进一步进行验证。部分学者则对城市规模和城市之间距离如何影响城市网络的形成进行了实证分析。根据对荷兰兰斯塔德地区企业间关系的调查，凡奥特等人（van Oort et al., 2010）通过重力模型和泊松回归模型测度了城市间的功能联系，回归分析结果也证实城市规模和城市之间的距离对城市间的联系具有重要影响。德戈伊等人（De Goei et al., 2010）对英国大东南地区的实证研究也得出了相似的结论。

表 3-1 城市多尺度创新网络与其他类型城市网络的对比

属性特征	城市多尺度创新网络	区域尺度城市网络	国家尺度城市网络	世界尺度城市网络
代表研究	—	Burger et al., 2014a; Hanssens et al., 2014; De Goei et al., 2010; 唐子来和李涛, 2014	Rossi and Taylor, 2005; Limtanakool et al., 2009; 赵渺希和刘铮, 2012	Taylor et al., 2002; Derudder et al., 2010; Matthiessen et al., 2002, 2010
地理尺度	城市群、国家和全球	主要在区域尺度上，也有部分研究关注不同的地理尺度	国家	全球
主要联系类型	创新联系	人流；企业间和企业内部的联系；信息流；交通联系	人流；企业间和企业内部的联系；信息流	高端生产性服务业企业内部联系；跨国公司联系；基础设施联系；信息流；知识合作
主要经济实体类型	研究人员和发明家、企业、高校科研机构	人员、企业（尤其高端生产性服务业企业）	人员、企业（尤其高端生产性服务业企业）	人员、企业（尤其高端生产性服务业企业）
分析方法	网络分析	规模等级分布和网络分析	网络分析	连锁网络模型、社会网络分析方法
网络结构	功能多中心；门户；城市对	功能多中心	层次结构；结节性；可达性	集群；节点性；可达性；城市对
网络形成机制	微观经济实体之间的多维邻近	在一些研究中，特定城市和特定人的特征	没有明确提到	中心流理论；流动空间
时间视角	可以进行动态演化研究	大多数研究都是静态的	大多数研究都是静态的	大多数研究都是静态的

在近年来的一些实证研究中，个体异质性对城市间联系的影响也被纳入考虑范围，这主要是因为个体之间的一些相互作用模式也存在显著的差异。例如，部分研究发现，在荷兰兰斯塔德地区不同类型员工的通勤模式之间存在显著的差异（Burger et al., 2013）。伯格等人（Burger et al., 2014b）详尽地分析了个体异质性如何影响城市间联系的形成和演化。他们利用荷兰兰斯塔德地区高精度的调查数据，从两个维度对个体异质性的影响进行了考察。一是将个体的社会统计属性与通勤模式相关联，另一个是将企业特征与供应商—需求商的关系进行关联。这两个维度的分析都表明个体异质性对城市之间形成不同的相互作用模式具有重要作用。

考虑到不同类型城市间联系的差异（如人流、企业间联系等），其背后的形成机制也可能不同。从这一意义上讲，并不存在一个可以解释所有类型城市间联系的一般理论（冷炳荣等，2013）。对于城市多尺度创新网络的形成机制而言，需要关注的是城市间如何形成创新联系。就创新联系而言，前文从微观经济主体之间的邻近视角对创新网络形成机制的探讨为解释城市多尺度创新网络的形成机制提供了新的视角，下文也将从邻近视角对城市多尺度创新网络的形成机制进行具体的分析。

第二节　城市多尺度创新网络的形成机制

理论上讲，如果每对城市都具有相同程度的创新联系，那么城市区域应该具备完全的功能多中心结构。然而，现实世界往往呈现出更加两极化的情况，因为"城市对"之间的创新联系通常存在显著差异。因此，要解释城市多尺度创新网络的形成机制，存在两个关键性的问题。首先，为什么某些"城市对"具有比其他"城市对"更多的创新联系？其次，为什么某些城市比其他城市具有更多的对外创新联系？当然，如果我们比较不同地理尺度下的城市创新网络，情况则会变得更为复杂。例如，为什么某些城市的对外创新联系在不同地理尺度上存在显著的差异？

在此，需要重新回顾一下本书反复强调的一个观点，即城市、区域或国家之间无法自动产生知识与创新联系，只有通过城市中的个体、企业、高校科研机构以及其他类型的经济实体之间的创新协作才能产生宏观层面的创新联系。从这个意义上讲，知识协作主要是自下而上的过程，城市、地区或国家是这些经济实体的空间载体，并充当关系网络中的节点。因此，如果对这些实体之间的多维邻近程度进行分析，则可以更好地理解宏观层面创新网络形成的微观机制。具体而言，这一微观机制可以从以下三个方面逐一进行探讨。

一、企业的多区位布局策略

企业（特别是跨国公司）的多区位布局策略是组织邻近的主要来源（或其他研究所定义的认知邻近和技术邻近），也是推动城市间形成创新联系的重要力量。这些企业的类型具有多元化的构成，如知识密集型商业服务企业、高端生产性服务企业、高科技企业、制造业企业等。在全球知识经济不断发展的背景下，这些企业可能通过多种方式实现其国际化战略。例如，知识密集型商业服务企业和高端生产性服务企业可能会通过分支机构的全球业务来满足地方客户的需求，而高科技公司和制造业企业可能会通过对外直接投资的方式，将其研发中心和生产基地布局在世界各地。

学术界对高端生产性服务业企业的国际化进行了大量研究（Coe, 1997; Coffey, 2000; Faulconbridge, 2006; Faulconbridge et al., 2008），而这其实也构成了世界城市网络形成的关键前提（Taylor and Derudder, 2016; Taylor et al., 2014b）。泰勒等人（Taylor et al., 2014b）指出："通过实施全球化的布局策略，高端生产性服务业企业既可以部署也可以发展其核心竞争力，而这种相互关系是集聚和本地化过程的核心，定义了世界城市的集群式经济形态。"通过日常工作的交流，地方办事处之间以及地方办事处和全球总部之间可以存在知识互动，而这种互动进一步促进了全球与地方之间的联系（Faulconbridge, 2006; Grabher, 2002）。多区位布局的高端生产性服务业企业在促进城市间知识流动方面具有重要作用，这在霍尔和佩恩（Hall and Pain, 2006）关于欧洲多中心城市区域的研究中，以及 2008 年《区域研究》（*Regional Studies*）出版的多中心城市区域研究特刊中都得到了较好的体现。例如，通过构建连锁网络模型，霍伊尔等人（Hoyler et al., 2008）发现尽管城市之间的联系存在很大差异，但是高端生产性服务业企业在连接德国的莱茵—美因多中心城市区域与其他国家和地区的城市方面发挥了重要作用。再如，通过对比高端生产性服务业企业发展所需的不同知识类型，兰布雷茨（Lambregts, 2008）发现由荷兰兰斯塔德地区高端生产性服务业企业形成的某些类型知识（例如业务产品相关的知识）需要大量的网络，这既包括企业的地方网络也包括企业基于外部知识联系形成的网络。吕蒂等人（Lüthi et al., 2010）的另一项研究，虽然未包括在该特刊中，但其发现多区位布局的高端生产性服务业企业和高科技企业为大慕尼黑地区融入德国和全球层面的经济活动做出了贡献。

除了高端生产性服务业企业以外，跨国公司的国际化进程也是推动城市创新网络形成的另一个重要力量。第一，知识流动和互动可以通过全球生产网络实现，这也反映了制造企业的多区位布局策略。恩斯特和吉姆（Ernst and Kim, 2002）指出："全球生产网络具有促进国际知识传播的作用，为北美、西欧和日本等工业化中心以外地区依靠低成本优势形成地方竞争力提供了新的机会，并且将区域发展进一步整合到全球背景下。"第二，城市间的知识转移也可以通过跨国公司的对外直接投资来实现。巴塞尔特和李鹏飞（Bathelt and Li, 2014）提出了一个全球集群间网络的概念，该网络基于集群企业及其在其他集群中的分支机构之间的对外直接投资联系而形成。他们认为："跨集群的对外直接投资联系为在特定地区形成的知识进行全球传播和在地化学习提供了重要条件"（Bathelt and Li, 2014）。这主要是因为对外直接投资联系既可以利用地方集群内部的空间邻近，也可以利用企业网络内的组织邻近。第三，跨国公司研发中心的多区位布局策略也能够促进地方和全球之间形成知识互动（Alnuaimi et al., 2012; Cantwell, 1995; Pavlínek, 2012）。例如，在早期一些相关的研究中，坎特威尔（Cantwell, 1995）关注到了大型工业企业技术活动的全球化过程，并指出："技术领导者近年来率先将跨国公司的设施融入区域或全球网络，从而改变了国际技术创造的本质。"

二、个体流动

城市多尺度创新网络形成的第二个微观机制涉及个体人员的流动。个体流动对于知识转移和共享至关重要，尤其对隐性知识的转移和共享具有重要作用（Ackers, 2005; Coe and Bunnell, 2003; Howells, 2002; Gordon, 2001; Saxenian, 1996, 2007; Stevens, 1997; Williams, 2007）。一般而言，我们可以认为，即使知识与人们一起移动，个人的地方关系也不会消失。在保持这些地方关系的情况下，人员的流动可以通过知识的交流与协作，起到联系新旧工作场所（或生活场所）的桥梁作用。从这个意义上讲，个体之间的认知邻近和社会邻近受地理距离的影响较小。

针对跨国主义研究的相关文献从理论视角探讨了个体流动对知识协作与创新联系的影响。巴施等人（Basch et al., 1994）将跨国主义描述为"移民建立和维持其起源社会和定居社会联系的多股社会关系的过程，移民在本国和移民国之间维持了社会活动的多样性"。许多研究还讨论了跨国社区的相关概念（Coe et al., 2003; Portes, 2000），强调了国际移民在其原籍国和目的国之间建立的网络联系的重要性。需要注意的是，这些网络联系并不仅仅局限于资金的投入，而是包含了社会、文化、知识等不同层面的联系，这主要是因为移民的类型已经从传统的低薪群体扩展到专业人员、高科技人员和上层移民（Saxenian, 1996, 1999）。从这个意义上讲，这种由跨国社区形成的社会网络，对于与他们相关的两个地方的创新联系都具有重要意义（Coe and Bunnell, 2003; Saxenian and Hsu, 2001）。科伊和布内尔（Coe and Bunnell, 2003）认为跨国社会网络是跨国创新网络的重要组成部分，并指出："跨国社会网络正变得日益广泛，并与企业、机构等相互交织在一起。可移动的知识群体是跨国社会网络的核心……凭借当下正在出现的形式复杂的跨国社区，移民者继续利用其与原籍地/原籍国的网络联系，或者利用思想、资金、供应网络和市场，进一步吸引优秀的劳动力……必须意识到的是，这个社会网络促进了企业之间和地域之间的人员、资金和思想的国际流动。然而，这些网络在创新系统中并未受到足够重视。"

虽然关于人口流动影响的研究大多是基于移民定居国的视角，但萨克森尼安（Saxenian, 2007）则更进一步地关注企业和专业网络的全球化，重点分析这些网络如何影响专业人员原籍国的产业发展。她曾提出一个著名的短语"新阿戈尔英雄（the new argonauts）"，用来形容那些在美国受过教育但在国外出生的企业家。这些企业家在自己的祖国开展新业务，同时又与美国同行保持联系（Saxenian, 2007; Saxenian and Sabel, 2008）。正如萨克森尼安（Saxenian, 2007）所写："'新阿戈尔英雄'是少数受过高等教育的专业人士。他们对经济发展的潜在贡献极其巨大。他们通常不是原籍国传统的经济或政治精英，往往是来自中产阶级家庭的顶尖工程专业学生，在美国的教育使他们接触到一个完全不同的技术和制度环境。"凭借与美国和全球市场的紧密联系以及在原籍国的语言和文化适应能力等优势，这些"新阿戈尔英雄"不仅能够实现国际知识的转移、影响地方机构的改革，同时也保持着与美国专业人士和工程师的外部联系。这样一来，这些"新阿戈尔英雄"不仅为美国经济做出了贡献，而且在促进其原籍国的区域发展中也发挥了重要作用。中国、印度和以色列等国家均在不同程度上受益于这些"新阿戈尔英雄"。这一过程也被萨克森尼安（Saxenian, 2005, 2007）进一步描述为从"人才流失（brain drain）"到"人才循环（brain circulation）"的过程。

萨克森尼安（Saxenian, 2005, 2007）运用更具普遍意义的词语"人才循环"对"新阿戈尔英雄"的含义进行了进一步扩展，主要是指那些具备高技能的专业人员和工程师。事实上，除了这些专业人员和工程师，科学家、学者、研究生和企业技术人员的流动也可以促进知识在世界不同地区之间的流动与传播。例如，延斯等人（Jöns,

2009; Jöns et al., 2015）发现在德国的访问学者（尤其是来自美国的学者）为德国与其他国家（尤其是美国）之间的跨国知识网络的形成做出了重要贡献。埃德勒等人（Edler et al., 2011）的另一项研究对理工科背景的德国学者的临时流动性进行了分析。他们发现访问时间更长、频率更高的科学家更有可能将知识和技术转让给所在国和原籍国的企业。针对熟练工人的国际和国家流动性研究（Agrawal et al., 2006; Breschi and Lissoni, 2009; Filatotchev et al., 2011）也证实在不同地理尺度上的人员流动对于知识流动具有重要作用。

三、公共和私营部门的研发合作

第三个方面的微观机制涉及公共和私营部门之间的研发合作。高校与企业之间的知识合作是讨论最多的一种公私部门合作类型。根据伯科维茨和费尔德曼（Bercovitz and Feldman, 2006）的研究，高校与企业之间的互动主要通过对高校研究项目进行资助、高校知识产权的授权、雇佣高校学生、设立校办企业等方式进行，其中一些方式涉及高校与企业之间的知识合作。例如赞助的研究项目通常会包含各个公司的参与，因为这些公司资助的研究项目通常是以解决特定的技术问题为目的。

热那（Geuna, 1999）提出了近年来推动高校与企业合作不断增强的四个相关因素：（1）诸如分子、生物学、材料科学和计算机科学等的科学发展，具有适用性高、从探索性研究阶段到产业化生产阶段间隔时间短的特点；（2）日益紧缩的预算促使大学寻求外部收入来源；（3）工业生产中对科学技术和某些服务的需求（如医疗保健）不断提高，使得高校知识对于企业越来越有价值；（4）一些政策旨在提高公共资源资助研究的经济回报，这也间接促进了大学和企业之间的互动。

在上述列举的一些原因中，有部分与中国国情十分契合。例如，国内高校和科研机构面临的科研经费压力迫使他们通过专利许可、技术咨询和衍生产品等形式来推动研究活动的商业化过程（Chen, 2007）。以中国最大的科研机构——中国科学院为例，其与企业间的联系在过去20多年中不断强化，部分是由于其科研经费压力以及对1980年代后期国家科技体系重组的响应（Chen, 2007; Suttmeier et al., 2006）。据不完全统计，中国科学院目前已经和地方政府与企业合作成立了400多家公司，并通过各种转让机制与行业和地方政府保持着紧密联系，涉及的机制包括单个公司的研究合同、知识产权许可以及与地方政府共建基础设施和研究中心等（Suttmeier et al., 2006）。

一般而言，高校与企业之间的知识合作通常被认为限制在一定的空间地域范围，表现出较强的本土化特征。然而，虽然地理邻近可能仍在高校与企业之间的合作中发挥着关键作用，但是近年来的一些研究发现，除了地理邻近以外，其他一些因素对促进高校和企业之间在区域甚至全球尺度进行知识合作中也发挥着重要作用（D'Este et al., 2013; Hong and Su, 2013; Laursen et al., 2011; Ponds et al., 2007, 2010）。例如，庞兹等人（Ponds et al., 2010）发现，对于高校和企业之间的知识合作而言，地理邻近并不是十分重要。知识传播可以在更远的距离上发生。庞兹等人（Ponds et al., 2007）的另外一项研究也得出了类似的结论，该研究比较了地理邻近和制度邻近在不同类型的研究合作（包括高校与企业知识合作）中所发挥的作用。德埃斯特等人（D'Este et al., 2013）基于高校和商业企业之间合作研究资助的数据，提出在高校和企业建立合作关系的过程中，地理邻近发挥了重要作用，且组织邻近并没有对地理邻近的这一作用产生影响。然而，随着技术互补的企业在空间上不断集聚，地理邻近的重要性就会降低，并且当企业聚集程度增长到一定程度后，地理邻近的促进作用将消失。同样地，劳森等人（Laursen et al., 2011）的研究还发现，通过高校声望和制度激励可以减轻地理邻近的影响。

除了高校与企业之间的知识合作之外，位于不同城市、不同区域甚至不同国家的公共部门之间也存在着研发合作关系（主要是高校科研机构之间的科学知识合作）。地理邻近在这种合作形成过程中仍然发挥着一定的作用。例如，卡茨（Katz, 1994）对加拿大、澳大利亚和英国的国家级大学之间的合作进行了研究，发现这三个国家的国内大学之间的合作强度随着距离的增加而呈指数下降。然而，与其他两个国家相比，地理邻近对澳大利亚大学之间的影响效果小得多。除此之外，这三个国家一些较远距离的高校之间也进行了大量合作。博尔登斯等人（Bordons et al., 1996）的研究还发现，国际合作的强度在不同学科之间有所不同。此外，基于国际和国内合作的研究通常具有较高的影响力，并有益于提高研究人员的研究水平。王等人（Wang et al., 2013）发现，中国的国际科学合作主要涉及20个国家，并且中国的移民科学家在这种合作中发挥了重要作用，揭示了社会和文化邻近的显著影响。此外，城市间创新联系也可以在高校科研机构与其位于其他城市的分支机构之间形成。这类分支机构通常由高校科研机构与地方政府合作启动，如中国科学院苏州纳米技术与纳米仿生研究所、清华大学深圳研究生院、北京大学深圳研究生院等。

综上，本书认为企业、研究人员和高校科研机构是推动宏观尺度自下而上知识协作过程的三大主要力量，因而也是推动城市多尺度创新网络形成的关键要素。然而，我们也应该注意到城市本身的属性与特征也十分重要。城市的属性（如经济实力、开放程度、研究环境和创新政策）决定了其对于跨国公司、高校科研机构和研究人员的吸引力，这也进一步决定了城市在城市多尺度创新网络中的地位和作用。

第三节　基于论文与专利合作的城市多尺度创新网络构建

一、运用论文和专利合作数据的可行性

论文合作数据与专利合作数据是本书在后续实证研究中构建并分析城市多尺度创新网络的关键数据。前文已经指出，这两类数据分别代表了两种不同类型的创新联系，前者主要用于表征科学创新联系，后者主要用于表征技术创新联系。前文对于使用论文合作和专利合作数据的优缺点已经进行了详细的讨论，此处进一步对本书选择这两类数据的理由进行简要阐述和总结。已有研究表明，面对面的交流被认为是促进创新网络集聚的主要方式，然而基于编码形式测度创新联系的学术意义和现实需求近年来也逐渐得到了认可（Maskell and Malmberg, 1999; OECD, 2005; Shearmur, 2012）。事实上，现有关于创新联系跨尺度特征的研究主要依托两类数据，一是基于调研访谈获得的一手数据，二是基于论文合作和专利合作获取的大规模二手数据。一般而言，前者主要应用于详细分析单个或者几个城市的创新活动分布特征（Simmie, 2003; Shearmur and Doloreux, 2015），后者通常被用于描述具有不同尺度（国家、洲域和全球）、不同空间分析单元（集群、城市、区域和国家）、不同类型（如科学和技术）的创新网络。因此，使用论文合作与专利合作数据构建城市多尺度创新网络并分析其功能多中心的空间结构特征具有一定的可行性。

此外，基于论文合作与专利合作数据构建城市多尺度创新网络还有利于分析城市创新网络功能多中心结构的动态演化特征。已有针对多中心城市区域的城市网络研究已经指出，多中心城市区域并非天生就具有多中心的特征，而是随着时间的推移逐渐形成的（Kloosterman and Musterd, 2001; Lambregts, 2009）。当然，需要指出

的是，多中心城市区域的出现可能会出现不同的模式，如离心模式、合并模式和融合模式，需要对这些模式进行进一步的区分和比较（Champion, 2001）。虽然德戈伊等人（De Goei *et al.*, 2010）、格林（Green, 2007）和林塔纳库尔等人（Limtanakool *et al.*, 2009）对多中心城市区域功能多中心结构的演化特征进行了探究，但大多数针对多中心城市区域的研究仍然关注的是某一时间节点下的功能多中心特征。然而，通过对多个时间节点的功能性多中心程度进行对比，可以对多中心城市区域尺度下城市网络结构的动态演化过程进行解析。当然，分析城市网络结构的动态演化特征需要运用能够反映城市间联系的时间序列数据，但并不是所有类型的城市间联系数据都能很好地满足这一要求。目前，学术界从动态视角分析功能多中心的研究主要以人流和信息流的关系数据为基础。随着相关数据库的不断完善和数字化技术的不断成熟，论文合作和专利合作的长时间序列数据的获取难度正不断降低，为分析城市多尺度创新网络结构的动态演化提供了可靠的数据支撑。

二、城市多尺度创新网络的构建步骤

如前所述，无论是哪种类型的城市联系，城市和区域都不可能自动联系在一起。就城市创新网络而言，其本质是城市内部经济实体（如个人、企业和高校科研机构）之间的创新协作，城市只是这些经济实体的承载空间（虽然城市内的某些机构可能会促进这些联系的发展）。通过将经济实体之间的创新联系在城市层面进行累加，可以得到城市间的创新联系，并进一步形成城市创新网络。在这种意义上，城市创新网络很大程度上类似于其他类型的城市间联系网络。

为满足实证研究的需要，本书将城市间创新联系强度定义为合作论文或者合作专利中出现的"城市对"数量。若"城市对"中的城市均位于城市群内部，则将其定义为城市群尺度下的城市间创新联系；同样地，若其中一个城市来自于城市群内部，而另一个城市位于城市群以外的国内其他区域，则这一"城市对"将被定义为国家尺度下的城市间创新联系。相应地，我们也可以定义全球尺度下的城市间创新联系。

一般而言，"城市对"之间创新联系强度的计算方法有两种。一种是"完全计数法"，即每个"城市对"在一篇合作论文或者合作专利中出现1次便被记录1次。另外一种就是"比例计数法"，即每个"城市对"出现的次数占"城市对"总数的比例。以论文合作为例，图3-5通过实例对两种方法进行了阐述。论文 α，β 和 γ 由来自四个城市的八位作者合作完成，对于论文 β 而言，包含了来自于三个不同城市的三位作者。因此，根据"完全计数法"的规则，每个"城市对"得到的值为 1，而根据"比例计数法"的规则，每个城市对得到的值为 1/3。同样的规则适用于论文 α 和 γ，这样最终形成了一个 4×4 的联系矩阵。若根据"完全计数法"计算，城市 A 和 B 之间的创新联系强度为 2，城市 A 和 C 的创新联系强度为 1，而城市 A 和 D 的创新联系强度为 0。若根据"比例计数法"计算，城市 A 和 B 的创新联系强度为 4/3，城市 A 和 C 的创新联系强度为 1/3，城市 A 和 D 的创新联系强度为 0。已有一些研究表明，基于上述两种不同方法构建的城市创新网络具有较为一致的结构特征（Hoekman et al., 2009）。因此，本书在后续实证研究过程中均采用"完全计数法"构建联系矩阵，并基于此计算城市间的创新联系强度。

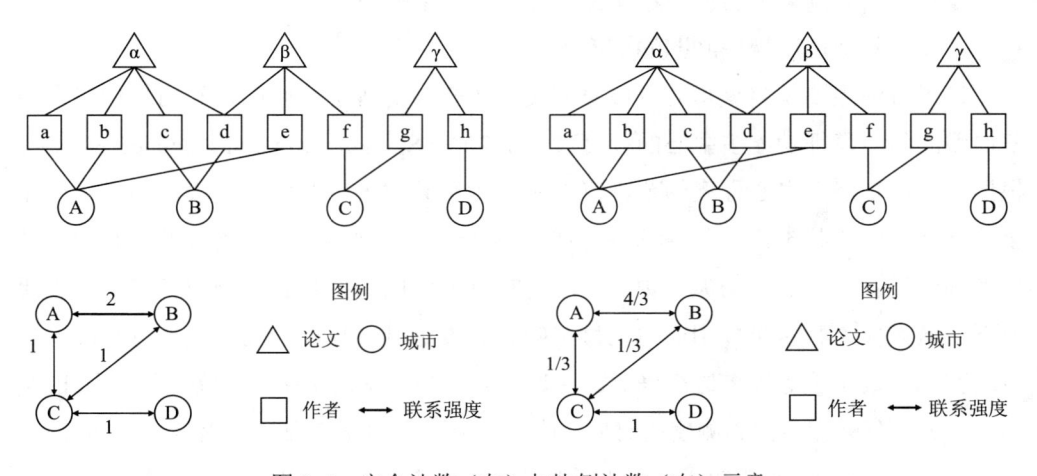

图 3-5　完全计数（左）与比例计数（右）示意

对某一城市而言，其在网络中的对外联系强度可以通过上述联系矩阵来计算得到，具体表达式为：

$$C_i = \sum_{j}^{n} C_{ij} \ (i \neq j) \qquad 公式\ 3\text{-}1$$

其中，C_i 表示城市创新网络中城市 i 的对外联系强度；C_{ij} 表示城市 i 和城市 j 之间的创新联系，由两个城市的合作论文和合作专利的数量表示。

第四节　城市多尺度创新网络的多中心结构测度

一、功能多中心结构测度的三种方法

已有针对多中心城市区域的城市网络研究中，对于其功能多中心结构的测度方法主要可以分为三类：（1）基于位序规模回归的方法构建测度模型；（2）基于社会网络分析的方法构建测度模型；（3）基于实际多中心与理想多中心的比较构建测度模型。前两种方法在功能多中心结构的测度中被较多采用，而第三种方法由于操作过程复杂且需要高精度数据，在实证研究中的应用较少。

（一）基于位序规模回归的测度方法

该类方法主要是将城市对外联系强度的规模与等级进行回归，利用最佳拟合回归曲线的斜率表征功能多中心的程度（Parr, 2004; Spiekermann and Wegener, 2004）。根据定义，功能多中心程度的范围值是从 0 到负无穷大，取值为 0 表示其呈现出完全的功能多中心状态。但是，这种方法也存在一些问题，其中一个典型的问题就是如何确定进入回归分析的城市数量，这对拟合曲线的斜率具有很强的影响。一般情况下，城市样本数量可以由固定的城市数目、设定城市规模的阈值或者设定进入分析的城市总数比重等标准进行确定。通过比较这些方法的优缺点，梅杰斯（Meijers, 2008）认为在进行多中心测度的时候，选取一个固定的城市数目应该是最好的方法。正如梅杰斯（Meijers, 2008）所指出："单中心或者多中心程度通常需要根据少数几个大城市的规模和空间分布来判断。"为了降低波动，一些研究使用了不同的城市数量作为阈值，并计算由此得出的斜率平均值作为表征功能多中心程度的指标（Burger and Meijers, 2012; Meijers and Burger, 2010）。

（二）基于社会网络分析的测度方法

该类方法最早应用于 POLYNET 项目（Green, 2007; Hall and Pain, 2006），并在近年来被广泛运用于其他相关研究中（Limtanakool *et al.*, 2009; Liu *et al.*, 2016）。该方法将社会网络分析中的一些统计指标应用于城市网络系统的分析，并在此基础上构建出功能多中心的评价指标。与基于回归分析的方法不同，该方法考虑了所有城市对功能多中心程度的影响。

（三）基于模型比较分析的测度方法

该类方法是对现实的功能多中心程度与理想的功能多中心程度进行比较，常用的两种模型分别是重力模型（De Goei *et al*., 2010; Van Oort *et al*., 2010）和连通场模型（Vasanen, 2012）。例如，在重力模型中，完全的功能多中心意味着城市间的相互作用仅仅取决于城市规模和城市之间的距离。

二、基于基尼系数的功能多中心结构测度方法

需要说明的是，上述三种方法虽然在已有研究中得到了不同程度的应用，但均不适用于测度城市多尺度创新网络的功能多中心程度。首先，基于社会网络分析的测度方法与基于模型比较分析的测度方法通常适用于完整的网络分析，即要求所用的网络节点是相互关联的。然而，根据定义，本书所构建的城市多尺度创新网络应该至少包含城市群内部的一个城市，在国家和全球尺度上并没有关注国家和全球尺度城市之间的创新网络，因而在国家和全球尺度上的创新网络并不是一个完整意义上的网络。其次，就基于位序规模回归的测度方法而言，其回归曲线的拟合优度值通常不高，可能会丢失一些数据信息。此外，在基于位序规模回归得出的计算结果中，用于表征功能多中心程度的斜率值为负，这对比较不同时期的功能多中心程度也造成了不便。

本章认为城市多尺度创新网络的功能多中心结构反映了城市对外创新联系强度在不同地理尺度上的分布模式，本质上是一个反映城市对外创新联系强度不均衡分布程度的指标。基于对上述特征的考虑，本书借鉴了基尼系数的概念对城市多尺度创新网络的功能多中心程度进行测度。基尼系数通常是用于表达收入不平等的指标，其范围为 0 到 1，0 表示绝对平等，1 表示绝对不平等。基尼系数的优点不仅在于其值为正，也在于用于计算基尼系数的最佳拟合回归线洛伦兹曲线通常具有一个较高的拟合优度值，有利于保留更多的信息。具体而言，我们可以用洛伦兹曲线与绝对平均线所围合的面积除以绝对平均分布时下半三角形的面积比来计算基尼系数，用于反映城市群内部城市对外创新联系的区域集中程度。基尼系数越高表示区域差异越大，功能多中心结构越不明显。为了使指标数值变化与多中心程度变化呈现出同向的变动趋势，对基尼系数取负值再加上 1，使得数值变动范围处在[0, 1]区间内。基于基尼系数测度功能多中心的公式如下：

$$DPF = 1 - GF \qquad \text{公式 3–2}$$

式中： DPF 为城市多尺度创新网络的功能多中心程度；GF 为城市群内部各城市在不同尺度下对外创新联系强度（以论文合作量和专利合作量表征）分布的基尼系数。显然，当 DPF 等于 0 时，城市群内部各城市在对外创新联系强度方面的差距最大，对应的功能单中心程度最高；当 DPF 等于 1 时，城市群内部各城市之间在对外创新联系强度方面的分布处于完全均衡的状态，对应的功能多中心程度最高。

第四章　长三角城市多尺度创新网络的结构特征

在对城市多尺度创新网络的概念模型以及测度方法进行讨论的基础上，本章分别分析了长三角城市群以论文合作为表征的科学创新网络和以专利合作为表征的技术创新网络的宏观结构特征，旨在揭示长三角城市创新网络多尺度和多中心的结构特征及其对应的演化特点。在此基础上，通过分析上海在长三角城市多尺度创新网络中所承担的创新枢纽作用，探讨并重新审视了长三角城市群的开放与创新功能。

本章的结构安排如下：第一节介绍了以论文合作和专利合作为表征的创新联系数据收集与处理过程；第二节分析了长三角城市多尺度创新网络结构的演化过程；第三节测度和比较了长三角城市多尺度创新网络的功能多中心程度，并探讨了功能多中心程度的演化特点；第四节重新审视了上海在长三角城市多尺度创新网络中所发挥的创新枢纽功能，探讨其所呈现出的"全球紧联但地方断联"特征。由于本书在研究过程中将创新联系分为科学创新联系和技术创新联系，因此本章的第二节和第三节采取相同的论述结构，即首先分析长三角城市多尺度科学创新网络，然后分析长三角城市多尺度技术创新网络，最后对两者进行比较。

第一节　创新联系数据收集

一、论文合作数据

本书以论文合作数据表征长三角内部城市与不同尺度城市之间的科学创新联系，并以此构建长三角城市多尺度科学创新网络。近年来，随着数字化技术的不断发展和各类论文数据库建设的不断完善，论文数据的可获取性和可用性已得到较大幅度的提升。Web of Science、Scopus、中国知网（CNKI）、维普网（CQVIP）等国内外相关论文数据库在针对不同地理尺度的创新网络研究中也得到了较为广泛的应用（Andersson et al., 2014; Ma et al., 2014; Hennemann et al., 2011; Wang et al., 2005）。然而，不同论文数据库之间的特点也存在较大差异，因此选取何种论文数据库应该是收集论文合作数据过程中需要解决的首要问题。有学者就曾指出，论文数据库的选择主要应该取决于研究的具体目的和关注重点（Ren and Rousseau, 2002）。与其他针对中国城市创新网络的研究类似（Andersson et al., 2014; Ma et al., 2014），本章选取了 Web of Science 核心文献集（WoS）作为论文合作数据收集的来源数据库，主要是基于以下三个方面的考虑：

首先，本书研究的主要目标之一是分析城市创新网络的多尺度特征，而分析长三角内部城市与全球尺度城市之间的创新合作需要以基于国际合作的论文为基础。这些国际合作的论文主要发表于以英文为主的期刊，并且被收录在 WoS 等国外数据库中，而国内论文数据库以收录中文文献为主，不能满足分析城市间国际知识合作的需求。

其次，由于基于国际合作发表的论文主要收录于 WoS 数据库，而在区域和国家尺度合作的论文主要被收录在国内的数据库中。因此，一种更为理想的论文合作数据收集方法似乎应该是将国内数据库与国外数据库相结合，以获得更为全面的论文合作数据。然而，这种方法也存在一个关键问题，即论文数据的数量和质量无法保持一致性。一方面，国内数据库收录的合作论文数量显著高于 WoS 收录的基于国内合作的论文数量，由此可能导致 WoS 数据库收录的论文对分析结果的影响较小。另一方面，对于国内学者而言，在 WoS 数据库收录的期刊上发表文章的平均难度通常比在国内数据库收录的期刊上发表文章的平均难度要高，因而发表在 WoS 数据库中的论文本身也可能需要论文合作者之间进行更多的、实质性的创新合作。

第三，由于中国近年来致力于提高研究成果的国际知名度（Ren and Rousseau, 2002; Zhou and Leydesdorff, 2006），国内学者在 WoS 数据库中发表论文的数量也呈现出显著上升的趋势。根据 2014 年美国国家科学基金会（NSF）发布的《科学与工程指标》显示，从 2001 年到 2011 年，中国科学家出版作品的数量以每年超过 15% 的速度递增，在全球科技类出版物中所占的比重从 3% 增长到 11%（National Science Board, 2014）。2016 年美国国家科学基金会（NSF）发布的《科学与工程指标》表明，中国在全球工程类出版物中的占比已经超越美国，成为全球工程类出版物数量最多的国家，同时在科学论文的产出数量上也紧跟美国（National Science Board, 2016）。因此，可以说 WoS 数据库中所包含的论文合作数据能够较为合理的反映长三角城市在不同尺度下的对外科学创新联系。

从 WoS 数据库中获取论文合作数据的具体方法和步骤如下。首先，确定合作论文选择的基本原则，即每个合作论文的作者中至少应该有一位来自于本书的研究区域——长三角城市群，且合作论文的作者中不得全部来自于长三角城市群内的同一座城市，后者主要是因为本书并不关注城市内部的科学创新网络。其次，基于 WoS 数据库中所包含的"作者所在城市"这一检索字段，检索 2000～2014 年间符合上述标准的论文。最终，共获得约 61 万篇至少有一位作者来自于长三角城市群的合作论文。

需要说明的是，长三角城市群以外位于国家尺度和全球尺度的城市并没有全部被考虑在内。对于国家尺度的城市，我们设定了一个标准进行筛选，即 2014 年与长三角城市群内部城市合作发表的论文数量超过 500 篇。尽管这一标准有一定的主观性，但基于该标准筛选出的国内城市基本上囊括了全国大多数的省会城市、直辖市和其他主要城市。最终，我们在国家尺度共遴选出 39 个城市用于构建长三角城市群在国家尺度的科学创新网络（表 4–1）。事实上，本书所遴选的这些城市大部分也出现在其他一些相关研究中（Ma *et al.*, 2014），这也进一步说明所选城市能够基本上反映长三角城市与国家尺度城市之间的科学创新联系。

表 4–1 国家尺度城市列表

保定	广州	兰州	唐山
北京	桂林	洛阳	天津
长春	贵阳	南昌	乌鲁木齐
长沙	海口	南宁	威海
成都	哈尔滨	青岛	武汉
重庆	合肥	秦皇岛	西安
大连	呼和浩特	沈阳	厦门
大庆	济南	深圳	烟台
东莞	开封	石家庄	郑州
福州	昆明	太原	—

对于全球尺度的城市而言，一种比较理想的选择是基于泰勒等人（Taylor *et al.*, 2002）在世界城市网络研究中所遴选出的世界城市，因为这些城市大多数也是具有较强创新能力的城市。然而，这一城市列表中未能囊括剑桥、牛津等那些具有大量论文产出的城市。因此，本书在泰勒等人（Taylor *et al.*, 2002）研究的基础上，进一

步结合玛西森等人（Matthiessen *et al.*, 2010）所遴选出的全球 30 大创新中心城市，最终形成了一个包含 133 个全球尺度城市的列表①（表 4–2）。

表 4–2　全球尺度城市列表

阿布扎比（Abu Dhabi）	卡萨布兰卡（Casablanca）	吉达（Jeddah）	蒙特利尔（Montreal）	旧金山（San Francisco）
阿德莱德（Adelaide）	夏洛特（Charlotte）	约翰内斯堡（Johannesburg）	莫斯科（Moscow）	圣地亚哥（Santiago）
阿姆斯特丹（Amsterdam）	钦奈（Chennai）	堪萨斯城（Kansas City）	孟买（Mumbai）	圣保罗（Sao Paulo）
安特卫普（Antwerp）	芝加哥（Chicago）	卡拉奇（Karachi）	慕尼黑（Munich）	西雅图（Seattle）
雅典（Athens）	克利夫兰（Cleveland）	基辅（Kiev）	内罗毕（Nairobi）	釜山（Seoul）
亚特兰大（Atlanta）	科隆（Cologne）	神户（Kobe）	拿骚（Nassau）	新加坡（Singapore）
奥克兰（Auckland）	哥本哈根（Copenhagen）	吉隆坡（Kuala Lumpur）	新德里（New Delhi）	索菲亚（Sofia）
班加罗尔（Bangalore）	达拉斯（Dallas）	科威特（Kuwait）	纽约（New York）	圣路易斯（St Louis）
曼谷（Bangkok）	丹佛（Denver）	拉各斯（Lagos）	尼科西亚（Nicosia）	斯德哥尔摩（Stockholm）
巴塞罗那（Barcelona）	底特律（Detroit）	利马（Lima）	大阪（Osaka）	斯图加特（Stuttgart）
贝鲁特（Beirut）	迪拜（Dubai）	里斯本（Lisbon）	奥斯陆（Oslo）	悉尼（Sydney）
柏林（Berlin）	都柏林（Dublin）	利物浦（Liverpool）	牛津（Oxford）	中国台北（Taipei）
伯明翰（Birmingham）	杜塞尔多夫（Dusseldorf）	伦敦（London）	巴拿马城（Panama City）	特拉维夫（Tel Aviv）
波哥大（Bogota）	爱丁堡（Edinburgh）	洛杉矶（Los Angeles）	巴黎（Paris）	东京（Tokyo）
波士顿（Boston）	法兰克福（Frankfurt）	隆德（Lund）	珀斯（Perth）	多伦多（Toronto）
布里斯班（Brisbane）	格拉斯哥（Glasgow）	里昂（Lyons）	匹兹堡（Pittsburgh）	乌德勒支（Utrecht）
布鲁塞尔（Brussels）	海牙（Hague）	马德里（Madrid）	路易港（Port Louis）	温哥华（Vancouver）
布加勒斯特（Bucharest）	汉堡（Hamburg）	麦纳麦（Manama）	波特兰（Portland）	维也纳（Vienna）
布达佩斯（Budapest）	汉密尔顿（Hamilton）	曼彻斯特（Manchester）	布拉格（Prague）	华沙（Warsaw）

---

① 由于体制与机制的差异，本书将长三角城市与中国香港和中国台北的知识合作视作全球尺度的合作，故 133 个全球尺度城市中包含中国香港和中国台北。

续表

布拉迪斯拉发（Bratislava）	日内瓦（Geneva）	卢森堡（Luxembourg）	费城（Philadelphia）	乌普萨拉（Uppsala）
布宜诺斯艾利斯（Buenos Aires）	赫尔辛基（Helsinki）	马尼拉（Manila）	基多（Quito）	华盛顿特区（Washington DC）
开罗（Cairo）	胡志明市（Ho Chi Minh City）	墨尔本（Melbourne）	雷丁（Reading）	惠灵顿（Wellington）
加尔各答（Calcutta）	中国香港（Hong Kong）	墨西哥城（Mexico City）	里约热内卢（Rio de Janeiro）	横滨（Yokohama）
卡尔加里（Calgary）	休斯顿（Houston）	迈阿密（Miami）	利雅得（Riyadh）	萨格勒布（Zagreb）
剑桥（Cambridge）	印第安纳波利斯（Indianapolis）	米兰（Milan）	罗马（Rome）	苏黎世（Zurich）
开普敦（Cape Town）	伊斯坦布尔（Istanbul）	明尼阿波利斯（Minneapolis）	鹿特丹（Rotterdam）	—
加拉加斯（Caracas）	雅加达（Jakarta）	蒙得维的亚（Montevideo）	圣迭戈（San Diego）	—

二、专利合作数据

与论文合作数据收集的情况一样，专利合作数据的获取也需要首先确定一个合适的数据库。在大量关于技术创新网络的文献中，美国专利商标局（USPTO）数据库、欧洲专利局（EPO）数据库、中国国家知识产权局（CNIPA）数据库和世界知识产权局（WIPO）数据库是已经被广泛应用的四种主要专利数据库。表4-3对上述四种专利数据库进行了对比，通过比较这些数据库的优缺点，本书最终选择从世界知识产权局（WIPO）数据库获取专利合作数据，其他三种专利数据库不满足或只能部分满足本书实证研究的需求，具体原因分述如下：

就中国国家知识产权局（CNIPA）专利数据库而言，其面临和国内论文数据库同样的问题，即CNIPA专利数据库无法收录长三角城市群内部城市在全球尺度的合作专利，因而也不能满足本书对长三角城市群在全球尺度技术创新网络进行分析的研究目的。此外，CNIPA专利数据库中收录的专利一般仅提供第一申请人的详细地址信息，并不提供所有专利申请人或发明者的地址信息，这一关键信息的缺乏使得无法精确构建城市之间的创新联系。

就美国专利商标局（USPTO）数据库而言，该数据库中的专利通常具有较高的创新性和质量,并且能够反映专利申请人在不同地理尺度的技术创新合作。然而,使用USPTO专利数据库可能会造成研究结果的偏差,因为从该专利数据库中检索到的大多数合乎标准的专利将主要反映长三角城市群内部城市与美国城市之间的技术创新合作。换言之,长三角城市群内部城市与其他国家(如欧盟国家)城市之间的技术创新联系将被显著低估。

就欧洲专利局(EPO)数据库而言,该数据库收录的专利同样具有较高的创新性和质量。此外,该数据库具有包括中国和美国在内的、覆盖全球主要地区的9000多万份专利。从这一角度看,EPO专利数据库似乎能够满足本书的主要研究目的。然而,该专利数据库中收录的来自中国申请人的专利与CNIPA专利数据库一样,缺乏所有专利申请人的详细地址信息,从而无法构建城市间的技术创新联系。此外,由于缺乏一个统一的标准,EPO专利数据库中收录的专利质量也存在较大差异。

表4–3 不同专利数据库优缺点比较

数据库名称	覆盖范围	优点	缺点
中国国家知识产权局(CNIPA)	中国	• 主要包含城市群尺度和国家尺度通过知识协作共同申请的专利	• 不包括全球尺度通过知识协作共同申请的大部分专利 • 不具备所有申请者或发明人的详细地址信息 • 专利的创新性总体要比其他三个数据库低
美国专利商标局(USPTO)	美国	• 专利创新性高 • 包含不同地理尺度通过知识协作共同申请的专利	• 全球尺度的知识协作更偏向于美国
欧洲专利局(EPO)	全球	• 覆盖范围更广,专利数量更多 • 专利创新性高 • 包含不同地理尺度通过知识协作共同申请的专利	• EPO包含了在中国申请的专利,但其同样缺乏所有申请人的详细地址信息
世界知识产权局(WIPO)	全球	• 覆盖的国家更广 • 专利创新性高 • 所含专利具备详细的地址信息 • 包含不同地理尺度通过知识协作共同申请的专利	• 与EPO相比,收录专利数量偏少

就世界知识产权局(WIPO)数据库而言,该专利数据库收录了在《专利合作条约》(PCT)下的全球范围内的专利申请数据。《专利合作条约》(PCT)的目标是对专利申请人的专利进行保护,目前已有超过150个国家加入了PCT条约。中国和世

界其他国家的专利申请人，尤其是大公司、高校和科研机构，都试图通过《专利合作条约》（PCT）对其发明进行保护。由于世界知识产权局（WIPO）致力于推动对不同国家提交的专利文本进行数字化，因此在该数据集中可以查询到每份专利中所有申请人的详细地址信息，当然也包括来自中国的专利。就这一点而言，世界知识产权局（WIPO）数据库比其他三种专利数据库可能产生的偏差要小很多，因为该专利数据库不仅包含了已经在中国国内申请过的专利，也包含了这些专利涉及的所有申请人的详细地址信息。此外，由于《专利合作条约》（PCT）仅仅适用于发明专利，并且通常需要消耗大量的时间和金钱，因此世界知识产权局（WIPO）数据库中收录的专利也具有较高的质量和创新性。根据于尔根斯和埃雷罗-索拉纳（Jürgens and Herrero-Solana, 2015）的研究，由于 WIPO 专利数据库仅收录发明专利，因此与欧洲专利局（EPO）数据库相比，WIPO 数据库所包含的专利数量相对较少。然而，这一专利数量方面的差异对本书研究结论的影响较小，因为本书的主要研究目的并不是为了对比基于不同专利数据库得出的研究结果。

与论文合作数据的选择标准类似，专利合作数据的选择标准也是要求至少有一位专利申请人来自于长三角城市群内部，且所有专利申请人不得来自于长三角城市群内部的同一城市。换言之，本书在研究过程中不关注城市内部的技术创新网络。由于在 2004 年以前长三角城市的内外部合作专利数量十分有限，因而本章将长三角城市多尺度技术创新网络的研究时段确定为 2004~2014 年。通过检索去重，最终获得与长三角城市群有关的合作专利数量约 2.3 万份，其中 44%的专利至少涉及一个地理尺度的技术创新联系。

第二节 长三角城市多尺度创新网络的结构演化

本节从科学创新网络与技术创新网络两个维度解析长三角城市多尺度创新网络的结构演化特征。考虑到不同年份合作论文与合作专利数量波动的影响，本节在具体分析过程中对长三角城市群内外部的创新联系进行了基于中间年份的三年移动平均。事实上，在已有的文献计量学研究中，对合作论文和合作专利的数量进行平均的做法也很普遍（Cassi and Plunket, 2015; Hennemann et al., 2011; Miguélez and Moreno, 2013; Ter Wal, 2014），主要原因有以下三点。首先，合作论文和合作专利的数量在不同年份往往具有比较强的波动性，本书中所用的论文和专利数据也不例外。

其次，通过合作撰写论文或共同申请专利，研究者之间往往会在一段时间内保持创新联系，即使这段时间可能没有直接的创新合作产出（Hennemann et al., 2011）。最后，合作论文与合作专利数据本身也存在一定的时滞问题。然而，已有研究对合作论文与合作专利采用的时滞各不相同（通常从一年到五年），对于如何确定合适的时滞也尚未形成共识。考虑到本书实证分析所涉及的数据时间跨度较短，故对合作论文与合作专利数据均采用三年的时滞。当然，为验证研究结论的稳健性，本书还分别分析了基于两年移动窗口期和四年移动窗口期的创新网络的结构演化特征。两者的结果均与基于三年移动窗口期的结果一致，因此后续对实证结果的讨论仍基于三年移动窗口期的结果。在对合作论文与合作专利数据采用三年移动平均处理后，对长三角城市多尺度科学创新网络的讨论期为2001～2013年，对长三角城市多尺度技术创新网络的讨论期为2005～2013年。

一、长三角城市多尺度科学创新网络的结构演化

研究期内，长三角城市多尺度科学创新网络的结构发生了巨大的变化。为了系统地描述这一变化，图4–1和4–2分别展示了长三角城市群在特定年份下形成的多尺度科学创新网络（2001年、2005年、2009年和2013年），这四个年份较好地代表了长三角城市多尺度科学创新网络的不同发展阶段。由于空间所限，每个年份的图中仅展示有限数量的城市间科学创新联系。图中线条的粗细与城市间合作论文的数量成正比，具体的展示标准为：2001年城市间的合作论文数量不少于20篇，2005年为不少于50篇，2009年为不少于100篇，2013年为不少于200篇。每张图都有三个层次，分别对应城市群尺度、国家尺度和全球尺度，每层包含处于相应地理尺度的城市。下文对长三角城市多尺度科学创新网络的总体结构特征和每个地理尺度上的网络结构特征分别进行分析。

（一）科学创新网络的总体结构

基于图4–1和4–2，我们可以得出如下一些结论。首先，在研究期内，不同地理尺度下的城市间科学创新联系总体上均有所提高。例如，上海和南京之间的合作论文数量从2001年的100篇增加到2013年的1100多篇。事实上，近年来随着中国在全球科学产出中所占的份额不断上升，国内城市间科学创新联系强度的不断提升符合预期（Ren and Rousseau, 2002; Zhou and Leydesdorff, 2006）。城市间科学创新联系强度的不断提升也进一步表明，长三角城市群由其丰富的科技创新资源实际上已经发挥着戈特曼（1961，1976）所提出的城市群所应具备的"创新孵化器"功能。

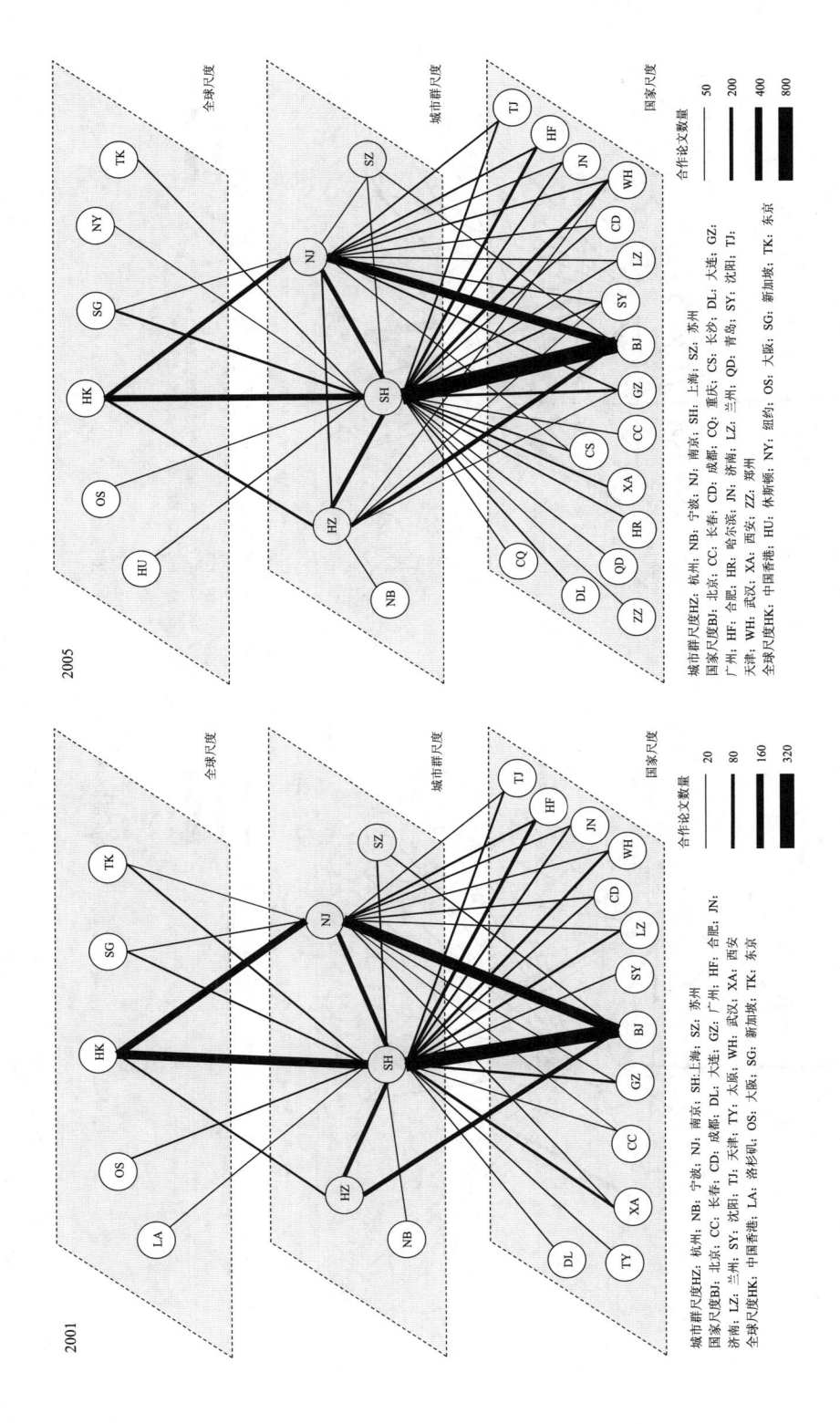

图 4-1 长三角城市多尺度科学创新网络：2001 年（左）和 2005 年（右）

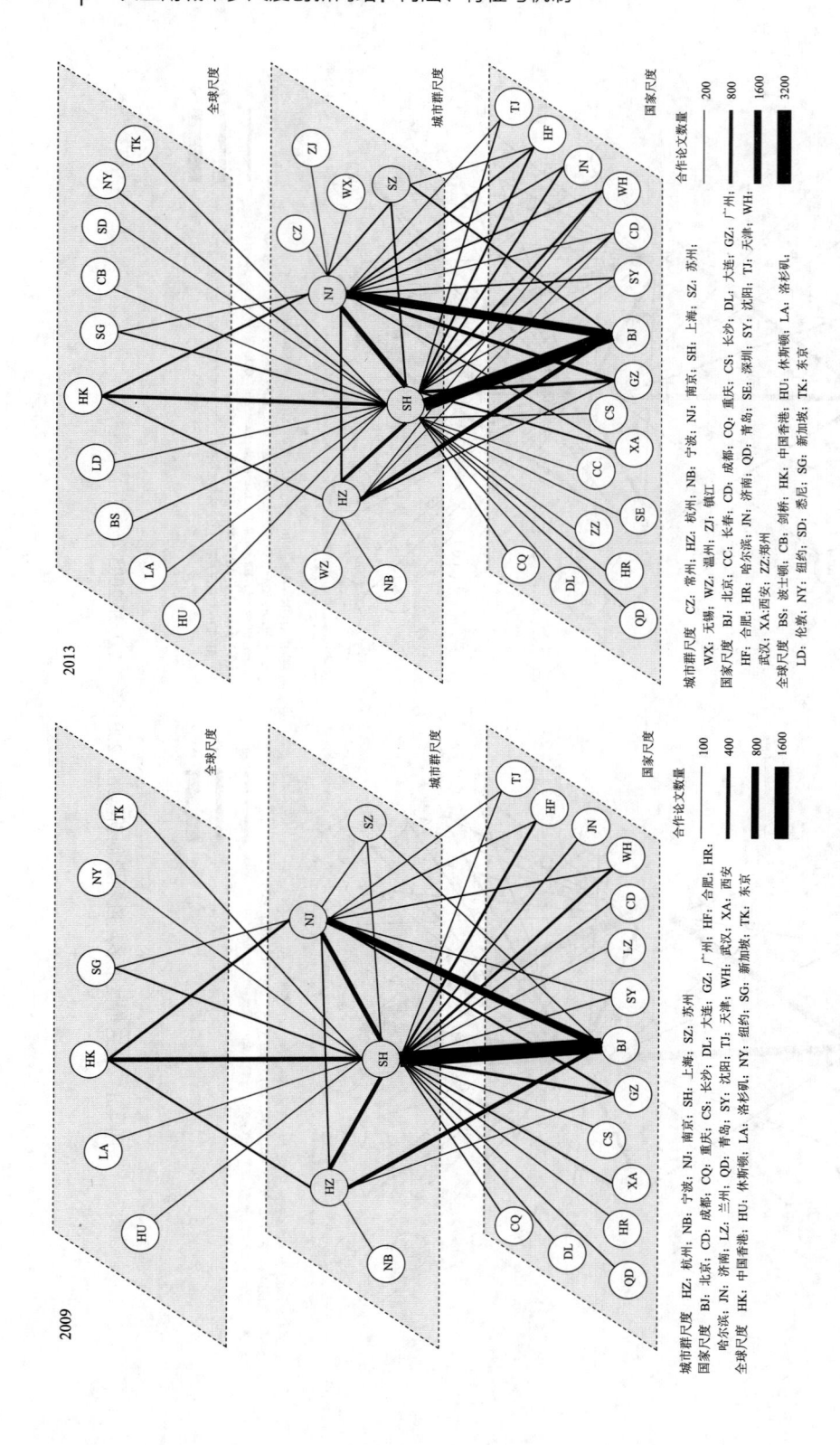

图 4-2 长三角城市多尺度科学创新网络：2009 年（左）和 2013 年（右）

其次，尽管在不同地理尺度下城市间的科学创新联系存在差异，但可以明显地看到，科学创新网络不仅存在于长三角城市群内部的城市之间，也广泛存在于长三角城市群内部城市与国家和全球尺度下的城市之间。这一结论证实了科学创新网络具有多尺度的性质，与部分学者在国家尺度（Andersson et al., 2014; Ma et al., 2014）和全球尺度（Matthiessen et al., 2010）上对城市间科学创新网络进行研究所得出的结论一致。

第三，比较不同地理尺度下城市间科学创新联系的强度可以发现，长三角城市群内部的城市与位于国家尺度的城市间具有最强的科学创新联系，其次是长三角城市群内部城市之间的科学创新联系，再次是长三角城市群内部城市与位于全球尺度的城市间科学创新联系。然而，如果仅比较对外科学创新联系强度较高的几个城市，可以发现 2001—2005 年全球尺度下的科学创新网络强度实际上要高于长三角城市群尺度下的科学创新网络强度。

（二）城市群尺度下的科学创新网络

整体而言，城市群尺度下的科学创新网络强度在研究期内增长显著，主要表现为城市间合作论文数量的显著增加，以及参与科学创新合作的"城市对"数量的增加。例如，上海在 2001 年仅与四个长三角城市具有科学创新联系，且这四个城市之间也没有显著的科学创新联系，然而上海在 2013 年的科学创新联系已经拓展到 9 个长三角城市。除上海外，南京和杭州也逐渐与其他长三角城市产生了科学创新联系。城市群尺度下的科学创新网络结构与基于形态视角下的长三角城市群的空间结构基本一致，上海、南京和杭州这三座城市之间的科学创新联系占据了城市群尺度下科学创新网络的主导地位。同时，这三座城市与区域内其他较小城市之间也有相对较强的科学创新联系。根据阿科斯塔等人（Acosta et al., 2011）和安德森等人（Andersson et al., 2014）的研究结论，可以推测出较小的城市更倾向于寻求创新发展，并希望通过与那些更易获得资金支持与研究资源的大城市合作构建科学创新网络，从而提升其在科学创新网络中的地位。

除了上海与苏州以及上海、南京和杭州之间的科学创新联系外，省内城市之间的科学创新联系近年来也在逐渐增强。例如，从 2013 年的科学创新网络图中可以看出，江苏省内的南京与常州、镇江、无锡和苏州已经出现了较为明显的科学创新联系。这在一定程度上也体现了安德森等人（Andersson et al., 2014）所发现的特点，即城市科学创新联系可能存在"同省"效应。换言之，属于同一省份不同城市之间（特别是省会城市与省内其他城市之间）的科学创新联系一般要高于来自不同省份不同城市之间的科学创新联系。一方面，尽管上海与长三角大部分城市均有科学创新联系，但部分城市与南京和杭州这两座省会城市的科学创新联系强度要高于与上海的科学创新联系强度。例如，南通与南京的论文合作数量高于南通与上海，类似的还有南京与无锡、南京与常州、金华与杭州等。另一方面，南京与浙江省内城市、杭州与江苏省内城市之间的科学创新联系整体而言也低于其与各自省内城市的科学创新联系。地理邻近对创新合作的影响、跨省科研合作的体制机制障碍以及地方保护主义可能是造成"同省"效应的原因。例如，尽管中央政府在不断促进省际间的科学技术合作，但省级政府为了省内利益的最大化，往往可能会更倾向于鼓励和支持省内城市间的科学创新合作（陈承堂和王婷，2003; Scherngell and Hu, 2011）。此外，近年来新出现了南京与常州之间、南京与无锡之间的科学创新联系，其原因可能是由于创新资源相对匮乏的地区采取了新的扩张战略。例如，为了推动当地科学的快速发展，常州和无锡均积极推动与位于南京的著名大学（如南京大学、东南大学）合作，鼓励和支持这些高校异地建设新校区或研究院。

（三）国家尺度下的科学创新网络

整体而言，研究期内长三角城市群内部城市与国内其他城市之间的科学创新联系强度也得到了明显提升。然而，多数合作集中于省会城市和直辖市之间，这可能是由于这类城市更易获得研究资金和创新资源。此外，在寻求与外部建立科学创新联系的过程中，长三角城市群内部的城市往往更倾向于选择与北京合作，这一特点从上海与北京之间、南京与北京之间、杭州与北京之间紧密的科学创新联系中可见一斑。北京对科学创新合作的吸引力不言而喻，其拥有中国最顶尖的两所大学（清华大学和北京大学）以及中国最大的科研机构（中国科学院）。据不完全统计，中国科学院在中国 23 个省、市、自治区拥有 98 个研究所和 11 个分支机构。上述科学创新合作过程中的空间倾向在安德森等人（Andersson et al., 2014）的研究中也得到了论证。

同样值得关注的是，上海在国家尺度下与一些非省会城市（如大连、青岛和深圳）之间形成了较为紧密的科学创新网络。尽管这些非省会城市的高校和科研院所数量并不丰富，但它们普遍具有较好的经济发展基础，有的甚至超过了各自的省会城市。产生这类科学创新联系的原因有很多。例如，这可能与国家的一些大型研究计划有关，如 863 计划、973 计划等。这些大型研究计划通常会涉及来自不同省份的大学和科研机构（Hu and Jefferson, 2008; Jonkers, 2010; Suttmeier and Cao, 1999）。此外，前文提及的某些城市采用的知识扩张战略也可以解释这些科学创新联系的形成。例如，深圳早期的科教资源相对匮乏，直到 2013 年才和上海之间出现较为紧密的科学创新联系。这可能得益于近年来深圳市政府投入大量资金吸引外地高水平大学设立分校或研究院，香港中文大学、清华大学、北京大学等世界知名大学目前均在深圳设立了分校或研究生院，这些举措极大地丰富了深圳的科技创新资源。

（四）全球尺度下的科学创新网络

与城市群尺度及国家尺度下的城市科学创新联系相比，长三角城市群在全球尺度下的科学创新联系强度相对较弱。然而，从绝对数值上来看，长三角城市群内部城市和全球尺度城市之间的科学创新联系在研究期内也呈现出较为显著的增长趋势。

在全球尺度下，上海在科学创新网络中的主导作用最为突出[①]。考虑到上海在中国对外开放和科学体系中的重要地位，这一结论也符合预期。具体而言，上海与大部分全球尺度下的城市之间保持了较为紧密的科学创新联系，而南京仅与中国香港、新加坡和东京（仅在 2001 年）之间存在一定的科学创新联系，杭州仅和中国香港有较为紧密的科学创新联系。事实上，2013 年全球尺度下科学创新联系最为紧密的 10 个"城市对"中就有 7 个与上海有关，2 个与南京有关，1 个与杭州有关。这也意味着长三角城市群科学创新网络在全球尺度下的功能多中心程度将相对较低。

另一个值得注意的结论是，中国香港和新加坡，而非伦敦或纽约，与上海和南京的科学创新联系最为紧密。这一点与泰勒等人（Taylor *et al*., 2014a）基于高端生产性服务业企业联系的视角研究世界城市网络的结论不一致。在他们有关"城市对"的分析中，上海与伦敦的城际联系最强，其次是纽约。一个可能的解释是，市场导向下的企业间联系和研究导向下的科学创新联系具有不同的性质。

（五）长三角城市在多尺度科学创新网络中的类型划分

结合第三章第一节关于城市节点与网络整体关系特征的分析，以长三角各城市 2012～2014 年发表论文总量的平均值表示城市的创新能力，对长三角城市的创新能力（中心性）和对外创新联系能力（节点性）进行聚类分析，可以将不同空间尺度下长三角城市在科学创新网络中的发展类型分为四类。

如表 4-4 所示，上海在城市群尺度被划分为创新离线城市，这或许违背一般的

[①] 这里是指在长三角城市群内部的城市中，上海在全球尺度的科学创新网络中占主导地位。当然，根据安德森等人（Andersson et al., 2014）的研究，上海的主导作用自然无法和北京相比，但是此处我们只关注长三角城市群内部城市之间的比较，并不关注上海与北京之间的比较。

直观认识。然而，上海 2012~2014 年发表的论文平均数量达 26 278 篇，而与长三角城市群内部城市合作的论文数量仅有 3 669 篇。与上海形成显著对比的是，南京和杭州的论文平均数量分别为 17 279 篇和 10 609 篇，与长三角城市群内部城市合作的论文数量则分别达到了 3 812 篇和 2 357 篇。事实上，这正从国家和全球尺度反映了上海在长三角城市群内承担的双重作用，即一方面作为龙头城市引领长三角整体的创新能力，另一方面作为枢纽城市推动长三角与国家和全球主要城市之间形成科学创新联系。换言之，上海在长三角城市群内的创新枢纽职能则更多地被南京、杭州、苏州、无锡等城市所分解。从全球尺度看，杭州、苏州、无锡等城市尽管拥有较强的创新能力，但其对外科学创新联系较弱，长期而言将不利于这类城市在全球化时代实现科学创新能力的可持续发展。

表 4-4 长三角城市在不同尺度科学创新网络中的发展类型划分

城市类型	城市群尺度	国家尺度	全球尺度
创新首位城市	南京、杭州	上海	上海
创新枢纽城市	苏州、无锡、南通、宁波、常州、温州、镇江	南京、杭州、苏州	南京
创新离线城市	上海、徐州	无锡、徐州、镇江	杭州、苏州、无锡、宁波、镇江、徐州
创新边缘城市	扬州、盐城、淮安、连云港、宿迁、泰州、金华、丽水、衢州、舟山、台州、嘉兴、绍兴、湖州	南通、宁波、常州、温州、扬州、盐城、淮安、连云港、宿迁、泰州、金华、丽水、衢州、舟山、台州、嘉兴、绍兴、湖州	南通、常州、温州、扬州、盐城、淮安、连云港、宿迁、泰州、金华、丽水、衢州、舟山、台州、嘉兴、绍兴、湖州

二、长三角城市多尺度技术创新网络的结构演化

与长三角城市多尺度科学创新网络一样，长三角城市多尺度技术创新网络的结构在 2005~2013 年也发生了显著变化。图 4-3 和 4-4 展示了 2005 年、2009 年和 2013 年（间隔年份为 4 年）不同地理尺度下城市间技术创新网络的结构演化。这三个时间节点也与前文分析的科学创新网络的时间节点保持一致。囿于空间限制，每年的图中仅展示具有 4 件及以上合作专利的"城市对"。此外，为了降低可视化难度，并考虑到不同地理尺度之间的技术创新联系，图中只展示了与长三角城市群内

部城市之间技术创新联系最紧密的前 15 座全球尺度城市[①]。图 4-3 和 4-4 与图 4-1 和 4-2 的解释类似，图中线条的粗细与城市之间合作专利的数量成正比。每张图都有三个层次，每层包含相应地理尺度的城市。由于城市之间的合作专利数量较少，因此不同年份的网络图均采用了统一的图例（即线条的粗细）来表示城市间技术创新联系强度，这与科学创新网络图的处理方式略有不同。后者针对不同的年份采用不同的图例，主要是因为城市间合作论文数量增长迅速，使用统一图例有利于直观地通过线条粗细观察到城市间合作专利数量的变化。下文分别论述技术创新网络的总体结构和不同地理尺度下技术创新网络的结构特征。

（一）技术创新网络的总体结构

总体而言，长三角多尺度城市技术创新网络的结构呈现出以下几方面的演化特征。首先，2005~2015 年，不同地理尺度下城市之间的技术创新联系强度一直在不断提升，这主要表现为城市间合作专利的数量不断增加，以及不同地理尺度下参与技术创新合作的城市数量也在不断增加。例如，以城市群尺度下上海与南京的技术创新合作为例，两者的技术创新联系在 2005 年十分微弱，2009 年两者的合作专利数量增加到 4 件，2013 年继续增加到 10 件，两者的技术创新联系显著增强。事实上，长三角城市群内部城市之间技术创新联系的不断强化也可以从已有的一些研究中得到预期。例如，部分研究发现，全球尺度下各国之间（De Prato and Nepelski, 2012）以及国家尺度下各都市圈（省份）之间的技术创新联系均出现了不同程度的提升（Gao et al., 2011; Ó hUallacháin and Lee, 2014; Sun, 2016）。

其次，尽管 2005 年长三角城市群和国家尺度下的城市之间几乎没有技术合作，但近年来城市群尺度与国家尺度下城市之间的技术创新联系不断增强，表明了技术创新联系可以存在于不同地理尺度范围内，这也进一步支持了城市技术创新网络具有多尺度的典型特征。同时，这一多尺度特征也与其他研究的结论基本一致（Gao et al., 2011; Krätke, 2010; Wilhelmsson, 2009）。

第三，不同地理尺度下的技术创新网络存在显著差异。在 2005~2013 年，长三角城市群内部城市与全球尺度城市之间的技术创新联系增长迅速，远超过长三角城市群内部城市与国内其他城市之间以及长三角城市群内部城市之间的技术创

[①] 对全球尺度的城市而言，与长三角城市群内部城市拥有 4 件及以上合作专利的全球城市数量在 2005 年、2009 年和 2013 年分别为 18 个、51 个和 62 个。

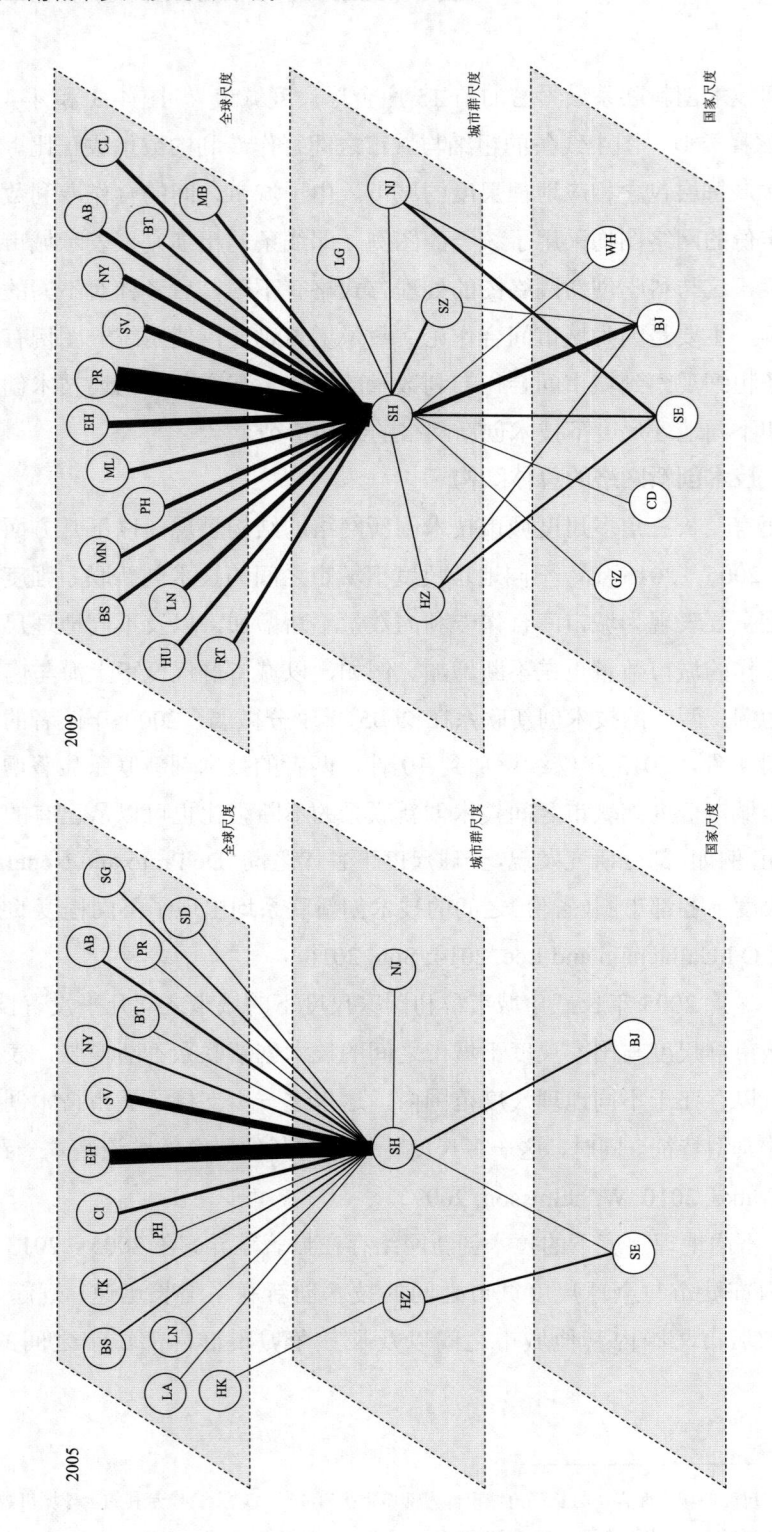

图 4-3　长三角城市多尺度技术创新网络：2005 年（左）和 2009 年（右）

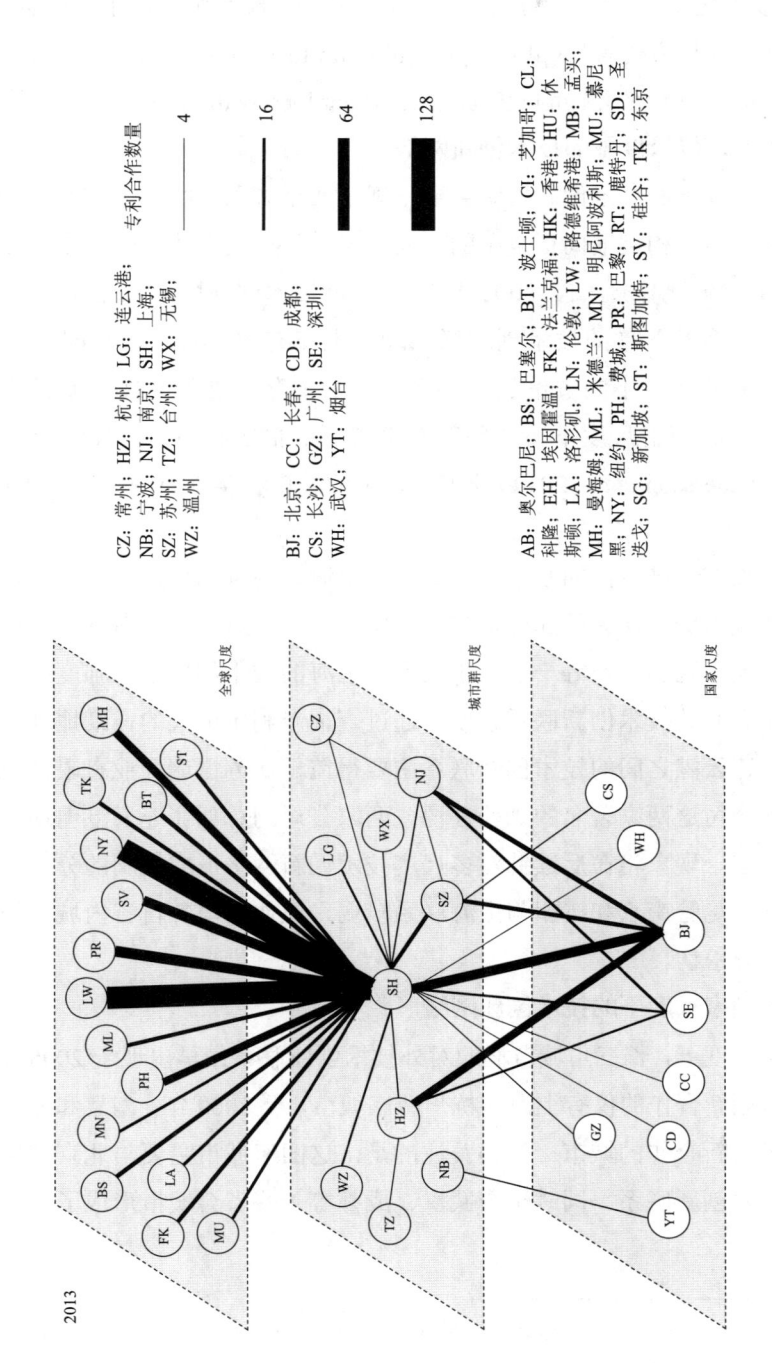

图 4-4 长三角城市多尺度技术创新网络：2013 年（左）和图例（右）

专利合作数量
— 4
— 16
■ 64
■ 128

CZ: 常州；HZ: 杭州；LG: 连云港；NB: 宁波；NJ: 南京；SH: 上海；SZ: 苏州；TZ: 台州；WX: 无锡；WZ: 温州

BJ: 北京；CC: 长春；CD: 成都；CS: 长沙；GZ: 广州；SE: 深圳；WH: 武汉；YT: 烟台

AB: 奥尔巴尼；BS: 巴塞尔；BT: 波士顿；CI: 芝加哥；CL: 科隆；EH: 埃因霍温；FK: 法兰克福；HK: 香港；HU: 休斯顿；LA: 洛杉矶；LN: 伦敦；LW: 路德维希斯；MB: 孟买；ML: 曼海姆；MN: 米德兰；MU: 慕尼黑；NY: 纽约；PH: 费城；PR: 巴黎；RT: 鹿特丹；SD: 圣迭戈；SG: 新加坡；ST: 斯图加特；SV: 硅谷；TK: 东京

新联系[①]。换言之，长三角城市群的技术创新网络结构呈现出不同于集群到集群连接的"全球通道和地方传言"（global pipelines and local buzz）的结构特征，而呈现出"全球联系但地方断联"（globally connected but locally disconnected）的特征。

（二）城市群尺度下的技术创新网络

城市群尺度下的技术创新网络主要呈现出两个方面的特征。首先，城市群尺度下技术创新网络结构逐渐向更复杂的方向发展。如前文所述，随着参与技术创新网络的城市数量不断增加，自 2005 年以来城市技术创新网络的结构发生了显著变化。然而，大多数新增的技术创新联系均与上海有关，其次才是同一省份城市之间的技术创新联系。不同省份的城市之间几乎不存在显著的技术创新联系，这一点和前文针对城市群尺度下科学创新网络特征的描述相似，并且进一步证实了安德森等人（Andersson et al., 2014）研究中发现的城市科学创新网络结构所具有的"同省"效应。

其次，长三角城市群的三个中心城市（上海、南京和杭州）之间的技术创新联系并不像传统意义上认为的那样紧密。事实上，与上海技术创新联系最密切的是苏州。此外，连云港和温州等一些中小城市与上海的技术创新联系强度也高于上海与南京或杭州之间的技术创新联系强度。通过查询专利申请人的详细地址信息可以发现，上海与连云港之间的技术创新联系主要得益于江苏恒瑞药业有限公司和江苏汉森药业有限公司这两家著名的制药公司。两家公司的总部在连云港但均在上海设有研发中心，这一现象将在后续针对多尺度技术创新网络形成机制的分析中做进一步探讨。当然，尽管南京和杭州与上海联系较弱，但他们与各自省内城市的技术创新联系仍然十分密切。

（三）国家尺度下的技术创新网络

在国家尺度下，长三角城市群的对外技术创新联系最早出现于 2005 年，当时参与对外技术创新合作的仅有上海和杭州两座城市，至 2009 年，南京和苏州也成为参与全国技术创新合作的城市。值得关注的是，这四座城市主要与北京和深圳存在较为紧密的技术创新联系，同时也与武汉、成都等一些省会城市形成了一定的技术创

---

① 本书在研究过程中选取了一个相对较低的阈值（不少于 4 件合作专利），以使得在城市群和国家尺度下的城市间可见更多的技术创新联系。例如，如果将阈值提高到 6 件合作专利，那么此时大部分城市群尺度和国家尺度的城市间技术创新联系将无法显现，但仍然可观察到大部分长三角城市群内部城市与全球尺度城市之间的技术创新联系。

新联系。

从这个意义上讲，长三角城市群内部城市与国内其他城市之间的技术创新网络结构可以认为受政治资源和市场驱动的双重影响，这也与马海涛等人（Ma et al., 2015）的观点一致，即省会城市（或直辖市）以及经济强劲的非省会城市是构建城市技术创新网络的主体。一些典型事实也进一步反映了技术创新网络中存在的空间倾向问题。例如，大多数参与国家尺度技术创新合作的城市均是直辖市或省会城市（如上海，南京、杭州、北京、广州、武汉、成都）。市场驱动的特征主要体现在一些非省会城市（如苏州和深圳）也参与到了技术创新合作中。以深圳为例，全球最大的电信设备制造商——华为技术有限公司将总部设立在深圳，并已经在上海、南京和苏州等许多地区均建立了研发中心，而这些分布在全国各地的研发中心通常与深圳总部联合申请发明专利，从而推动了所在城市与深圳之间的技术创新联系。

（四）全球尺度下的技术创新网络

与城市群尺度和国家尺度相比，长三角城市群内部城市与全球其他城市之间的技术创新联系最强。然而，全球尺度下的技术创新联系在长三角城市群内部的分布并不均衡。事实上，上海与全球城市间的技术创新联系在整个长三角城市群中占据主导地位，这也意味着长三角城市群技术创新网络在全球尺度下的功能多中心程度将相对较低。进一步分析可以得出如下两个结论。

首先，与上海存在技术创新联系的全球城市在构成上并不稳定。例如，艾恩霍芬（Eindhoven）与上海的技术创新联系在 2005 年较为紧密，但两者之间的联系强度随后不断减弱，甚至到 2013 年，艾恩霍芬已经不再是与上海技术创新联系最紧密的前 15 座城市之一。相反，此前与上海技术创新联系较弱的路德维希（Ludwigshafen）和巴黎（Paris）在近年来与上海的技术创新联系不断增强。

其次，与上海技术创新联系较为紧密的城市在构成上也较为多元。这些城市不仅包括一些世界著名的大城市（如纽约、伦敦、巴黎、东京），也包括了一些通常称不上是世界城市的小城市（如路德维希、巴赛尔）。这种多元化的城市构成表明，基于技术创新联系形成的城市网络不仅会受到世界城市的影响，还可能会受到全球生产网络的影响。事实上，这些小城市之所以与上海形成较为紧密的技术创新联系，其主要原因在于他们通常是一些大型跨国公司总部所在地，而这些跨国公司一般会在上海设有分支机构或研发中心。例如，路德维希是全球化工业巨头巴斯夫（BASF）的总部所在地，巴斯夫于 2012 年在上海建立了亚太研发中心，这也部分解释了为什么上海在 2013 年与路德维希的技术创新联系在全球尺度上最为紧密。

三、科学创新网络与技术创新网络的对比

长三角城市多尺度科学创新网络和技术创新网络之间的异同可以从以下四个方面加以论述。

首先，长三角城市多尺度科学创新网络和技术创新网络在各自的研究期内均呈现出显著的增长趋势。前文的论述也表明它们的结构演化并不受地理范围的限制，而是可以广泛存在于不同地理尺度之间，这与已有的一些相关研究在结论上保持了一致（Amin and Cohendet, 2004; Andersson et al., 2014; Bathelt et al., 2004; Matthiessen et al., 2010; Simmie, 2003）。

其次，长三角城市群内部城市整体上与国内其他城市之间保持了最为紧密的科学创新联系，而与全球尺度城市之间保持了最为紧密的技术创新联系。造成这种差异的原因可能是科学创新与技术创新本身存在着较为显著的性质差异，前者通常以研究为导向，由大学和科研机构主导形成，而后者常常被认为与跨国公司主导下的市场驱动行为有关。本书将在后续章节详细分析这两种创新网络背后的微观形成机制。

第三，上海在技术创新网络中的主导作用要比其在科学创新网络中的作用更为突出，这也意味着长三角城市群技术创新网络在不同地理尺度下的功能多中心程度将会相对较低。上海在长三角城市群技术创新网络上的绝对优势也进一步表明，与长三角城市群内的其他城市相比，上海在跨国公司数量上的绝对优势要强于其在高校和科研机构数量上的优势。事实上，南京、杭州与上海在高校和科研机构数量上的差距并不是特别大。

最后，尽管科学创新网络和技术创新网络结构均存在明显的"同省"效应与"发达城市"效应（即同省城市间更容易形成创新联系、长三角城市群内部城市更倾向于与北京等具有丰富创新资源的城市合作），但一些经济实力较强的非省会城市（如苏州、深圳、无锡、常州、温州）也存在较强的对外技术创新联系，表明技术创新网络同时也具有一定的市场驱动特征。

第三节 长三角城市多尺度创新网络的功能多中心演化

上一节分析了长三角城市多尺度科学创新网络与技术创新网络的结构演化特征，揭示了长三角城市群内部城市与不同尺度城市间的创新合作格局，也反映了长三角城市多尺度创新网络结构在不同地理尺度上分布的差异性。本节将通过测度不同地理尺度下长三角城市多尺度创新网络的功能多中心程度并分析其演化特征，对这些差异进行更为深入的探讨。

本节将首先测度和分析科学创新网络的功能多中心程度，随后测度和分析技术创新网络的功能多中心程度，最后对两者进行比较。如前文所述，本书对功能多中心的测度是基于城市对外创新联系分布的基尼系数。因此，下文将首先考察长三角城市群内部各个城市对外创新联系的分布模式，随后在此基础上测度功能多中心程度。每座城市的对外创新联系程度均是基于公式3-1计算得出，并且还以中间年份为中心进行三年移动平均，因此科学创新网络和技术创新网络的研究期分别为2001～2013年和2005～2013年。

功能多中心的测度需考虑纳入分析的城市数量问题，本书认为功能多中心的测度应基于特定数量的城市（通常是3到5个）而非城市群内的所有城市数量，这与梅杰斯等人（Meijers, 2008; Meijers and Burger, 2010）的观点一致。具体而言，本书分别选取了对外科学创新联系强度排名前四的城市以及对外技术创新联系强度排名前四的城市测度长三角多尺度科学创新网络与技术创新网络的功能多中心程度。不选择排名前三或者排名前五的城市进行测度主要是基于以下两个方面原因的考虑。首先，基于四个城市测度的基尼系数理论上要比基于三个城市的测度结果更为精确。其次，排名前五的城市在构成上变化较大，而在稳定的城市体系中观察城市相对重要性的变化更有利于比较差异。

一、长三角城市多尺度科学创新网络的功能多中心

（一）不同地理尺度下长三角城市对外科学创新联系的分布状况

囿于空间限制，图4-5到4-7仅展示了特定年份（2001年、2005年、2009年

和 2013 年)下长三角城市在不同地理尺度下的对外科学创新联系分布情况,从中可以得出一些结论。可以明显地看到,长三角城市在城市群尺度下的对外科学创新联系增长最为显著,与国内其他城市的创新联系增长较缓,而在全球尺度下仅上海、南京和杭州这三座城市的对外科学创新联系有明显增长。这也意味着只有少数城市才能与更高地理尺度下(国家和全球)的城市产生科学创新联系,这一特点也与前文所描述的国内和全球尺度下城市间科学创新联系的结构特征一致(图 4–1 和 4–2)。此外,这也意味着长三角城市群在国家和全球尺度下的功能多中心程度可能要低于城市群尺度下的功能多中心程度。

其次,无论在哪个地理尺度上,上海、南京、苏州和杭州四座城市均具有最强的对外科学创新联系,这也进一步支撑了选取这四座城市测度功能多中心的合理性。同时,这四座城市与国内其他城市的对外科学创新联系最为紧密,其次是与全球城市的对外科学创新联系,再次是与长三角城市群内部城市的科学创新联系,这也与图 4–1 和 4–2 的结论一致。

最后,也是较为有趣的一个结论,南京的对外科学创新联系尽管在国家和全球尺度下弱于上海,但南京与长三角城市群内部城市的科学创新联系强度在 2013 年超过了上海[①],从图 4–2 中也能看出南京与长三角城市群内的其他城市之间存在较为紧密的科学创新联系。考虑到上海在长三角城市群中的主导地位,这一结论在一定程度上也是出乎意料的,且这一发现也不同于部分学者基于企业内部联系得出的上海与长三角其他城市之间经济联系最为紧密的结论(唐子来和李涛,2014)。产生这一现象的原因可能包括以下三个方面。首先,这可能与前文所述的"同省"效应有关(Andersson et al., 2014)。事实上,省内城市之间确实更容易形成紧密的科学创新联系,而位于不同省份的城市在申请研究项目、共享研究资源、分配研究资金等方面都会面临一系列的困难。南京作为江苏省的省会,无疑是省内其他城市寻求科学创新联系的理想城市。其次,南京拥有较多的大学和科研机构,这也可以解释为什么杭州的对外科学创新联系较弱,主要是因为杭州的高校和科研机构数量有限。第三,这可能与城市的科学创新发展战略有关。正如长三角城市群的小城市会向大城市寻求科学创新联系一样,上海的高校和科研机构可能更愿意与国内诸如北京、广州等主要城市以及全球其他国家的城市开展科学创新合作,这也可以解释为什么上海在国家和全球尺度下的科学创新网络中占据主导作用。

---

① 事实上,南京与长三角城市群内部城市的科学创新联系从 2012 年开始就超过了上海。

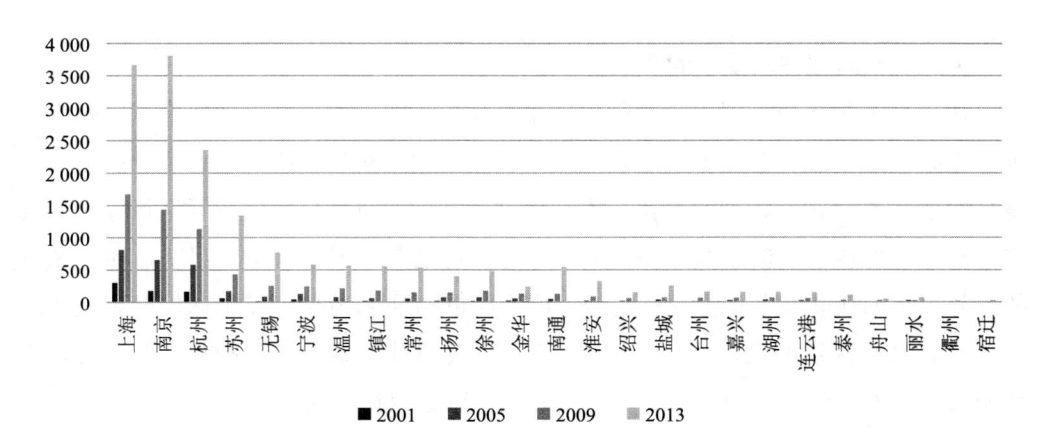

图 4–5　城市群尺度下长三角城市的对外科学创新联系程度

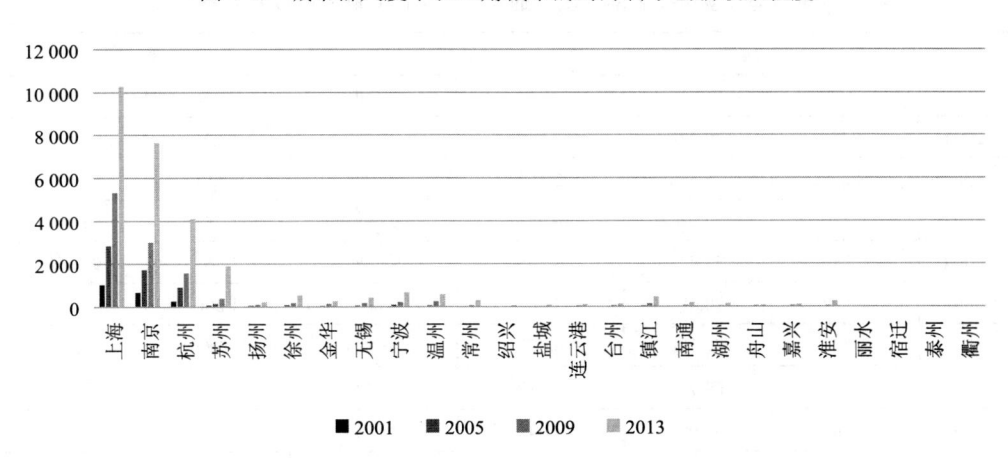

图 4–6　国家尺度下长三角城市的对外科学创新联系程度

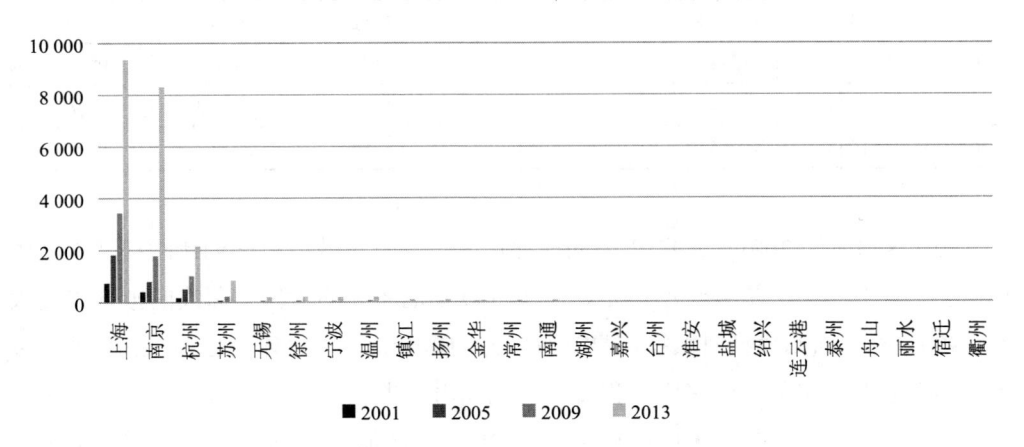

图 4–7　全球尺度下长三角城市的对外科学创新联系程度

（二）不同地理尺度下的功能多中心

基于公式 3–2 以及对外科学创新联系强度最高的前四位城市（即上海、南京、杭州和苏州），可以计算出不同地理尺度下长三角城市科学创新网络的功能多中心程度。如表 4–5 所示，这四座城市在不同地理尺度下的对外科学创新联系是长三角城市群整体对外科学创新联系的核心组成部分。特别是在国家和全球尺度，四座城市的对外科学创新联系之和占长三角城市群的比重超过了 80%，在全球尺度更是超过了 90%。值得注意的是，这一比重在近年来也呈现出一定的下降趋势，意味着长三角城市群内部其他非主要城市的对外科学创新联系也在不断增强。

表 4–5　不同地理尺度下排名前四城市的对外科学创新联系强度及其占总量的比重

年份	城市群尺度		国家尺度		全球尺度	
	总量	比重	总量	比重	总量	比重
2001	732	79.4%	2 032	93.2%	1 344	95.6%
2002	869	75.6%	2 451	92.3%	1 611	95.0%
2003	1 280	72.8%	3 281	91.9%	2 052	95.2%
2004	1 740	73.4%	4 345	91.0%	2 567	95.1%
2005	2 157	70.4%	5 608	90.0%	3 206	94.7%
2006	2 779	71.1%	6 472	88.8%	3 687	94.1%
2007	3 035	68.7%	7 519	88.1%	4 322	93.9%
2008	3 786	69.9%	8 641	86.7%	5 055	93.4%
2009	4 799	67.8%	10 270	86.0%	6 452	93.0%
2010	5 452	66.8%	12 413	85.1%	8 656	93.2%
2011	7 002	65.3%	15 534	84.8%	12 666	93.9%
2012	8 831	64.3%	19 649	84.6%	16 543	93.9%
2013	11 490	64.7%	23 904	83.7%	20 665	93.5%

图 4–8 显示了 2001～2013 年不同地理尺度下长三角城市科学创新网络功能多中心程度的计算结果。需要说明的是，用于计算基尼系数的洛伦兹曲线的拟合优度大于 0.995，表明回归模型对数据信息具有较好的拟合优度。总体而言，长三角城市多尺度科学创新网络的功能多中心程度在研究期内发生了较为显著的变化。

在城市群尺度，功能多中心程度从 0.728 稳步增加至 0.794，表明长三角城市群内部城市对外科学创新联系的分布越来越均衡。这一结论与一些关注城市群内部其他子系统的功能多中心结构的研究结论一致。例如,德戈伊等人(De Goei *et al.*, 2010)通过分析英国大东南地区居民的通勤模式,证实了该地区多中心网络化的发展趋势。赵渺希等人(2015)分析了长三角基于企业联系形成的城市网络,发现长三角城市群的功能多中心程度近年来也在不断提升。

在国家尺度,功能多中心程度整体上从 0.564 增加至 0.678,尽管在 2003 年到 2008 年期间略有下降,这一结果也意味着长三角城市群内部的城市与全国其他城市之间的科学创新网络结构逐渐向功能多中心的方向发展。这也与 Hong(2008)发现的中国省域尺度的创新空间结构呈现"去中心化"特征的结论一致。特别值得一提的是,近年来长三角城市群内部城市与全国其他城市之间的科学创新联系强度的差距正在逐步缩小。例如,上海与全国其他城市的科学创新联系强度在 2001 年是苏州的 15 倍,但这一差距在 2013 年已经缩小至 5 倍。

在全球尺度,功能多中心程度整体上从 0.528 略微增长至 0.585,期间呈现出明显的波动特征。这一结果表明长三角城市群内部城市与全球其他城市之间的科学创新网络结构虽然已经具有形成功能多中心结构的基础,但目前仍然没有足够的证据认为全球尺度下长三角城市群的科学创新网络已经呈现出功能上的多中心。事实上,长三角城市群在全球尺度的科学创新网络仍然由上海主导。例如,上海 2013 年在全球尺度的对外科学创新联系强度占前四大城市总量的 43%。

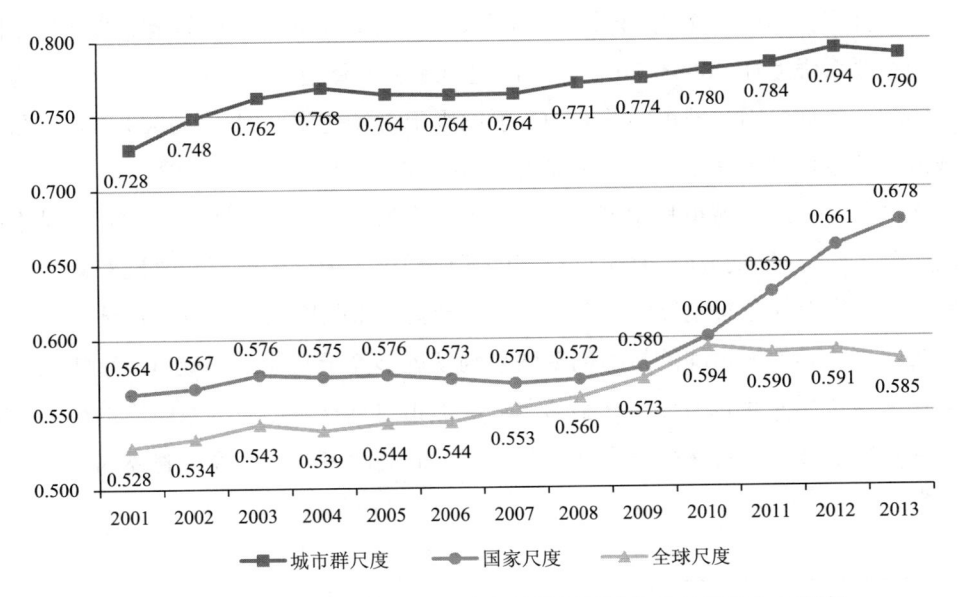

图 4-8　不同地理尺度下长三角城市科学创新网络的功能多中心程度

通过对比不同地理尺度下的功能多中心程度可以发现，功能多中心程度随着地理尺度的扩大而降低，这与国内外学者针对多中心城市区域的研究结论保持一致。前文关于长三角城市群各个城市对外科学创新联系分布模式的分析一定程度上可以解释这一结论。此外，前文探讨的"同省"效应以及区域保护主义等均是这四座城市与城市群内部其他城市之间科学创新联系差别较小的原因。具体而言，江苏省和浙江省内的城市更倾向于与各自的省会城市（南京和杭州）一起构建科学创新网络。然而，得益于丰裕的创新资源，上海在国家和全球尺度下的对外科学创新联系要显著高于其他三座城市，从而使得长三角城市群科学创新网络在国家和全球尺度下的功能多中心程度较低。

二、长三角城市多尺度技术创新网络的功能多中心

（一）不同地理尺度下长三角城市对外技术创新联系的分布状况

囿于空间限制，图4–9到4–11仅展示了特定年份（2005年、2009年和2013年）下长三角城市与不同地理尺度城市之间技术创新联系的分布情况，从中可以得出一些结论。首先，在2005～2013年，长三角城市在不同地理尺度下的对外技术创新联系总体上呈增长趋势，但某些城市仍存在波动。例如，杭州与全国其他城市的技术创新联系强度在2005～2009年出现了下降趋势，南京市和杭州市与全球其他城市的技术创新联系强度在2009～2013年期间也出现了下降趋势[1]。由于技术创新网络具有市场驱动特征，因此城市间的波动可能归因于市场变化。例如，2009年长三角部分城市对外技术创新联系的变化可能受2008年爆发的全球金融危机影响。

其次，与长三角城市科学创新网络类似，上海、苏州、南京和杭州仍然是不同地理尺度下对外技术创新联系强度最高的四座城市，但这四座城市之间在对外技术创新联系强度上的分布差异要比对外科学创新联系强度上的分布差异显著。例如，上海在与全球其他城市间的技术创新联系强度远远高于其他三座城市。事实上，从图4–3和4–4中也可以看到这一显著差异。城市对外技术创新联系强度的巨大差异也意味着城市技术创新网络在不同地理尺度下的功能多中心程度要整体弱于科学创新网络。

---

[1] 事实上，长三角城市群内最大的四座城市（上海、苏州、南京和杭州）与全球其他城市的技术创新联系自2011年均呈现出一定的下降趋势。

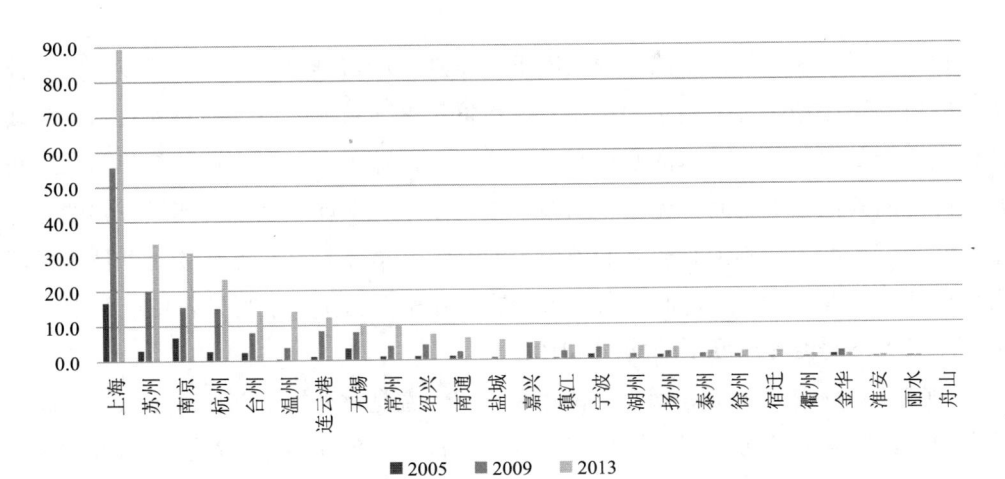

图 4–9　城市群尺度下长三角城市的对外技术创新联系程度

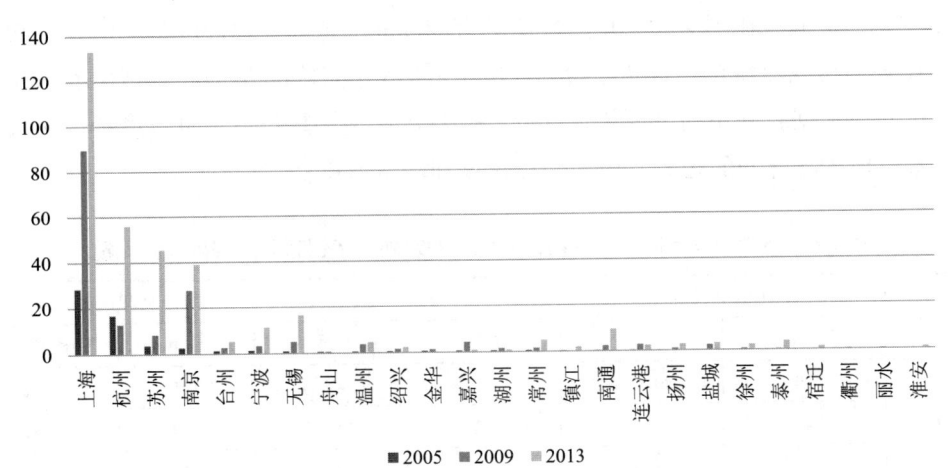

图 4–10　国家尺度下长三角城市的对外技术创新联系程度

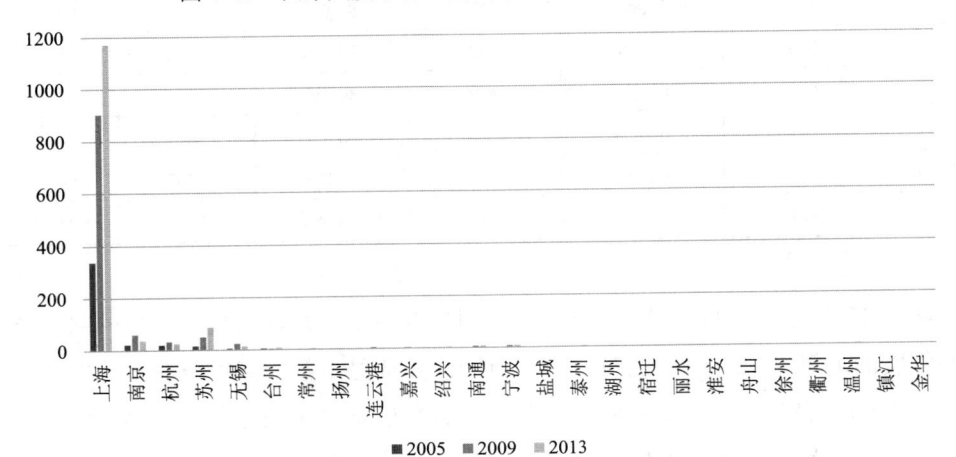

图 4–11　全球尺度下长三角城市的对外技术创新联系程度

此外，近年来苏州在不同地理尺度下（特别是城市群尺度和全球尺度）的对外技术创新联系已经超过了南京和杭州。城市群尺度下，苏州较强的对外技术创新联系强度可能归因于其与上海的密切联系。事实上，除了上海和南京，苏州与长三角城市群内的其他城市之间并无密切的技术创新联系。全球尺度下，苏州较强的对外技术创新联系可能与其拥有较多的外资企业有关。总体而言，苏州的对外技术创新联系显著高于南京和杭州，而南京和杭州的对外科学创新联系则显著高于苏州。

（二）不同地理尺度下的功能多中心

2005~2013 年，上海、南京、杭州和苏州一直是对外技术创新联系强度最高的四座城市。表 4-6 中显示了这四座城市的对外技术创新联系之和在长三角城市群整体对外技术创新联系中所占的比重。可以看出，尽管这一比重在城市群尺度较低（约 60%~70%），但其在国家和全球尺度均拥有较高的数值（全球尺度甚至达到了 95% 左右），说明这四座城市在这两个地理尺度上的对外技术创新联系已经成为长三角城市群对外技术创新联系的主要构成部分。此外，这一比重在城市群尺度和国家尺度近年来呈现逐渐降低的趋势，但在全球尺度却基本保持稳定。

表 4-6 不同地理尺度下排名前四的城市的对外技术创新联系强度及其比重

年份	城市群尺度		国家尺度		全球尺度	
	总量	比重	总量	比重	总量	比重
2005	29	68.0%	51	84.6%	395	95.6%
2006	42	69.0%	62	79.9%	554	95.6%
2007	60	66.5%	90	80.8%	725	94.8%
2008	76	66.8%	112	82.6%	870	94.9%
2009	106	64.4%	138	79.3%	1044	93.8%
2010	135	62.7%	199	80.7%	1350	93.9%
2011	163	62.0%	249	80.9%	1649	94.1%
2012	170	62.5%	257	81.8%	1537	94.7%
2013	177	61.9%	274	78.6%	1319	95.2%

图 4-12 显示了 2005—2013 年不同地理尺度下长三角城市技术创新网络功能多中心程度的测算结果。需要说明的是，用于计算基尼系数的洛伦兹曲线的拟合优度值大于 0.99，表明回归模型非常好地利用了数据信息。与长三角城市多尺度科学创新网络类似，长三角城市多尺度技术创新网络的功能多中心程度在研究期内也发生

了较为显著的变化。

在城市群尺度，功能多中心程度从 2006 年的 0.593 稳步增加至 2010 年的 0.718，从 2010 年到 2013 年略有下降，表明长三角城市对外技术创新联系的分布越来越均衡。此外，功能多中心程度的提高也意味着前四位城市之间在对外技术创新联系强度方面的差距逐渐缩小，这一特征也与前文针对科学创新网络和已有基于其他城际联系类型的研究所得结论一致（De Goei *et al.*, 2010）。

在国家尺度，功能多中心程度从 2005 年到 2006 年有略微下降，随后从 2006 年的 0.464 稳步增加至 2013 年的 0.677，这意味着长三角城市与全国其他城市之间技术创新网络的功能多中心程度不断提升，前四位城市在这一尺度的对外技术创新联系的差距也在缩小。通过对数据的进一步分析发现，功能多中心程度的提高主要得益于近年来末位城市苏州的对外技术创新联系增速较快。例如，2005 年上海（排名第一）的对外技术创新联系是苏州（排名第四）的 42 倍，而到 2013 年这一数值仅为 3.4 倍多。

在全球尺度，功能多中心程度一直在不断波动，从 2005 年的 0.357 下降到 2007 年的 0.323，然后逐步上升到 2011 年的 0.348，而到 2013 年再次下降到研究期内的最低水平。与科学创新网络类似，功能多中心程度的不断波动表明全球尺度下长三角城市群还未呈现出功能上的多中心结构。事实上，这一发现在图 4-3 和图 4-4 中已可见一斑。上海主导了全球尺度下长三角城市群的技术创新网络格局，其在 2013 年的对外技术创新联系占四座城市总量的近 90%。

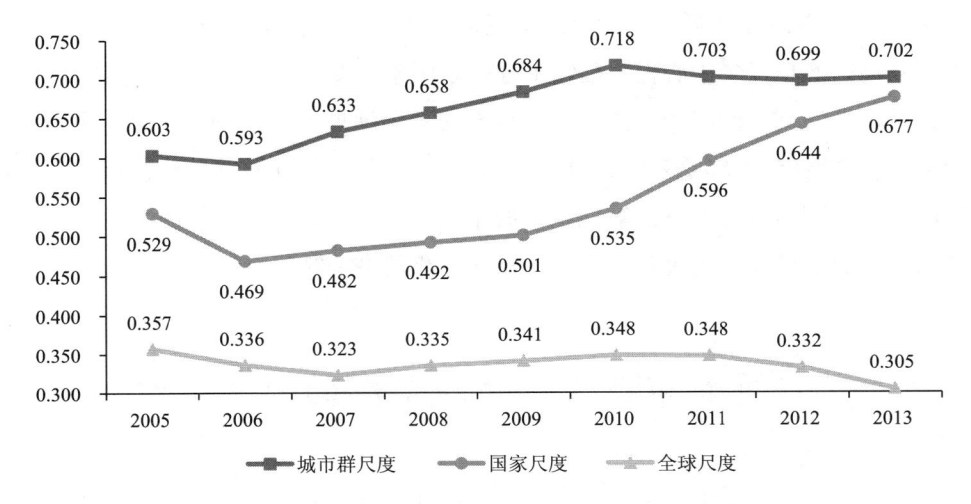

图 4-12　不同地理尺度下长三角城市技术创新网络的功能多中心度

技术创新网络的功能多中心程度总体上也随着地理尺度的提高而降低。然而，近年来国家尺度的功能多中心程度和城市群尺度下的功能多中心程度已经十分接近。通过对比不同地理尺度下的功能多中心程度可以发现，长三角城市群技术创新网络的功能多中心结构在城市群尺度最为明显，其次是在国家尺度，最后为全球尺度。

三、科学创新网络和技术创新网络的对比

长三角城市多尺度科学创新网络和技术创新网络在功能多中心方面的异同点可以从以下三个方面加以论述。

首先，尽管长三角城市多尺度科学创新网络和技术创新网络的功能多中心结构均在城市群尺度上更为明显，但前四座城市的具体位次略有差异。在城市群尺度下的科学创新网络中，2001~2011年对外科学创新联系排名前四的城市顺序一直是上海、南京、杭州和苏州。然而，南京在2012年之后取代上海成为对外科学创新联系度最高的城市。在城市群尺度和全球尺度下的技术创新网络中，研究期内对外技术创新联系前四位城市的排名则基本稳定，依次是上海、苏州、南京和杭州。

其次，虽然科学创新网络和技术创新网络的功能多中心程度均随着地理尺度的提高而降低，但两者的功能多中心程度在不同地理尺度之间的差距存在差异。一方面，国家尺度和全球尺度下科学创新网络功能多中心程度的差距从2001年到2010年不断缩小，但2011年后两者的差距又逐渐扩大。另一方面，近年来城市群尺度下技术创新网络的功能多中心程度已经十分接近国家尺度下的功能多中心程度。

最后，技术创新网络的功能多中心程度在各个地理尺度（特别是全球尺度）均低于科学创新网络的功能多中心程度。换言之，与技术创新网络的结构相比，科学创新网络在不同地理尺度下的功能多中心结构更为明显，这主要是因为上海在技术创新网络中的主导地位要显著强于其在科学创新网络中的地位。

第四节 重新审视长三角城市群的创新枢纽功能

上文关于长三角城市多尺度创新网络的结构特征及其功能多中心的演化分析为本节进一步探讨长三角城市群的创新枢纽功能奠定了基础。需要说明的是，由于城

市群的创新枢纽功能通常由其首位城市承担,因此有必要从创新网络的视角,重新审视上海在推动长三角城市群与世界其他城市进行创新合作过程中所发挥的作用。

一、不同地理尺度下上海的对外科学创新联系

在前文的相关分析中,我们已经可以发现长三角城市群在科学创新网络中承担创新枢纽功能的一些间接事实。首先,从绝对数值上看,上海与国家或全球城市之间的科学创新联系明显强于其与长三角城市群内部的其他城市。其次,从相对数值来看,功能多中心程度的变化也表明上海在科学创新网络中的主导地位随着地理尺度的提高而不断强化。可以说,上述两个发现均体现了上海在与不同尺度城市间的科学创新联系中存在着"国内和全球联系强而区域内部联系弱"这一显著特征,当然这里的联系"强"和"弱"是相对意义上的强弱。

表 4–7 到表 4–10 列出了在特定年份(2001 年、2005 年、2009 年和 2013 年)与上海科学创新联系最密切的前 40 个城市,以此进一步考察上海在科学创新网络中所发挥的创新枢纽作用。表 4–11 汇总了每个地理尺度下进入前 40 名城市的数量。从中可以看出,在研究期内不同地理尺度下前 40 名城市的构成结构较为稳定,其中:城市群尺度下的城市约有 5 个,国家尺度下的城市约有 21 个,全球尺度下的城市有

表 4–7 2001 年与上海科学创新联系最密切的 40 座城市

排名	城市	排名	城市	排名	城市	排名	城市
1	北京	11	济南	21	宁波*	31	*首尔*
2	中国香港	12	*东京*	22	*洛杉矶*	32	昆明
3	南京*	13	*新加坡*	23	长沙	33	青岛
4	杭州*	14	*大阪*	24	*休斯顿*	34	*巴黎*
5	合肥	15	成都	25	哈尔滨	35	福州
6	西安	16	苏州*	26	*伦敦*	36	*西雅图*
7	武汉	17	沈阳	27	重庆	37	*华盛顿*
8	广州	18	太原	28	*纽约*	38	*波士顿*
9	兰州	19	大连	29	郑州	39	*剑桥*
10	天津	20	长春	30	*悉尼*	40	*费城*

注:不同地理尺度的城市采用了不同的字体样式显示:长三角城市群尺度的城市以上标"*"显示,国家尺度的城市以常规形式字体显示,全球尺度的城市以斜体显示,下同。

表 4-8　2005 年与上海科学创新联系最密切的 40 座城市

排名	城市	排名	城市	排名	城市	排名	城市
1	北京	11	沈阳	21	青岛	31	昆明
2	中国香港	12	济南	22	长春	32	太原
3	南京*	13	大连	23	大阪	33	剑桥
4	杭州*	14	哈尔滨	24	苏州*	34	西雅图
5	武汉	15	长沙	25	郑州	35	巴黎
6	合肥	16	成都	26	纽约	36	斯德哥尔摩
7	广州	17	东京	27	伦敦	37	无锡*
8	新加坡	18	兰州	28	洛杉矶	38	波士顿
9	西安	19	休斯顿	29	宁波*	39	南昌
10	天津	20	重庆	30	桂林	40	首尔

注：不同地理尺度的城市采用了不同的字体样式显示：长三角城市群尺度的城市以上标"*"显示，国家尺度的城市以常规形式字体显示，全球尺度的城市以斜体显示，下同。

表 4-9　2009 年与上海科学创新联系最密切的 40 座城市

排名	城市	排名	城市	排名	城市	排名	城市
1	北京	11	成都	21	休斯顿	31	桂林
2	南京*	12	重庆	22	兰州	32	昆明
3	中国香港	13	大连	23	纽约	33	长春
4	杭州*	14	沈阳	24	洛杉矶	34	剑桥
5	广州	15	青岛	25	伦敦	35	无锡*
6	武汉	16	东京	26	南昌	36	悉尼
7	合肥	17	哈尔滨	27	波士顿	37	温州*
8	新加坡	18	长沙	28	郑州	38	宁波*
9	济南	19	苏州*	29	巴黎	39	福州
10	西安	20	天津	30	首尔	40	厦门

注：不同地理尺度的城市采用了不同的字体样式显示：长三角城市群尺度的城市以上标"*"显示，国家尺度的城市以常规形式字体显示，全球尺度的城市以斜体显示，下同。

表 4-10　2013 年与上海科学创新联系最密切的 40 座城市

排名	城市	排名	城市	排名	城市	排名	城市
1	北京	7	合肥	13	天津	19	东京
2	南京*	8	济南	14	纽约	20	青岛
3	中国香港	9	西安	15	重庆	21	沈阳
4	杭州*	10	苏州*	16	长沙	22	休斯顿
5	广州	11	成都	17	哈尔滨	23	伦敦
6	武汉	12	新加坡	18	波士顿	24	大连

续表

排名	城市	排名	城市	排名	城市	排名	城市
25	*悉尼*	29	长春	33	无锡*	37	福州
26	*剑桥*	30	*洛杉矶*	34	兰州	38	*费城*
27	深圳	31	*中国台北*	35	南昌	39	温州*
28	郑州	32	*巴黎*	36	*芝加哥*	40	昆明

注：不同地理尺度的城市采用了不同的字体样式显示：长三角城市群尺度的城市以上标"*"显示，国家尺度的城市以常规形式字体显示，全球尺度的城市以斜体显示，下同。

表 4–11　每个地理尺度中进入前 40 位城市的数量

地理尺度	2001	2005	2009	2013
城市群尺度	4	5	6	5
国家尺度	21	21	22	21
全球尺度	16	14	12	14

14 个。上海与国内城市之间的科学创新联系最为密切，前 40 名城市的分布模式也表明上海的对外科学创新联系更多地体现在国家和全球尺度，而与长三角城市群内部城市之间的科学创新联系较弱。这也符合伯格和梅杰斯（Burger and Meijers, 2012）的观点，即"城市系统中处于城市等级顶端的中心由于具有更好的可达性以及更高层次的功能属性，可能会与外部世界产生不均衡的联系。事实上，有些中心城市在全球或国家尺度履行相关职能，而有些中心城市则在区域或地区尺度履行相关职能"。

同时需要看到的是，上海在科学创新网络方面的全球影响力要弱于其在国内的影响力，未来还应进一步加强与长三角城市群内部城市之间的科学创新联系。目前，上海与长三角城市群的科学创新联系主要集中在南京和杭州两座城市，与长三角城市群内部的其他城市在科学创新联系方面较为薄弱。然而，若要更好地承担长三角城市群的创新枢纽功能，上海不仅需要具有较强的全球影响力，还应承担连接全球与地方的桥梁作用，否则将成为像卡斯特尔（Castells, 2000）所描述的那种"全球紧联但地方断联"的特大城市。

二、不同地理尺度下上海的对外技术创新联系

结合前文的相关分析，我们同样可以发现长三角城市群在技术创新网络中承担创新枢纽功能的一些间接事实。首先，从绝对数值上看，上海与全球城市之间的技

术创新联系明显强于其与全国其他城市以及其与长三角城市群内的其他城市。其次，从相对数值来看，全球尺度下技术创新网络的功能多中心程度较低且不断波动，这表明上海在长三角城市群全球尺度的技术创新网络中占据绝对主导地位。综合来看，上海与不同地理尺度的技术创新网络结构呈现出"全球联系较强但国内和区域内部联系较弱"的特征，当然这里的"强"和"弱"同样也是相对意义上的强弱。

表 4–12 到表 4–14 列出了特定年份（2005 年、2009 年和 2013 年）与上海技术创新联系最密切的前 40 个城市，进一步考察了上海在技术创新网络中所承担的创新枢纽功能。表 4–15 汇总了每个地理尺度下进入前 40 位城市的数量，可以看出研究期内不同地理尺度下排名进入前 40 位的城市数量基本也保持稳定。全球城市的数量在这 40 座城市中占据绝对的主导地位，而仅有 5 个城市群内部城市和国内城市排名进入前 40，进一步表明上海与长三角城市群内部城市以及国内其他城市的技术创新联系较弱。基于对这些城市的分析，我们可以进一步证实上海的技术创新网络结构呈现出"全球联系较强但国内和区域内部联系较弱"的特征，上海主要与全球城市建立了密切的技术创新联系，而与长三角城市群内部以及国内城市的创新联系较弱。

如前文所述，上海要发挥长三角城市群的创新枢纽功能，其不仅需要作为对外开放的窗口，还应该承担连接长三角城市群内部城市与全球尺度城市的桥梁作用。然而，上海目前的技术创新联系分布并不均衡，更像卡斯特尔（Castells, 2000）所描述的那类"全球紧联但地方断联"的特大城市。因此，就技术创新网络而言，上海

表 4–12　2005 年与上海技术创新联系最密切的 40 座城市

排名	城市	排名	城市	排名	城市	排名	城市
1	艾恩霍芬	11	波士顿	21	中国香港	31	慕尼黑
2	硅谷	12	洛杉矶	22	科隆	32	苏黎世
3	芝加哥	13	巴黎	23	明尼阿波利斯	33	法兰克福
4	奥尔巴尼	14	伦敦	24	斯图加特	34	杭州*
5	纽约	15	费城	25	广州	35	米卢斯
6	北京	16	鹿特丹	26	利物浦	36	洛桑
7	新加坡	17	孟买	27	汉密尔顿	37	悉尼
8	巴塞尔	18	南京*	28	休斯顿	38	斯德哥尔摩
9	东京	19	深圳	29	台州*	39	路德维希
10	圣迭戈	20	杜塞尔多夫	30	路易斯维尔	40	苏州*

注：不同地理尺度的城市采用了不同的字体样式显示：长三角城市群尺度的城市以上标"*"显示，国家尺度的城市以常规形式字体显示，全球尺度的城市以斜体显示，下同。

表4–13　2009年与上海技术创新联系最密切的40座城市

排名	城市	排名	城市	排名	城市	排名	城市
1	巴黎	11	巴塞尔	21	赫尔辛基	31	苏黎世
2	硅谷	12	明尼阿波利斯	22	东京	32	新加坡
3	艾恩霍芬	13	休斯顿	23	芝加哥	33	底特律
4	纽约	14	鹿特丹	24	深圳	34	斯图加特
5	北京	15	孟买	25	哈特福德	35	达拉斯
6	伦敦	16	波士顿	26	多特蒙德	36	法兰克福
7	奥尔巴尼	17	斯德哥尔摩	27	圣迭戈	37	利物浦
8	费城	18	路德维希	28	慕尼黑	38	迈阿密
9	米德兰	19	杜塞尔多夫	29	中国台北	39	连云港*
10	科隆	20	苏州*	30	中国香港	40	曼海姆

注：不同地理尺度的城市采用了不同的字体样式显示：长三角城市群尺度的城市以上标"*"显示，国家尺度的城市以常规形式字体显示，全球尺度的城市以斜体显示，下同。

表4–14　2013年与上海技术创新联系最密切的40座城市

排名	城市	排名	城市	排名	城市	排名	城市
1	路德维希	11	东京	21	海德堡	31	斯德哥尔摩
2	纽约	12	米德兰	22	伦敦	32	温州*
3	巴黎	13	苏州*	23	科隆	33	根特
4	硅谷	14	斯图加特	24	芝加哥	34	柏林
5	北京	15	洛杉矶	25	深圳	35	赫尔辛基
6	曼海姆	16	慕尼黑	26	布鲁塞尔	36	苏黎世
7	费城	17	明尼阿波利斯	27	哈特福德	37	鹿特丹
8	波士顿	18	奥尔巴尼	28	连云港*	38	波特兰
9	巴塞尔	19	杜塞尔多夫	29	休斯顿	39	新加坡
10	法兰克福	20	奥斯汀	30	中国台北	40	南京*

注：不同地理尺度的城市采用了不同的字体样式显示：长三角城市群尺度的城市以上标"*"显示，国家尺度的城市以常规形式字体显示，全球尺度的城市以斜体显示，下同。

表4–15　每个地理尺度中进入前40位城市的数量

地理尺度	2005	2009	2013
城市群尺度	4	2	4
国家尺度	3	2	2
全球尺度	33	36	34

要真正成为连接长三角城市群与国家和全球城市的创新枢纽还需要较长时间。在保持与全球城市密切联系的基础上，上海应该进一步加强与长三角城市群内部城市以及与国内其他城市之间的技术创新联系。

三、长三角城市群需要重视构建全球地方联系

（一）上海的发展愿景：从龙头城市到全球城市

长期以来，上海一直是长三角城市群经济发展的"龙头"城市。中央政府在1986年的《上海市城市总体规划》中就提出：要通过几十年的努力，把上海建设成为经济繁荣、科技先进、文化发达、布局合理、交通便捷、信息灵敏、环境整洁的社会主义现代化城市，在中国社会主义现代化建设中发挥"重要基地"和"开路先锋"作用（Zhang, 2014）。自1990年浦东新区成立以来，中央政府已经明确将上海定位为长三角城市群和长江经济带经济发展的"龙头城市"，并且逐步成为国际经济、金融和贸易中心（Zhang, 2014）。2001年的上海城市总体规划中又加入了建设国际航运中心的目标。此后，"一龙头，四中心"常被用来描述上海的发展目标。但是"龙头"这一表述在强调上海不可替代和主导作用的同时，并没有过多地关注上海的发展如何促进长三角城市群内部其他城市的发展。

近年来，中央政府和上海市政府都逐渐意识到上海也需要发挥创新中心的作用，成为连接长三角城市群与国家和全球城市的创新枢纽。在最新的城市总体规划方案中，上海已经明确提出到2040年建设成为全球城市的目标。根据《上海市城市总体规划（2016~2040年）》草案，上海未来20年的总体目标是建设成为一个"卓越的全球城市"，成为国际经济、金融、贸易、航运、科技创新中心和文化大都市，成为令人向往的创新之城、人文之城和生态之城。其中，新增的"创新中心"这一发展目标凸显了上海在落实国家创新驱动发展战略中的重要作用，上海成为全球城市的愿景也进一步强调了上海连接长三角城市群内外城市的枢纽功能。

（二）全球与地方的失衡

前文的分析已经表明，长三角城市群的科学创新网络与技术创新网络尚未完全实现"全球地方联系"，上海也并未充分承担其创新枢纽的职能。上海不仅需要与长三角城市群外的城市构建创新网络，还需与城市群内部的其他城市加强创新联系，从而充分发挥其创新枢纽的职能。尽管在过去的十年间，上海已经在不断强化其与不同地理尺度城市之间的创新网络，但与国家和全球尺度下的城市创新网络相比，

上海与长三角城市群内部城市（特别是非省会城市）之间的创新联系仍然较弱。

上海与长三角城市群内部城市之间的科学创新网络结构和技术创新网络结构虽然存在一定差异，但总体联系强度均较为薄弱。这一特征一定程度上与卡斯特尔（Castells，2000）所描述的特大城市"全球紧联但地方断联"的属性一致，但与巴塞尔特等人（Bathelt et al.，2004）基于地方传言—全球通道模型（buzz-and-pipeline model）解释集群内部和集群之间的知识学习过程并不完全一致。他们认为"一个能将地方集群与全球其他地区联系起来的全球—地方通道系统对集群内的企业发展具有两方面的好处。首先，每个公司都能与本地集群的外部参与者建立知识联系，并从中受益。就当今最先进的知识创造而言，即使是世界最先进的集群也不能永远自给自足……其次，集群内的企业通过全球通道获得的信息可以进一步通过地方传言外溢到其他企业"（Bathelt et al.，2004）。

（三）重视全球和地区之间的平衡

对于长三角城市群而言，如果其创新枢纽的功能无法实现以及其创新网络无法实现全球与地方的连接，那么城市群内部创新系统的发展将会受到阻碍。事实上，本书的讨论涉及如何在全球开放和保持地方一致之间实现平衡，从而使得长三角城市群内部城市之间保持可持续和充满活力的创新发展。通常来说，无论是"地方紧联但全球断联"的结构还是"全球紧联但地方断联"的结构，两者都将不利于长三角城市多尺度创新网络的发展。

一方面，"地方紧联但全球断联"的结构可能会阻滞长三角城市群创新系统的发展。当今时代，任何一个城市和区域如果没有外部的创新和资源，其发展必然会越来越受到限制。无论一个城市群的创新能力有多强，总有某些特定的知识会在世界其他地方更早出现或以更复杂的形态出现。虽然"地方紧联"会带来经济主体的集聚，但这种集聚行为的地理尺度已经扩大到城市群层面甚至全球层面（Phelps and Ozawa，2003）。此外，过度的地方联系可能会导致长三角城市群的创新发展过度同化、排他、僵化，导致其在全球知识经济时代失去竞争力。

另一方面，由于与全球和国内的创新资源保持联系，"全球紧联但地方断联"的结构会有助于特大城市自身的创新发展，但这样可能不利于城市群整体创新网络的发展。当今城市群的一个核心特征是大规模的经济集聚和知识积累，虽然"全球紧联"的结构特征确保了世界上任何地区的新知识可以迅速传导至长三角城市群，但"地方断联"的结构特征则会导致新知识在长三角城市群的内部传播受阻。此外，"全球紧联"往往仅有利于上海，从而会产生"强者愈强、弱者愈弱"的累积效应

（Merton，1968），可能导致长三角城市之间创新能力的进一步分化。需要说明的是，这一观点与巴塞尔特等人（Bathelt et al.，2004）在描述先进的全球通道应与高质量的地方传言之间保持平衡的论点相似。他们认为"虽然外部联系可以推进区域发展，然而如果外部联系过强，反而可能会不利于集群的长期发展……因为当参与者主要关注外部联系时，全球通道会在当地占据主导地位，因此对地区内部信息流的关注会降低，且人们对参与地方信息传播的意愿也会降低。最终地方传言会越来越少，企业选择集群并留在集群中的理由也不复存在"（Bathelt et al.，2004）。

第五章　长三角城市多尺度科学创新网络的形成机制

　　本章和第六章将重点回答本书提出的第二个研究问题，即长三角城市多尺度创新网络形成的微观机制如何？尽管已有关于多中心城市区域的研究较少关注城市网络形成的微观机制，但部分关于宏观层面创新网络的研究已经通过构建回归分析模型探讨了宏观层面邻近（如城市之间的多维邻近）对创新网络的影响。本书反复强调的一个观点是，城市内部的经济实体（如个人、企业、高校和科研院所）之间如果没有联系，那么城市之间自然也无法产生联系，因此有必要从微观主体的邻近视角探讨长三角城市多尺度创新网络的形成机制。前文分析已经表明，长三角城市多尺度科学创新网络和技术创新网络在结构上存在显著差异，因此两种创新网络形成的微观机制也必然存在差异，需要分别分析经济实体间的微观邻近对这两种类型创新网络的影响。本章将重点分析经济实体间的微观邻近对不同地理尺度下城市科学创新网络结构的影响机制。第六章将关注经济实体间的微观邻近对不同地理尺度下城市技术创新网络结构的影响。

　　本章具体安排如下：第一节介绍如何通过对合作论文的通讯作者进行问卷调查以获取论文合作者之间的邻近关系。随后的三节内容分别从三个不同但互相联系的视角分析了论文合作者之间的微观邻近对长三角城市多尺度科学创新网络的影响机制。具体而言，第二节探讨论文合作者之间的微观邻近对科学创新网络整体结构的影响。第三节侧重针对两两城市组成的"城市对"进行分析，从而解释为何一些"城市对"之间的科学创新联系要强于其他"城市对"。第四节分析论文合作者之间的微观邻近如何影响各个城市的对外科学创新联系，并进一步探讨长三角城市群目前创新枢纽功能较弱的原因。第五节对本章主要结论进行了总结。

第一节　针对论文通讯作者的邮件问卷调查

使用论文合作数据的意义不仅在于其可以提供论文作者的详细地址，而且也在于其提供了能够进一步识别作者之间邻近关系的可能性，对分析和理解长三角城市多尺度科学创新网络形成的微观机制具有重要意义。在理想情况下，可以通过深入挖掘包含在合作论文中的作者详细信息，分析经济实体之间（研究人员、企业、高校和科研机构）的微观邻近如何影响长三角城市多尺度科学创新网络的结构。然而，在进行实际操作的过程中却出现了一些问题。对于论文合作而言，无法仅仅通过工作地址对合作者之间的关系进行精确的界定。此外，考虑到本书在研究过程中使用了近百万篇的合作论文，通过人工方法对每一篇合作论文中的作者关系进行精确识别非常消耗时间，也几乎是不可能的。因此，本书最后选择对每一篇合作论文的通讯作者开展基于邮件的问卷调查，这种方法不仅可以集约时间和精力，而且也能够为界定论文合作者之间的邻近提供详细可信的信息。需要说明的是，选择通讯作者而非第一作者进行问卷调查，主要是因为 WoS 数据库中部分论文没有公布第一作者的联系邮箱，从而有可能导致收集的作者信息不全。此外，由于本书的研究对象是长三角城市群，因此针对论文通讯作者的邮件问卷调查也主要面向来自长三角城市群的论文通讯作者。

一、问卷调查过程及数据处理

WoS 数据库不仅包含作者的地址信息，而且也包含了每一篇合作论文通信作者的邮箱信息，这为本研究通过邮件进行问卷调查提供了可行性。针对论文通讯作者的问卷调查具体步骤如下。首先，通过 Python 编程获取 2014 年长三角城市群合作论文通讯作者的邮箱，要求合作论文中至少有一位作者来自于长三角城市群。基于这一标准，可以获取 71 000 多条邮箱信息，同时对大约 28 000 条重复的邮箱信息进行了剔除。随后，进一步剔除了约 5 400 条国外的邮箱信息，最终获取了约 37 600 条有效的邮箱信息。值得注意的是，在这些信息中不可避免地会包含通讯作者不属于长三角城市群的信息，不过在本阶段我们无法对此进行区分。如果这些作者对邮件问卷调查进行回复，那么则可以通过他们的工作地址信息进行区分。基于获取的通讯作者邮箱信息，对每一位通讯作者发送包含调查问卷的电子邮件①，具体步骤如下：对每一位通讯作者的邮箱发送两次信息，第一封电子邮件邀请他们参与调查，第二封电子邮件在第一封邮件一周之后发送，旨在提醒受访人完成调查。通常情况下，第二封邮件发出之后，便会收到较多回复。

邮件问卷调查主要包括三类问题。第一类问题主要涉及受访者的个人信息，包括他们的性别、年龄、职称、研究领域、教育背景和目前工作地址等信息。第二类问题主要为了了解他们在不同地理尺度形成的科学创新网络，提出的问题如下：（1）从 2010 到 2014 年，他们与其最密切的合作者共联合发表多少篇文章；（2）他们的合作者来自于哪些城市；（3）合作者的个人信息（年龄和职称等）；（4）与合作者之间的关系（如师生关系、同门关系、同事关系等）。第三类问题旨在了解他们与合作者之间的多维邻近关系如何影响其在不同地理尺度下的科学创新网络。为便于填写，本书在研究过程中还分别创建了电子版和纸质版的调研问卷。纸质版的问卷以附件形式跟随邮件一起发送，而电子版本则是在邮件中嵌入相应的问卷网址和二维码。

针对论文通讯作者的问卷调查持续了将近一年的时间（从 2015 年 12 月到 2016 年 11 月）。第一个月是进行试点调研。如前文所述，根据试点调研的结果，对邮件调查的方式进行了适当调整，将群发改成了单独发送。此外，根据试点调查中部分受访人提出的建议，对相关问题进行了一定的调整。最后，一共发送了 33 576 份邮件②，收到 1 274 份回复。表 5-1 列出了调查邮件回复的详细情况，与企业调查超过 10% 的回复率相比，邮件调研的回复率相对较低（Lüthi *et al.*, 2010, Wei *et al.*, 2011; Shearmur and Doloreux, 2015）。然而，值得一提的是，本研究收到的回复率与 POLYNET 项目进行的网上调查的回复率相当，该项目在一些巨型城市区域如英国东南部和莱茵地区收到了非常有限的反馈（Hall and Pain, 2006）。

---

① 在对邮件问卷进行试验发放阶段，邮件的发放主要是基于群发的方式。然而，经过一段时间的发放，得到的回复非常有限。这可能是由于人们通常将群发的邮件作为垃圾邮件进行处理，或者对此不关注。因此，在正式调查阶段，所有邮件问卷的发放都是基于单独发放的方式，这虽然消耗了大量的时间，但却得到了较高的回复率。

② 尽管共收集到 37 582 条通讯作者的邮箱信息，但部分邮箱地址有误或已不用，造成部分邮件发送失败。因此，最终发送成功的邮箱数量是 33 576 个，约占总邮件数量的 89.3%。

表 5–1 邮件调查回复分类表

有效发送量	有效回收量			有效回复率
	纸质版问卷	电子版问卷	总计	
33 576	280	994	1 274	3.8%

至少有三个原因造成了相对较低的回复率。首先，一个可能的原因就是符合在长三角城市群工作这一要求的通讯作者数量远低于检索到的通讯作者数量。如前文所述，检索到的许多论文的通讯作者在长三角城市群以外的区域工作，而由于问卷中设置的调查问题主要是针对工作于长三角城市群的科研工作者，因而这些长三角城市群以外的通讯作者可能并没有参与调查。然而，由于无法确定长三角城市群以外的通讯作者数量，这一原因对问卷回复率产生的影响无法具体评估。其次，由于国内学者通常需要定期对其研究成果进行统计汇报，因而对于填写各种各样的表格存在抵触情绪，这也可能导致其不愿意回答问卷中的相关问题。最后，一些学者担心参与邮件调查，会泄露他们的个人信息。事实上，尽管在问卷中强调本次调查是匿名进行的，但是仍有很多作者表达了对信息泄露的担忧。

由于邮件地址信息实质上是一种私人信息，一些作者还回信表达了对于信息泄露可能性的担忧。为了减少他们的担忧，本书在数据收集过程中采用了一些措施对受访者的邮箱地址和个人信息进行保护。首先，通过完全匿名的方式进行邮件调查。其次，调查采用了单独发送的方式而不是群发，因为后者不仅会导致更低的回复率，而且会导致人们的邮箱地址信息暴露给同组的其他人。第三，本书在邮件调查中说明了邮箱信息获取自他们公开发表的论文中，而非第三方机构。第四，强调了受访者的相关个人数据会被严格保密，只应用于学术研究。

二、受访者的基本情况

由于回复率相对较低（仅有3.8%），这也意味着回复的邮件调查样本量要远小于最初设定的样本量，因此有必要对参与电子邮件调查的受访者的基本情况进行描述，分析这些通过邮件调查所获取的信息是否可靠且无偏。邮件受访者的基本情况可以通过以下两个方面加以描述。一是分析这些受访者的人群统计特征是否符合长三角城市群的基本情况。二是基于受访者提供的信息构建长三角城市多尺度科学创新网络，比较这一网络结构与第四章基于总体数据构建的科学创新网络结构是否一致。

(一) 受访者的人群统计特征

问卷第一部分要求受访者提供一些基本信息从而更好地了解他们的基本情况，这些信息包括他们的性别、年龄、职称、研究领域、籍贯、教育背景、工作经历以及当前的工作地点。其中，工作地点是问卷中关注的核心信息之一，因为基于工作地点能够判断出受访者是否来自长三角城市群的某一个城市。如前所述，尽管合作论文的作者中至少有一位来自长三角城市群，但该论文的通讯作者可能并非来自长三角城市群。因此，问卷调查过程中不可避免地会纳入一些工作地点并不在长三角城市群的通讯作者信息。

表 5–2 列出了来自不同工作地点的受访者的数量。在参与邮件调查的 1 274 位受访者中，926 位受访者在长三角城市群工作，占受访者总数的 72.7%。另外还有 334 位不在长三角城市群工作的受访者，以及 14 位没有提供其工作地点信息的受访者。但在工作地点不在长三角城市群的受访者中，有近 45%的受访者表示他们曾与长三角城市群内的研究人员开展过科学创新合作。

表 5–2　不同工作地点的受访者数量统计

受访者类别	数量
工作者地点在长三角城市群的城市	926
工作地点不在长三角城市群的城市	334
与长三角城市群内的研究者合作过	148
未与长三角城市群内的研究者合作过	186
无工作地点信息	14

显然，我们可以看到在长三角城市群内工作的受访者是样本的主要构成部分，这也表明参与调查的大部分合作论文的通讯作者来自长三角城市群内的机构，这些机构主要包括受访者工作的大学或研究所、大学的附属医院以及企业等。表 5–3 列出了这些受访者的人群统计特征信息，表中按性别、职称以及研究领域等不同的划分标准，分别统计了长三角城市群内部各个城市受访者的数量。通过将这些受访者的人群统计特征与长三角城市群的一些典型事实对比，我们可以得出以下几个结论。

表 5–3 在长三角城市群工作的受访者人群统计特征

城市	性别		职称				学科					总数
	M	F	TA	LE	AP	FP	NS	AS	MS	ETS	HSS	
上海	213	77	13	44	101	132	134	8	66	66	16	290
南京	203	53	14	48	80	114	121	19	24	72	20	256
无锡	16	5	2	1	7	11	9	0	4	8	0	21
徐州	17	3	1	3	8	8	11	0	1	6	2	20
常州	11	2	0	1	4	8	4	0	3	6	0	13
苏州	32	8	1	4	12	23	19	3	8	10	0	40
南通	6	2	0	2	2	4	4	0	0	4	0	8
连云港	2	0	1	0	0	1	1	0	0	1	0	2
淮安	5	0	0	0	2	3	3	0	2	0	0	5
盐城	5	0	0	1	1	3	3	1	0	1	0	5
扬州	14	1	0	1	7	7	10	4	1	0	0	15
镇江	19	5	0	4	15	5	10	1	0	12	1	24
泰州	1	1	0	1	1	0	0	0	1	1	0	2
杭州	134	24	5	20	65	68	66	14	20	47	11	158
宁波	18	6	3	4	10	7	11	2	5	5	1	24
温州	9	3	0	2	5	5	3	1	4	4	0	12
嘉兴	5	1	0	2	3	1	2	0	2	1	1	6
湖州	1	1	0	0	2	0	2	0	0	0	0	2
绍兴	9	1	0	3	3	4	6	0	1	3	0	10
金华	3	3	0	1	2	3	4	0	0	2	0	6
衢州	1	0	0	0	0	1	1	0	0	0	0	1
舟山	3	1	0	1	1	2	2	1	0	1	0	4
台州	2	0	0	0	2	0	1	0	0	1	1	2
总数	729	197	40	143	333	410	427	54	140	252	53	926

注：（1）M：男性；F：女性；TA：助教或同等职位；LE：讲师或同等职位；AP：副教授或同等职位；FP：教授或同等职位；NS：自然科学类；AS：农业科学类；MS：医药科学类；ETS：工程与技术科学类；HSS：人文与社会科学类。

（2）国内大学的教职人员通常有四种职称，即助教（主要是博士生），讲师，副教授和正教授。尽管大多数受访者来自大学，但也有一些受访者在其他类型的机构中工作。对于这些人，他们的头衔会根据通用规则转换为某种头衔。例如，主任医生的职称通常可以看作是医学院的正教授。

（3）学科分类标准基于《中华人民共和国学科分类与代码国家标准》（GB/T 13745–2009）。

（4）宿迁和丽水由于无受访者，因此本表未列出。

首先，上海的受访者数量最多，南京紧随其后，随后是杭州和苏州。这一特点基本符合预期，受访者规模排名前四的城市与第四章重点讨论的对外科学创新联系排名前四的城市一样。此外，由于南京的大学和科研机构数量与上海差距不大，且在城市群尺度下，南京的对外科学创新联系略强于上海，因此也可以预期南京的受访者和上海的受访者在数量上差异不大。

其次，男性受访者数量要远高于女性，但这并不代表样本可能存在性别偏差。事实上，如果我们考虑受访者的职称分布，可以发现女性受访者数量较少这一现象也符合预期。如表 5-4 所示，长三角城市群内的高等教育机构中，虽然女性教师总量与男性教师总量十分接近，但拥有副高及以上职称的全职女性教师的比重要远低于男性，拥有正高职称的女性比重甚至更低。因此，考虑到 80% 的受访者拥有副高或正高职称，样本中女性受访者的比重较低并不能说明受访者的性别分布有偏。

表 5-4 长三角城市群高校中女性教师比重

省份（直辖市）或区域	总数	副教授及以上职称	教授职称
上海市	46.8%	35.8%	19.6%
江苏省	45.3%	35.4%	21.7%
浙江省	45.0%	35.1%	23.4%
长三角大都市圈	45.5%	35.4%	21.6%

资料来源：2013 年《中国教育统计年鉴》。

最后，有正高级职称的受访者人数最多，占受访者总数的 44.3%，其次是有副高职称的受访者，占总人数的 35.6%。这一现象也相对容易理解，因为相较于经验丰富的研究者，处于学术生涯早期的研究者在 WoS 数据库中发表论文的难度要更大，这也导致了最后样本中副高及以上职称的受访者占据主导地位的情况。

第四个特征与受访者的学科背景有关。参照《中华人民共和国学科分类与代码国家标准》（GB/T 13745–2009），我们将受访者的学科背景分为五大类，不同学科背景受访者在样本中所占的比重从高到低分别为：自然科学、工程技术科学、医学、农业科学、人文和社会科学。需要说明的是，后两个学科背景的受访者在样本中占比要远低于前三个学科背景的受访者，这一现象也符合预期。事实上，我们发现前三门学科在 WoS 数据库中的论文数量要远多于后两个学科，且前三门学科一般要比后两门学科涉及更多的学术合作。

（二）基于问卷信息构建的科学创新网络

如前所述，调查问卷的第二部分要求受访者提供每个地理尺度下与其论文合作最多的学术合作者信息[①]，包括他们的年龄、职称、与受访者本人的关系以及在2010年到2014年间合作论文的数量[②]。基于受访者提供的合作论文数据，可以构建不同地理尺度下的城市科学创新网络，通过与基于WoS数据库信息构建的城市多尺度科学创新网络进行对比，可以进一步验证问卷调查数据的可靠性与无偏性。

首先，在2010~2014，基于问卷调查数据计算出的长三角各个城市对外科学创新联系与基于WoS数据库计算得出的结果具有很强的相关系数。如表5–5所示，不同地理尺度下的相关系数均高于0.95，且在1%的水平上显著，这也进一步表明了研究所用的样本具有较好的代表性和可靠性。事实上，两种途径构建的多尺度科学创新网络在对外科学创新联系的城市排序方面也仅有细微差异。

表 5–5　不同地理尺度下城市创新联系的相关性

—	城市群尺度	国家尺度	全球尺度
相关系数	0.985	0.967	0.976
观察值	23	23	23
P 值	0.000	0.000	0.000

注：在国家和全球尺度下基于问卷调查的城际创新联系还纳入了在长三角城市群以外工作但与城市群内工作的研究人员合作的受访者所提供的数据。

其次，从"城市对"的视角对基于问卷调查数据构建的城市科学创新网络进行分析，结果同样进一步证实了样本的代表性和可靠性。表5–6和表5–7分别展示了基于问卷调查数据和基于WoS数据库计算得出的不同地理尺度下城际创新联系排名前十的"城市对"。总体而言，表5–6和表5–7所包含的"城市对"在构成上基本一致。当然，也存在两个例外。一个是在城市群尺度下，上海—无锡"城市对"在基

[①] 问卷要求受访者在确定他们合作最紧密的合作者时要注意以下情况：在长三角城市群尺度，合作者应与受访者不在同一个城市。在国家尺度，合作者的工作地点应是长三角城市群外的城市。在全球尺度，合作者应在除中国以外的其他国家工作。

[②] 在问卷预发放中，需要受访者提供2010到2014年间每年的合作论文数量。因为最初设想是希望通过这一过程纵向分析微观邻近性对城市间科学创新网络的影响。然而受访者提供的数据大多是不连续的，尽管近期的一些研究已经分析了邻近性的动态影响（如 Balland et al., 2015），但不连续的数据也给从动态演化的视角分析这一影响机制带来了一定的困难。因此，最后分析是基于2010年到2014年合作论文的总数进行的并且是从静态视角分析了微观邻近性的影响。

于问卷调查的表格中排名第十，但并未出现在基于 WoS 数据库得出的列表中。另一个是国家尺度下，杭州—广州"城市对"在基于问卷调查的结果中排名第九，但也未出现在基于 WoS 数据库得出的列表中。尽管我们可以看到两张表的"城市对"顺序略有不同，但两张表中涉及的"城市对"却几乎一样，特别是在国家和全球尺度。综合上述不同视角的分析，我们可以认为基于问卷调查获取的样本具有较强的可靠性和代表性，可以基于这一调查样本对长三角城市多尺度科学创新网络的微观形成机制做进一步分析。

表 5–6　基于问卷调查的科学创新联系排名前十的"城市对"

排序	城市群尺度	国家尺度	全球尺度
1	上海—南京	上海—北京	上海—中国香港
2	上海—杭州	南京—北京	南京—中国香港
3	南京—杭州	杭州—北京	上海—新加坡
4	南京—苏州	上海—广州	杭州—中国香港
5	杭州—宁波	南京—合肥	上海—纽约
6	南京—常州	南京—广州	上海—东京
7	南京—镇江	上海—合肥	上海—波士顿
8	上海—苏州	上海—武汉	上海—伦敦
9	南京—无锡	杭州—广州	南京—新加坡
10	上海—无锡	苏州—北京	上海—休斯顿

表 5–7　基于 WoS 数据库的科学创新联系排名前十的"城市对"

排序	城市群尺度	国家尺度	全球尺度
1	上海—南京	上海—北京	上海—中国香港
2	上海—杭州	南京—北京	南京—中国香港
3	南京—杭州	杭州—北京	上海—新加坡
4	南京—苏州	南京—广州	杭州—中国香港
5	上海—苏州	上海—广州	上海—纽约
6	南京—无锡	上海—武汉	上海—波士顿
7	南京—常州	上海—合肥	上海—东京
8	杭州—宁波	上海—济南	上海—休斯顿
9	南京—镇江	苏州—北京	南京—新加坡
10	杭州—温州	南京—合肥	上海—伦敦

三、基于论文合作者关系的微观邻近界定

已有相关研究较多基于多维邻近的测度结果，采用回归分析模型实证研究多维邻近对创新网络的影响（Balland et al., 2013; Cassi et al., 2015; Hoekman et al., 2009; Hong and Su, 2013; Ponds et al., 2007; Ter Wal, 2014）。与这些研究不同，本书并未定量测度研究者之间的多维邻近程度，也没有采用计量回归模型来评估多维邻近对城市创新网络的影响，这主要是基于以下两个方面的考虑。首先，利用获取的问卷调查数据进行计量分析时，应将受访者作为观测的基本单位。尽管计量分析有助于分析受访者与其合作者之间的多维邻近对他们之间科学创新网络的影响，但这一结果可能无法直接解释多维邻近对长三角城市多尺度科学创新网络的影响。其次，尽管研究者之间的地理邻近易于测量，但诸如社会邻近和认知邻近等其他方面的邻近指标却很难量化，而如果采用计量经济学常用的虚拟变量来描述这些维度的邻近（如存在某个方面的邻近，则取值为 1，若不存在，则取值为 0），则可能会损失调查研究中的一些重要信息。鉴于计量分析方法存在的不足，本书主要基于获取的受访者与其合作者之间的关系来界定作者之间的多维邻近，并以此为基础对长三角城市多尺度科学创新网络演化的微观机制进行分析。

调查问卷为受访者提供了他们与合作者之间可能存在的七种关系类型，总结起来包括学缘、业缘、地缘等三大类型（表 5–8）。这七种关系包括：（1）空间距离关系；（2）师生关系（导师与其指导的研究生）；（3）同门关系；（4）访学关系（导师与其指导的访问学者/学生）[①]；（5）同事关系；（6）项目合作关系；（7）经第三方介绍合作关系。当然，如果受访者与合作者同时存在多种关系，这些关系可能会重叠。例如，受访者可能会由于某些研究项目的合作，从而与其博士生导师或是同门共同合作论文。在这种情况下，师生关系或同门关系的密切程度明显强于项目合作关系。因此，为了避免多种关系共存造成的混乱，问卷中要求受访者只选择一种其与合作者之间存在的最重要的关系。如果受访者在返回的问卷中选择了多种关系，则在他们选择的关系里进一步遴选最合适的关系类型。例如，如果受访者选择的多

---

① 这类关系也可以看成是广义上的师生关系。然而，在国内，师生关系往往是一种长期关系（如博士生和导师之间的关系），而导师与访问学者之间通常是一种短期或暂时的师生关系。从这个角度来看，两种关系之间的差别有助于理解短期邻近的影响机制。

种关系类型里包括师生或同门关系，则优先纳入这两类关系，因为这两类关系往往是其他诸如项目合作或同事关系等其他相关关系的基础。

表 5-8　论文合作者关系类型、表现形式与对应的邻近维度

关系类型	表现形式	邻近维度
地缘	空间距离关系	地理邻近
学缘	师生关系	认知邻近
	同门关系	
	访学关系	
业缘	同事关系	社会邻近
	项目合作关系	
	经第三方介绍合作关系	

受访者与其合作者之间的关系信息以及受访者和合作者的工作地点信息几乎可以涵盖各个方面的邻近，如地理邻近、认知邻近、组织邻近、社会邻近、制度邻近以及短期邻近。受访者及其合作者的工作城市信息有助于描述他们之间的地理邻近，这一点在一些研究邻近对科学创新网络影响的文献中已经进行过广泛的讨论（Acosta *et al*., 2011; Cassi *et al*., 2015; D'Este *et al*., 2013; Ponds *et al*., 2007; Scherngell and Hu, 2011）。

师生关系和同门关系与认知邻近密切相关（Cassi *et al*., 2015; Cunningham and Werker, 2012; Hardeman *et al*., 2015; Scherngell and Hu, 2011）。比如，老师可能与其已经毕业但在不同城市工作的学生合作，同门关系也有助于在不同城市工作的同门之间进行创新合作。

访学关系本质上也是一种特殊的师生关系，也描述了受访者与合作者之间的认知邻近。国内的一些学者或博士生常常会花一定的时间在国内外其他高校或科研机构接受其他导师的指导，这种关系的建立也使得访问学者（学生）与其导师之间能够维持短期的地理邻近，一些研究认为这种短期的地理邻近可能进一步强化社会邻近和认知邻近等其他维度邻近（Bathelt *et al*., 2014; Rychen and Zimmermann, 2008; Torre and Rallet, 2005; Torre, 2008）。

同事关系是科学创新网络中组织邻近的主要来源（Hardeman *et al*., 2015）。受访者与其合作者必须是在不同的城市工作，因此只有当他们在同一城市的同一机构工

作时他们之间才可能存在组织邻近。例如，他们可能在大型高校或研发机构的不同分支机构中工作，正如前文提及的中国科学院或在其他城市设有分支机构的一些大学。另外，受访者所认为的同事关系可能是指他们在共同发表论文时曾是同事，但后来其中一人去了其他机构。当然，这种情况下他们之间的创新联系后期更可能基于社会邻近来维持。

基于项目合作关系界定作者之间的多维邻近存在一定的困难。例如，师生或者同门之间也会进行项目合作，高校或科研机构的学者之间也会因为企业资助的研究项目而一起进行项目合作。尽管存在各种复杂情形，但受访者与合作者之间由于相互信任、友谊和经验等形成的社会邻近应该是项目合作的主要原因。

经第三方介绍合作关系主要与受访者和其合作者之间的社会邻近有关，这里的第三方是作为连接的桥梁，其可能是学者也可能是一些中介机构。这种关系的存在最初可能源于研究者对某些特定知识的需求，他们可能不知道谁拥有这些知识，但其他现有的合作者可能会向他们推荐，抑或是受访者与其合作者均与第三方存在一定联系，最后在第三方的推荐下达成合作。在已有的一些实证研究中，部分学者也探讨过第三方在推动形成新的创新联系过程中的作用（Cassi and Plunket, 2015; Ter Wal, 2014）。

问卷中除了要求提供与受访者关系最密切的学术合作者的相关信息外，问卷的最后部分还询问了受访者在不同地理尺度下选择学术合作者的影响因素，这些因素与博施马（Boschma, 2005）提出的五维邻近相关（即地理、认知、组织、社会和制度）。问卷中简要说明了五个维度邻近的基本含义，并将各个维度的邻近分为四个等级：最重要、重要、次要和不重要，从而便于受访者进行选择。受访者基于自身的学术经历对各个地理尺度下不同维度邻近的重要性进行排序。另外，这些邻近彼此之间并不冲突，比如受访者完全可以认为五个维度的邻近对所有地理尺度下的学术合作关系的建立都十分重要。这一排序结果可以从两个视角分析：纵向来看，这些结果可以反映不同地理尺度下不同维度邻近之间的重要性差别。横向来看，可以反映不同地理尺度下某个特定维度重要性的差异。总体而言，排序的结果可以帮助分析受访者认为的不同维度邻近对其在不同地理尺度下科学创新联系的影响，也可以用来进一步验证受访者对上述不同类型关系的选择结果。

第二节　整体视角下微观邻近对科学创新网络的影响

前文已经讨论了如何界定和表示论文合作者之间的微观邻近，后面三节将分析这种微观邻近对不同地理尺度下科学创新网络的影响。基本分析逻辑是首先分析微观邻近对不同地理尺度科学创新网络的整体影响，以解释长三角城市多尺度创新网络结构的整体特征。其次，分析微观邻近对特定城市之间组成的"城市对"的影响，以解释为什么某些城市之间的科学创新联系要高于其他城市之间的科学创新联系。最后，分析微观邻近对单个城市对外科学创新联系的影响，以解释为什么某些城市的科学创新联系高于其他城市的对外科学创新联系。此外，在对单个城市进行分析的过程中，还特别关注上海在长三角城市多尺度科学创新网络中所承担的创新枢纽功能。

需要说明的是，尽管多维邻近对不同地理尺度下的城市科学创新网络均存在影响，但不同维度邻近在不同地理尺度上对城市科学创新网络的影响可能会有所差异，这一点在长三角城市多尺度科学创新网络中也不例外。因此为了探讨这些差异，后续三节内容将分别分析微观邻近在城市群尺度、国家尺度以及全球尺度下的影响。

一、城市群尺度城市科学创新网络的整体影响分析

研究样本中有 436 位受访者表示他们曾与在长三角城市群内部其他城市工作的学者进行过科学创新合作，这占到了工作地点在长三角城市群的受访者总数的 47.1%。由于受访者及其合作者并不在同一座城市工作，我们可以构建 436 对城市群尺度下的城市间科学创新联系。通过将这些科学创新联系和其对应关系类型信息在城市群层面进行汇总，我们可以分析微观邻近如何影响城市群尺度下城市科学创新网络的整体结构。

表 5-9 统计了每种关系类型对应的受访者人数，还统计了 2010 年到 2014 年这些受访者合作论文的总数以及每个受访者平均发表的合作论文数。从中可以看到，在长三角城市群尺度下，尽管师生关系的受访者人数要略小于项目合作关系，但师生关系发表的合作论文数量最多，每个受访者平均发表了 4.29 篇合作论文。同门关

系的受访者数量以及合作论文的篇数均小于师生关系和项目合作关系，但同门关系的受访者平均合作论文数要高于项目合作关系。同事关系的受访者数量以及合作论文总数均排在第四位。如果从这两个指标来看，经第三方介绍合作关系以及访学关系对城市群尺度城市科学创新网络的整体影响均较弱。

以上结果意味着师生和同门关系产生的认知邻近、项目合作关系产生的社会邻近，以及同事关系产生的组织邻近是影响城市群尺度城市科学创新网络整体结构的三个最重要因素。师生关系和同门关系的重要性表明，城市群尺度下学术的流动性对于促进城市科学创新网络的发展有重要意义。这里可以关联到一些"新阿尔戈英雄"（the new Argonauts）和学术流动性的相关研究（Jöns, 2009; Jöns *et al.*, 2015; Saxenian, 2007; Saxenian and Sabel, 2008）。事实上，对于学者来说，特别是那些毕业后在不同城市工作的年轻学者来说，在他们学术生涯早期与他们的老师或同门合作是十分常见的现象。

除了师生关系和同门关系，那些以前是同事但后来在不同城市工作的学者之间的同事关系也能体现学术的流动性。然而，从受访者提供的历史工作城市信息来看，41 位受访者中仅有 9 位与以前的同事合作过论文，合作论文总数为 38 篇。从中我们可以做一些推断，基于同事关系的合作可能主要存在于高校或科研机构位于不同城市的分支机构中。以南京大学和东南大学为例，它们都在苏州、无锡和常州等其他城市建立了分校、研究院或研究生院。

表 5–9 城市群尺度下不同关系类型的受访者数量及合作论文数

关系类型	受访者数量	合作论文数	平均合作论文数
师生关系	130	558	4.29
同门关系	99	396	4.00
访学关系	5	15	3.00
同事关系	41	157	3.83
项目合作关系	134	487	3.63
经第三方介绍合作关系	27	70	2.59
总数	436	1 683	3.86

图 5–1 展示了按不同关系类型和不同地理距离统计的受访者合作论文的数量，从中可以探讨地理邻近的作用以及其与其他维度邻近之间的相关性。可以看出，当城市间地理距离超过 100 千米之后，随着地理距离的增加，城市间合作论文的数量

出现了显著的减少，意味着地理邻近会影响城市群尺度下的城市科学创新网络。然而，地理邻近的重要程度可能要小于其他维度的邻近。事实上，当地理距离较远时（超过 300 千米），合作论文的作者一般是师生关系或同门关系，也进一步说明了地理邻近一定程度上可以被认知邻近所替代。

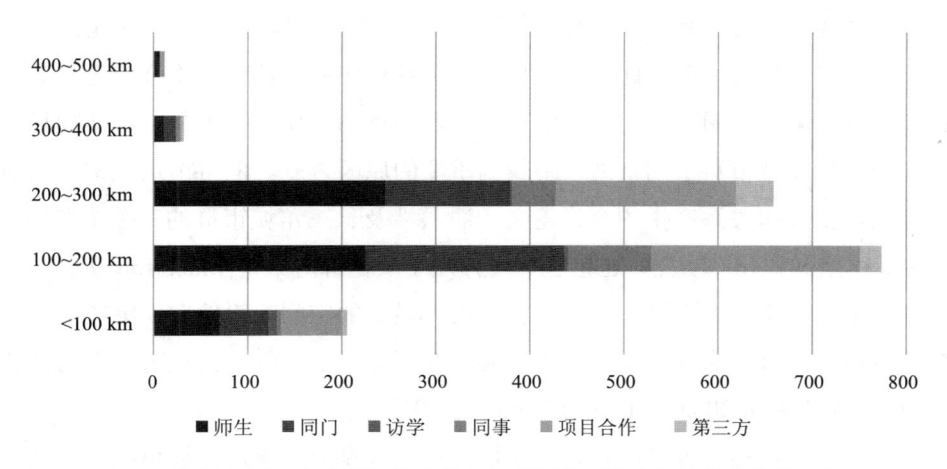

图 5-1　城市群尺度按不同关系类型和不同地理距离统计的合作论文数

二、国家尺度城市科学创新网络的整体影响分析

研究样本中有 456 位受访者表示他们曾与在国内其他城市工作的学者进行过科学创新合作，共同发表了 1 862 篇合作论文。与长三角城市群合作论文数最多的前五个城市是：北京、广州、合肥、武汉和长春，这与基于 WoS 数据库数据计算得出的结果十分相似。与城市群尺度的分析一样，我们仍然可以通过汇总长三角城市群内部各个城市与国家城市间科学创新联系背后涉及的不同关系类型，进一步分析微观邻近对国家尺度城市科学创新网络的影响。

表 5-10 统计了每种关系类型对应的受访者人数，还统计了 2010～2014 年这些受访者合作论文的总数以及每个受访者平均发表的合作论文数，从中可以得出以下结论。首先，在国家尺度下，师生关系和同门关系所体现的认知邻近对应的受访者数量以及合作论文数均最多，这一点和城市群尺度下的结果基本一致。可以说，在一个城市毕业但在另一个城市工作的学者在促进求学所在城市和工作所在城市之间的科学创新联系方面发挥了重要作用。从受访者及其合作者的年龄和职称信息中可

以进一步发现，选择师生关系的受访者中约 70%都是其合作者的学生，这也从侧面反映了长三角大城市群具有创新孵化器的功能。

其次，项目合作关系产生了大量的合作论文，意味着项目合作关系所体现的社会邻近在国家尺度城市科学创新网络的构建中也十分重要。事实上，如果将师生关系和同门关系分开看，具有项目合作关系的受访者数量及其产生的合作论文数量在所有关系类型中均为最高。此外，项目合作关系对应的受访者平均合作论文数也相对较高。近年来，中国政府不断推动跨省科研项目的合作，这可能是目前项目合作关系在国家尺度城市科学创新网络中较为重要的原因之一。但得出这一结论仍需谨慎，因为项目合作关系产生的合作论文一般只涉及长三角城市群的三个主要城市——上海、南京和杭州。当然，这也进一步体现了安德森等人（Andersson et al., 2014）观察到的中国科学创新网络在地理上存在较为显著的空间政治偏向。事实上，一些研究也曾指出省级政府为了最大化省内利益会更倾向于鼓励省内城市之间的创新合作（Chen and Wang, 2003; Scherngell and Hu, 2011）。

同事关系、经第三方介绍合作关系以及访学关系对国家尺度城市科学创新网络的影响均较弱。在国家尺度下，同事关系所体现的组织邻近对城市科学创新网络的影响和城市群尺度下的影响相似。此外，国家尺度下大多数同事关系形成的创新联系都产生于同一高校或科研机构在不同城市的分支机构之间。此外，同事关系、经第三方介绍合作关系以及访学关系对应的受访者平均合作论文数量也要低于其他关系类型，这也意味着上述三种关系类型对国家尺度城市科学创新网络的影响较弱。

表 5–10　国家尺度下不同关系类型的受访者数量及合作论文数

关系类型	受访者数量	合作论文数	平均合作论文数
师生关系	107	465	4.35
同门关系	93	380	4.09
访学关系	11	31	2.82
同事关系	35	130	3.71
项目合作关系	171	715	4.18
经第三方介绍合作关系	39	141	3.62
总数	456	1 862	4.08

我们还可以进一步探讨国家尺度下地理邻近的作用以及其与其他维度邻近之间的相关性。图 5-2 展示了按不同关系类型和不同地理距离统计的受访者合作论文的数量。与城市群尺度下的结果类似，只有当地理距离超过一定阈值后，地理邻近才会显著影响国内城市之间的科学创新联系。在本书中，当长三角城市与国内其他城市相距 800～1200 千米时，更易于构建城市间的科学创新网络。换言之，城市间距离太近或太远都不利于科学创新网络的构建，这和豪威尔（Howells, 2012）所认为的"创新合作的地理距离不能过近也不能过远"的观点类似。此外，师生关系和同门关系所体现的认知邻近也表现出对地理邻近具有一定的替代作用。

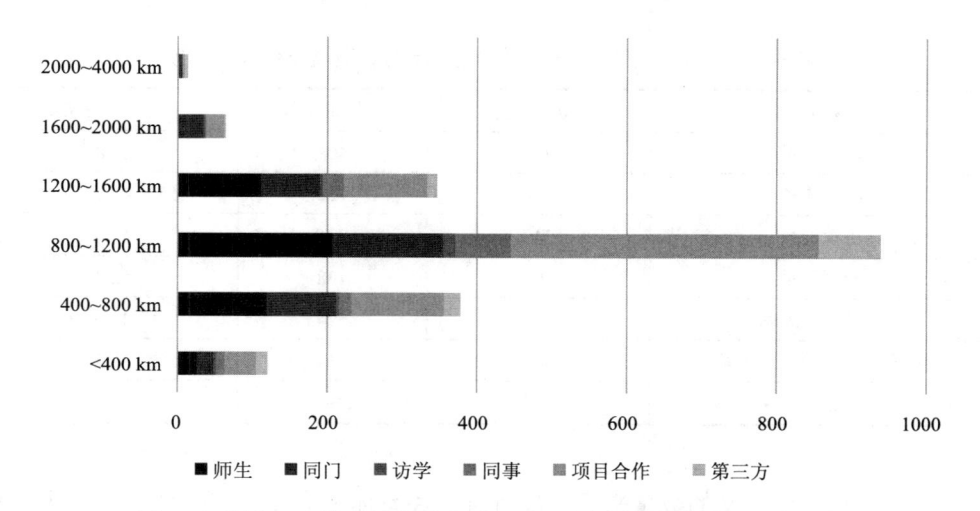

图 5-2　国家尺度按不同关系类型和不同地理距离统计的合作论文数

三、全球尺度城市科学创新网络的整体影响分析

研究样本中有 529 位受访者表示他们曾与在国外其他城市工作的学者进行过科学创新合作，这占到了受访者总数的 57.1%。表 5-11 统计了每种关系类型对应的受访者人数，还统计了 2010 年到 2014 年间这些受访者合作论文的总数以及每个受访者平均发表的合作论文数，从中可以得出以下结论。

首先，受访者中以访学关系发表的合作论文数量最多，占全球尺度下合作论文总数的 42.5%。访学关系在城市群尺度和国家尺度城市科学创新网络中的影响较弱，但在全球尺度城市科学创新网络中发挥了重要作用。如前文所述，国内学者和博士生在去往国外的高校或科研机构进行访学交流的现象越来越普遍,因为国外的访学经历有助于他们的学术发展(Leung, 2013)。近年来,中国政府和高校也越来越注重鼓励学者和学生到国外进行学术交流,如国家留学基金委为国内的高级研究人员、访问学者、博士后学者以及博士生提供了很多出国留学或者交流的机会。在过去的五年间,获得资助的人数从 2012 年的 16 000 人增加至 2017 年的 32 500。得益于短期的地理邻近,访问学者(学生)与其国外导师之间的认知和社会邻近也在不断增强,因此他们之间进行创新合作的可能性也不断提高,且这种合作会持续一定的时间。

表 5–11 全球尺度下不同关系类型的受访者数量及合作论文数

关系类型	受访者数量	合作论文数	平均合作论文数
师生关系	66	408	6.18
同门关系	26	122	4.69
访学关系	249	996	4.00
同事关系	25	138	5.52
项目合作关系	115	524	4.56
经第三方介绍合作关系	48	154	3.21
总数	529	2 342	4.43

其次,从合作论文的数量来看,项目合作关系体现的社会邻近是推动全球尺度城市科学创新网络形成的第二大重要因素,这也意味着长三角科研人员与全球尺度城市的科研人员(主要来自中国香港、新加坡、纽约、伦敦和波士顿)之间存在较强的科学创新合作。这一定程度上也是近年来中国政府鼓励科学家积极开展国际合作的结果,国家自然科学基金委员会为其他国家和地区的学者参与国内的研究项目提供了多种资助机会,如国际合作与交流项目,以及为中国内地、中国香港和中国澳门的学者提供联合研究基金资助机会等。此外,选择项目合作关系的受访者中有63.5%的人表示其具有海外学术交流经历,这也体现了项目合作关系在全球尺度城市科学创新网络中的重要性。

再次,师生关系和同门关系所体现的认知邻近与项目合作关系所体现的社会邻近几乎具有相同的重要性,但同门关系的合作论文数量要远小于师生关系。选择师生关系的受访者的平均合作论文数也最多,并且远高于访学关系,这也意味着前者带来的创新联系强度要高于后者。除了访学关系外,师生关系也能很好的体现学术流动性。例如，在 66 位受访者中，有 54 位都是从国外高校毕业后来回到长三角工作。另外，尽管同事关系下的合作论文数量相对较少，但是也能够体现一定的学术流动性。与城市群尺度和国家尺度的同事关系相比，在全球尺度下存在同事关系的 25 位受访者中，有 18 位曾在国外的高校和科研机构工作过，并与其之前的同事进行了合作。

最后，全球尺度下的科学创新网络似乎更有可能在地理距离为 7 500～12 500 千米的城市间产生（图 5–3）。当城市间的地理距离小于 7 500 千米或大于 12 500 千米时，地理邻近对城市之科学创新网络的影响十分显著。然而，当城市间地理距离更远时，访学关系所体现的短期地理邻近成为促进全球尺度城市科学创新网络发展的主要动力，而认知邻近和社会邻近对创新网络的影响较小。

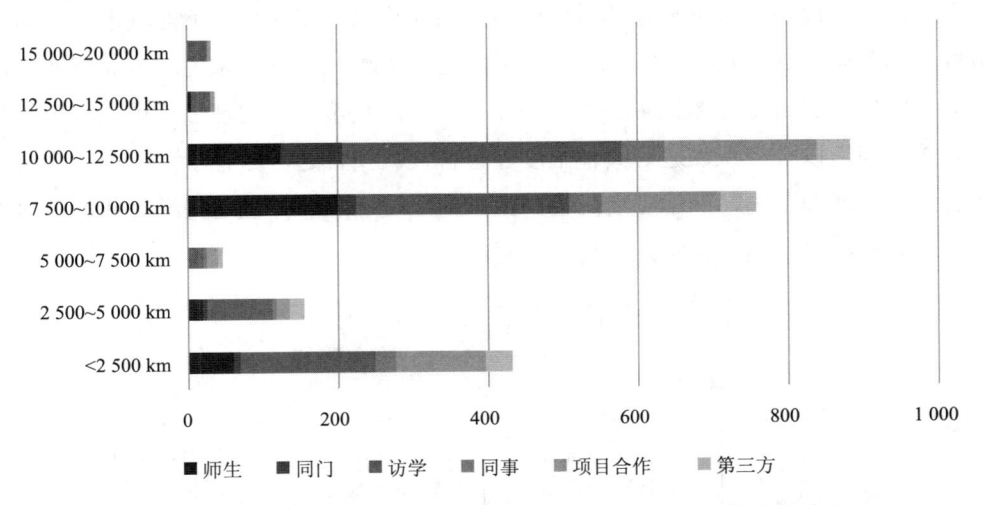

图 5–3　全球尺度按不同关系类型和不同地理距离统计的合作论文数

四、不同地理尺度下微观邻近对科学创新网络的影响差异对比

基于前文对不同地理尺度整体分析结论的总结与对比可以发现，微观邻近对城市科学创新网络的整体影响在不同地理尺度下存在差异。其中，学术流动性在推动长三角城市多尺度科学创新网络的形成过程中发挥了重要作用。如前所述，本书的研究结论可以关联到一些有关"新阿尔戈英雄"（the new argonauts）的全球流动（Saxenian, 2007）、学者的国际流动（Jöns, 2009; Jöns et al., 2015）以及国内技术人

才流动（Agrawal *et al.*, 2006; Breschi and Lissoni, 2009）的相关研究。本书认为，学术流动的作用主要是通过个体之间不同类型的关系来实现，并且不同的关系类型在不同地理尺度下的作用也可能有所不同（图5-4）。一般而言，师生关系在城市群尺度和国家尺度城市科学创新网络中的作用较强，而在全球尺度城市科学创新网络中的作用较弱。同门关系与师生关系类似，也是在城市群尺度和国家尺度下相对较强，在全球尺度下相对较弱。同事关系则对三种尺度科学创新网络的影响均相对较弱。访学关系在城市群和国家尺度下的作用均较弱，但在全球尺度下影响较强。

此外，学术流动性可能会弱化地理邻近在城市科学创新网络中的作用。尽管可以通过构建回归模型对地理邻近的影响进行量化分析，但本书基于定性分析所得出的结论也证实了地理邻近并非产生创新联系的充分必要条件（Boschma, 2005）。实际来看，每个地理尺度下最强的科学创新联系往往出现在距离较远的城市间，如城市群内部距离100~200千米的城市间、国内距离800~1 200千米的城市间以及全球距离10 000~12 500千米的城市间。在不同的地理尺度下，地理邻近可能被认知邻近、社会邻近以及组织邻近等其他维度邻近替代。换言之，尽管学术流动性会增加学者之间的地理距离，但学者之间会产生其他维度邻近，并且这些维度邻近在促进他们之间形成科学创新联系方面具有重要作用。

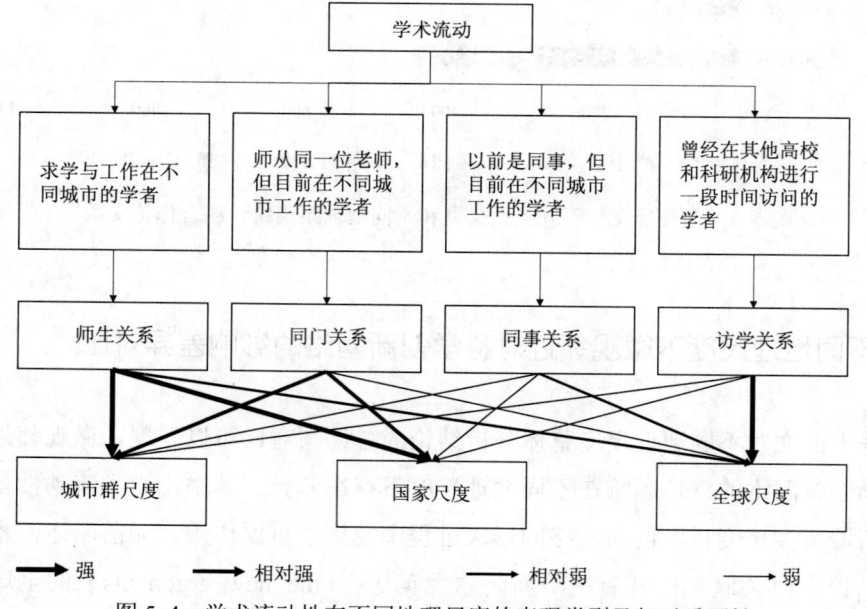

图5-4 学术流动性在不同地理尺度的表现类型及相对重要性

不同维度微观邻近对不同地理尺度科学创新网络的重要程度差异也反映在受访者自己对不同维度邻近重要性的排序结果中（图5–5）。每个地理尺度下，受访者均认为认知邻近和社会邻近对城市科学创新网络具有最重要的影响，而地理邻近、制度邻近和组织邻近的重要性依次降低。当然在不同的地理尺度下，某一特定维度邻近的相对重要程度也会存在差异。例如，一些受访者认为随着地理尺度的扩大，地理邻近对创新网络的影响会降低。组织邻近和制度邻近也存在与地理邻近类似的变化趋势，而社会邻近和认知邻近的作用并未明显受到地理尺度变化的影响。

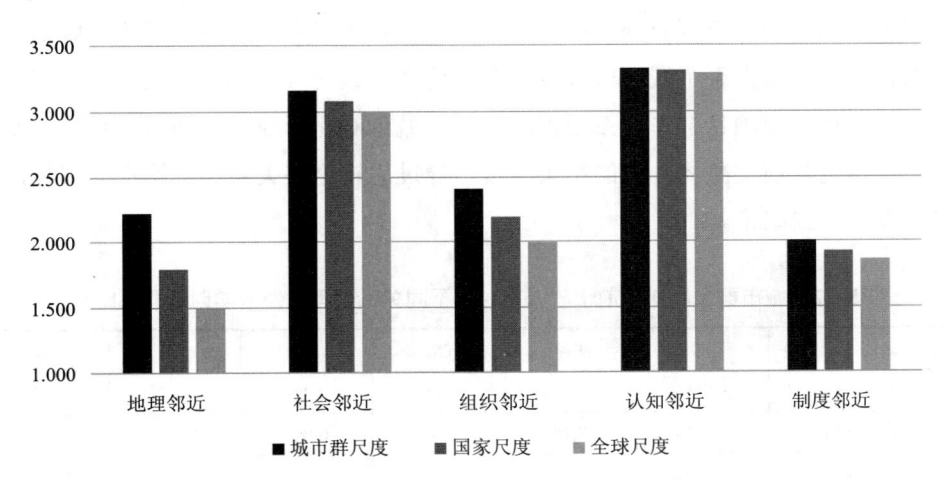

图 5–5 基于受访者排序的不同地理尺度下不同维度邻近的重要性

注：相对重要性是每个受访者选择各个维度邻近得分的加权平均值。相对重要性分为四个级别，对应分值分别为 4、3、2、1，分值越高，该维度邻近越重要。

第三节 "城市对"视角下微观邻近对科学创新网络的影响

上述从整体层面分析的结果有助于我们理解微观邻近对不同地理尺度城市科学创新网络整体结构的影响，但结果本身可能无法解释具体城市之间科学创新网联系的驱动机制。因此，需要进一步针对两两城市构成的"城市对"进行分析，以探讨"城市对"之间科学创新联系强度的差异。这也有助于我们进一步理解不同"城市对"之间科学创新联系演化的微观机制。"城市对"的分析思路借鉴了世界城市网络研究学派的分析思路，将两两城市形成的"城市对"作为基本单元进行具体分析（如 Taylor et al., 2014a）。囿于空间限制且"城市对"较多，此处重点针对各个地理尺度下合作论文数量较多且具有一定代表性的"城市对"进行深入分析。

一、城市群尺度城市科学创新网络的"城市对"分析

表 5–12 列出了城市群尺度下城市科学创新联系排名前十的"城市对"以及对应的不同关系类型在科学创新联系中所占的比重。总体来看，排名前十的"城市对"之间的合作论文数占整个城市群尺度下合作论文总数的 72.5%。师生关系、同门关系、同事关系以及项目合作关系是推动这些"城市对"形成科学创新联系的主要关系类型，这也与前文整体分析的结果一致。通过比较这些关系类型比重的差异，可以得出以下一些结论。

表 5–12 城市群尺度排名前十"城市对"不同关系类型对外科学创新联系比重

城市对	TS	FA	CL	SV	PR	TRI
上海—南京	30.1%	19.8%	9.4%	0.3%	35.7%	4.7%
上海—杭州	21.0%	28.1%	16.7%	0.0%	32.4%	1.8%
南京—杭州	26.5%	22.4%	3.4%	0.0%	39.8%	7.9%
南京—苏州	25.0%	28.4%	3.4%	0.0%	33.0%	10.2%
杭州—宁波	16.0%	37.3%	12.0%	0.0%	34.7%	0.0%
南京—常州	44.3%	29.5%	6.6%	0.0%	19.7%	0.0%
南京—镇江	26.3%	47.4%	0.0%	10.5%	15.8%	0.0%
上海—苏州	12.5%	19.6%	0.0%	5.4%	53.6%	9.0%
南京—无锡	30.2%	16.3%	0.0%	0.0%	53.5%	0.0%
上海—无锡	23.7%	21.1%	21.1%	0.0%	34.2%	0.0%

注：TS：师生关系；FA：同门关系；CL：同事关系；SV：导师和访问学者（学生）关系；PR：项目合作关系；TRI：经第三方介绍的关系，下同。

首先，项目合作关系是多数"城市对"科学创新联系的主要推动因素，这些"城市对"包括上海—南京、上海—杭州、南京—杭州、南京—苏州、上海—苏州、南京—无锡和上海—无锡等。由于上海、南京、杭州和苏州在长三角城市群中拥有较多的高校和科研机构，因此项目合作关系会显著影响这些城市之间的科学创新联系。但上海—苏州以及南京—无锡这两个"城市对"中项目合作关系比重较高可能需要

其他的解释。前者可以归因于城市之间的地理邻近，而后者更多的是南京的高校或科研机构与无锡地方政府合作的结果。例如，南京大学、东南大学以及南京医科大学等许多南京的高校或科研机构都与无锡合作建立了研究所或分校。有趣的是，问卷调查的样本中具有项目合作关系的四位受访者中有两位就工作于这些合作机构。

其次，师生关系和同门关系体现的认知邻近也是城市间科学创新联系的主要原因。如果将师生关系和同门关系看作一个整体，两者在所有关系类型中的比重最大。具体来看，南京和常州的科学创新联系主要与师生关系有关，而南京与镇江以及杭州与宁波的科学创新联系中同门关系占的比重较大。由于常州、镇江和宁波的高校或科研机构数量较少，因此科研人员从拥有丰裕知识资源的城市毕业后去往诸如上述三个知识资源较少的城市工作，这种方式可能是城市群尺度下欠发达城市参与科学创新合作的重要方式之一。以南京与常州的联系为例，在14位受访者中，有5位是在南京工作的教授，他们在常州的合作对象均为曾经指导过的博士研究生，而另外4位受访者是在南京毕业但在常州工作，他们在南京的合作对象是其以前的导师或同门。事实上，这种模式也广泛地存在于上海和南京的联系中，师生关系也是上海和南京之间科学创新联系的重要原因。具体来看，大多数受访者是在南京毕业但去往上海工作，这也意味着南京到上海的毕业生流动要多于上海到南京的流动。

最后，同事关系对城市间科学创新联系也存在一定影响。主要体现在上海—无锡、上海—南京、上海—杭州和杭州—宁波这些"城市对"之间。如前所述，同事关系可能存在于过去是同事的学者之间，或是存在于同一高校或科研机构的不同分支机构之间。通过进一步查看受访者曾经的工作地点信息，我们发现仅有很少一部分合作是在过去是同事关系的学者之间进行的。以同事关系占比最大的上海—无锡这一"城市对"为例，大多数基于同事关系的合作论文都是由一位在中国科学院上海微系统与信息技术研究所工作的受访者与其在中科院无锡高新微纳传感网工程技术研发中心工作的合作者之间进行的，这个研发中心也是无锡市政府和中国科学院联合建立的。尽管以曾经的同事关系进行论文合作的情况在城市群尺度下相对较少，但仍然可以找到一些案例。例如，一位在中科院上海高级研究所工作的受访者提及他曾与他之前工作单位（南京理工大学）的同事合作过论文。

二、国家尺度城市科学创新网络的"城市对"分析

表 5–13 列出了国家尺度下科学创新联系排名前二十的"城市对"以及对应的不同关系类型在科学创新联系中所占的比重。这些"城市对"的科学创新联系占国家尺度下科学创新联系总数的 61.6%。基于"城市对"分析得出的城市间创新联系所涉及的主要城市和基于 WoS 数据库计算得出的结果类似,在长三角城市群内主要涉及上海、南京、杭州和苏州四座城市,在国家尺度主要涉及的是省会城市或直辖市,如北京、广州、武汉和西安。基于不同关系类型所占的比重差异,可以将这些"城市对"大致分为三组。

表 5–13 国家尺度排名前二十"城市对"不同关系类型对外科学创新联系比重

城市对	TS	FA	CL	SV	PR	TRI
上海—北京	12.2%	8.9%	14.4%	3.3%	50.6%	10.5%
南京—北京	13.5%	12.2%	10.3%	1.3%	56.4%	6.4%
杭州—北京	33.9%	11.0%	3.7%	1.8%	31.2%	18.3%
上海—广州	52.2%	17.4%	3.3%	0.0%	23.9%	3.3%
南京—合肥	25.0%	13.9%	8.3%	1.4%	38.9%	12.5%
南京—广州	27.3%	16.7%	15.2%	0.0%	40.9%	0.0%
上海—合肥	60.7%	27.9%	0.0%	0.0%	8.2%	3.3%
上海—武汉	29.6%	33.3%	1.9%	5.6%	29.6%	0.0%
杭州—广州	33.3%	0.0%	2.8%	0.0%	55.6%	8.3%
苏州—北京	24.2%	18.2%	0.0%	0.0%	57.6%	0.0%
杭州—长春	18.8%	0.0%	15.6%	0.0%	65.6%	0.0%
上海—济南	0.0%	12.9%	22.6%	0.0%	64.5%	0.0%
杭州—天津	0.0%	19.4%	3.2%	0.0%	61.3%	1.1%
南京—西安	77.8%	0.0%	18.5%	0.0%	3.7%	0.0%
南京—长春	60.0%	40.0%	0.0%	0.0%	0.0%	0.0%
上海—郑州	12.5%	70.8%	0.0%	0.0%	12.5%	4.2%
南京—武汉	25.0%	4.2%	0.0%	0.0%	70.8%	0.0%
杭州—重庆	0.0%	70.8%	0.0%	0.0%	0.0%	29.2%
上海—西安	30.4%	21.7%	0.0%	13.0%	34.8%	0.0%
南京—天津	33.3%	4.8%	0.0%	0.0%	61.9%	0.0%

第一组主要包括项目合作关系在科学创新联系中占据主导地位的"城市对"。这些"城市对"包括上海—北京、南京—北京、南京—合肥、南京—广州、杭州—广州、苏州—北京、杭州—长春、上海—济南、杭州—天津、南京—武汉和南京—天津等。对于那些拥有较多国内外知名高校或科研机构的城市而言（如北京、广州、上海、南京、杭州），项目合作关系是科学创新联系的主要原因，而其他的一些产生于知识资源差异较大的城市之间的科学创新联系需要进一步解释其原因。其中一个典型的例子是苏州与北京之间的联系，与这一城际联系有关的项目合作关系主要存在于中国科学院和苏州大学的科研人员之间，这两家机构合作在苏州大学建立了两个研究中心以促进它们之间的科学合作。另一个例子是杭州与长春之间的联系，它们之间的项目合作关系主要存在于浙江大学和中国科学院长春应用化学研究所的科研人员之间。该研究所与杭州市政府合作在杭州建立了分支机构，而分支机构的建立在一定程度上使得原本距离较远的两个科研机构之间能够产生合作。

第二组主要包括师生关系和同门关系在科学创新联系中占据主导地位的"城市对"，这些"城市对"包括上海—广州、上海—合肥、南京—西安、南京—长春、上海—郑州和杭州—重庆等。在不同城市学习和就业的毕业生流动带来的学术流动性是师生或同门关系在这一类"城市对"科学创新联系中占据主导地位的主要原因。通过进一步分析受访者的毕业高校以及工作机构的分布情况，我们可以发现他们大多是从长三角城市群以外的城市（如广州、合肥、西安）来到长三角城市群的两个主要城市——上海和南京工作。这也表明对这些受访者而言，上海和南京的城市吸引力要高于其求学所在城市。此外，某些特定的高校或科研机构之间的合作可能构成了"城市对"科学创新联系的主要部分。例如，上海和广州的科学创新联系主要得益于中山大学与上海交通大学之间的联系，上海和合肥的科学创新联系主要得益于中国科学技术大学与华东师范大学之间的联系，南京和长春之间的科学创新联系主要得益于中科院长春应用化学研究所与南京大学之间的联系。当然，这或许也有助于解释为什么在那些与北京有关的"城市对"中（如上海—北京以及南京—北京"城市对"）师生关系和同门关系占比较低，这可能是由于这些城市中的工作机会本身就相对较多，因此毕业生在这些城市之间流动的可能性较低。

第三组主要包括项目合作关系和师生或同门关系在科学创新联系中占据同等地位的"城市对"。这些"城市对"包括杭州—北京、上海—武汉和上海—西安等。以杭州和北京"城市对"为例。一方面，由于杭州知名大学的数量相对较少，杭州到北京的毕业生流动比从南京或上海到北京的毕业生流动更为普遍。另一方面，杭州市政府近年来加大了与中国科学院的合作,这可能会推动杭州和北京的学者之间的项目合作。相较于上海和南京,杭州仅有一所知名高校——浙江大学,因此其为毕业生提供的就业机会也会相对受限。工作地点为杭州且与合作者存在师生或同门关系的六位受访者中,有四位与他们在北京工作的学生进行了论文合作,一位与其在北京工作的同门进行了合作,还有一位受访者与其在北京的导师有论文合作。近期中科院与杭州合作建立的两个研究中心可能进一步促进了城市之间的科学创新合作,在此之前,中科院并未在杭州设立过任何分支机构或研究中心。尽管样本中多数项目合作关系都与浙江大学有关,但来自这两个研究中心的一些受访者也表示其与在北京工作的学者之间进行了项目合作。

三、全球尺度城市科学创新网络的"城市对"分析

表 5-14 列出了全球尺度下科学创新联系排名前二十的"城市对"以及对应的不同关系类型在科学创新联系中所占的比重。与基于 WoS 数据库计算得出的结果一致,这二十个"城市对"多数都与上海有关。前二十位"城市对"之间的科学创新联系占全球尺度下科学创新联系总数的 66.1%。访学关系、项目合作关系以及师生关系是全球尺度下城市科学创新联系形成的三个最重要原因,这一结论也与前文从整体层面分析得出的结论一致。尽管如此,上述三种关系类型在具体所占的比重上仍存在一些差异,需要对其进行进一步的分析。

表 5-14 全球尺度排名前二十"城市对"不同关系类型对外科学创新联系比重

城市对	TS	FA	CL	SV	PR	TRI
上海—中国香港	30.1%	0.0%	7.8%	34.0%	26.1%	9.8%
南京—中国香港	31.6%	4.4%	0.0%	31.6%	21.9%	10.5%
上海—新加坡	7.4%	0.0%	5.6%	72.2%	13.0%	1.9%
杭州—中国香港	0.0%	0.0%	0.0%	66.0%	34.0%	0.0%
上海—纽约	42.9%	5.1%	6.1%	33.7%	8.2%	4.1%
上海—东京	36.6%	8.6%	10.8%	17.2%	17.2%	9.6%
上海—波士顿	20.9%	20.9%	0.0%	11.6%	46.5%	0.0%
上海—伦敦	14.3%	0.0%	11.9%	33.3%	31.0%	9.5%
南京—新加坡	12.5%	0.0%	11.3%	65.0%	10.0%	1.3%
上海—休斯顿	11.5%	0.0%	15.4%	38.5%	34.6%	0.0%

续表

城市对	TS	FA	CL	SV	PR	TRI
上海—洛杉矶	30.0%	0.0%	0.0%	35.7%	34.3%	0.0%
上海—剑桥	27.3%	0.0%	0.0%	18.2%	54.5%	0.0%
上海—芝加哥	41.5%	0.0%	0.0%	41.5%	15.4%	1.5%
上海—悉尼	9.1%	0.0%	0.0%	81.8%	9.1%	0.0%
上海—巴黎	0.0%	0.0%	0.0%	15.4%	84.6%	0.0%
南京—洛杉矶	0.0%	0.0%	0.0%	51.0%	43.1%	5.9%
上海—中国台北	14.3%	12.2%	0.0%	57.1%	16.3%	0.0%
南京—伦敦	16.7%	0.0%	0.0%	58.3%	25.0%	0.0%
杭州—新加坡	13.0%	0.0%	7.4%	79.6%	0.0%	0.0%
上海—首尔	14.3%	0.0%	0.0%	45.7%	40.0%	0.0%

中国香港与长三角城市群内的三个主要城市（即上海、南京和杭州）之间的合作论文数占比最高，这也意味着长三角城市群的这三个城市与中国香港联系十分密切。尽管在上海—中国香港"城市对"和南京—中国香港"城市对"中，访学关系、项目合作关系以及师生关系占比相近，但在杭州—中国香港"城市对"中，访学关系几乎占据了主导地位。这一差异也意味着，上海和中国香港之间以及南京和中国香港之间的学术流动类型比杭州和中国香港之间的更为多样化。据此可以推断上海和南京由于高校和科研机构数量相对较多，其对中国香港毕业生的吸引力要高于杭州。另一方面，中国香港似乎很受三地学者的欢迎，他们会到中国香港进行学术考察和寻求项目合作。事实上，具体高校和科研机构之间的科学创新合作也促进了中国香港与上海或南京之间的城市科学创新联系，如香港大学与华东师范大学、香港大学与南京理工大学、香港中文大学与复旦大学、香港中文大学与东南大学、香港城市大学与华东师范大学，以及香港理工大学与东南大学等之间的合作。

在新加坡与上海、南京和杭州的"城市对"中，不同关系类型占比十分相似。这三个"城市对"中，访学关系占比最高，师生关系比重相对较低，这表明中国学者去新加坡更倾向于进行短期学术交流而非攻读博士学位。尽管本书中无法准确分析中国的学者或学生进行学习或研究的主要地区，但相关报道显示中国学生出国学习的最常见目的国依次是美国、加拿大、英国、日本、澳大利亚和韩国[①]。这也可以

[①] 中国教育在线和教育优选联合发布的《2015年中国出国留学发展趋势报告》。详见 http://www.gol.edu.cn/zt/report/

通过受访者毕业高校的分布来体现，在海外获得博士学位的 108 位受访者中，有 47 位从美国毕业，从英国毕业的有 21 位，从日本毕业的有 14 位，从其他国家（地区）毕业的有 23 位，而从新加坡毕业的仅有 3 位。

其他"城市对"之间的科学创新联系主要存在于上海和其他城市之间，其他城市主要包括美国的纽约、波士顿、休斯顿、洛杉矶和芝加哥，英国的伦敦和剑桥，澳大利亚的悉尼以及法国的巴黎。这些"城市对"中，师生或同门关系占比较高，如上海与纽约、东京、波士顿、洛杉矶、剑桥以及芝加哥之间的科学创新联系。这也进一步支持了上文所述的师生关系在与新加坡有关的科学创新联系中影响较弱，可能是因为其不是中国学生海外留学的首选国家。

尽管同事关系在多数"城市对"的科学创新联系中影响相对较小，但其对一些"城市对"的影响却不容忽视，包括上海与休斯顿、上海与伦敦、南京与新加坡、上海与东京、上海与中国香港等之间的科学创新联系。显然，这些"城市对"大多数都与上海有关，通过进一步分析受访者的毕业城市和工作城市，我们发现大多数同事关系存在于上海工作的受访者与那些曾经作为他们同事的海外合作者之间，这也表明对于曾经在海外工作过的学者来说，上海可能是长三角城市群中最受欢迎的城市。上海拥有着长三角城市群内最多的高校和科研机构并且高度开放，因此上海受归国留学人员的欢迎程度符合预期。样本中从海外回到上海工作的学者主要去往了华东师范大学、上海交通大学和中国科学院上海生物科学研究所。

第四节　城市个体视角下微观邻近对科学创新网络的影响

前文分别从整体层面和"城市对"层面分别分析了微观邻近对不同地理尺度城市科学创新网络的影响机制。本节将从城市个体层面继续分析论文合作者之间的微观邻近如何影响单个城市在不同地理尺度下的对外科学创新联系，并以此为基础从微观邻近层面重新审视上海在长三角城市多尺度科学创新网络中所承担的创新枢纽功能。

一、城市群尺度城市科学创新网络的个体影响分析

与本书第四章基于 WoS 数据库的分析过程一样,本节首先采用公式 3-1,基于问卷调查的样本数据计算了长三角城市群每个城市的对外科学创新联系。图 5-6 展示了不同关系类型在城市群尺度下科学创新联系所占的比重,所列城市的科学创新联系强度从左向右递减。从中可以明显看到,在城市群尺度下,南京的科学创新联系最强,其次是上海、杭州和苏州。这一结论也和基于 WoS 数据库分析得出的结论一致,即南京在城市群尺度下的科学创新联系要强于上海,是长三角城市群在城市群尺度下的创新首位城市。此外,从中还可以得出以下一些结论。

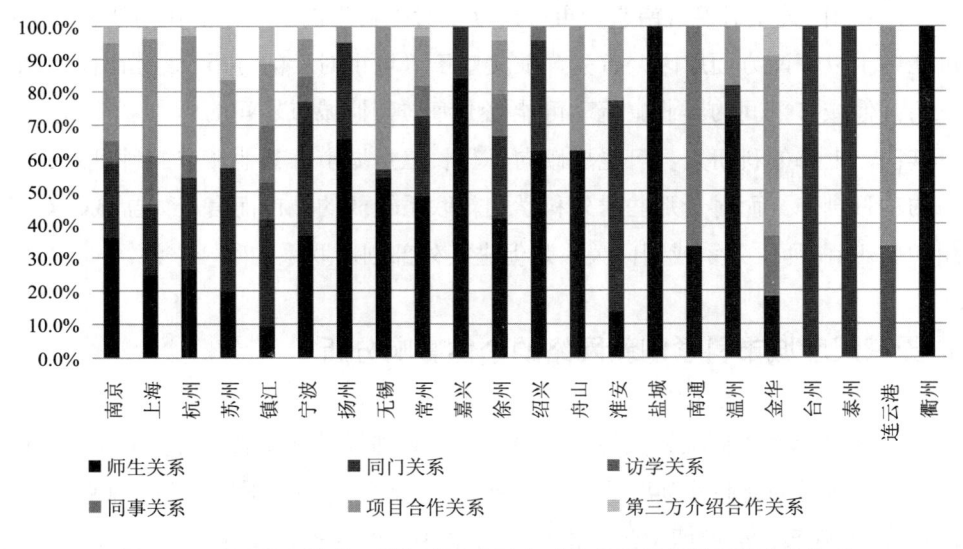

图 5-6 不同关系类型在城市群尺度城市对外科学创新联系所占的比重

首先,长三角城市群多数城市的对外科学创新联系主要受到以师生关系和同事关系体现的认知邻近以及项目合作关系所体现的社会邻近的影响,这一结论与上一节中基于"城市对"分析的结果一致。如前文所述,一个城市的毕业生去往另一座城市工作在城市群尺度十分普遍,尽管这些毕业生与其导师或同门之间的地理距离由于其跨区域的流动而扩大,但他们之间的认知邻近会维持在一定水平甚至会进一步提高。事实上,正是这些"已经离开但未被遗忘"(gone but not forgotten)的毕业生在一定程度上促进了他们求学城市和工作城市之间科学创新联系的形成。

其次，尽管师生关系、同门关系和项目合作关系是长三角城市群多数城市形成科学创新联系的主要原因，但不同的关系类型占比在不同的城市之间仍然存在显著差异。具体而言，对外创新联系较强的城市往往具有更为多元化的关系类型。例如，对外科学创新联系强度排名前四名的城市（南京、上海、杭州和苏州）至少存在五种关系类型，排名后十名的城市中有七个城市至多有两种关系类型（如舟山、盐城、南通、连云港和衢州）。此外，创新联系较弱的城市往往只存在师生或同门关系两种关系类型。

最后，影响长三角城市对外科学创新联系的主导关系类型在不同城市间差异较大，一定程度上说明了不同城市在开展对外科学创新合作过程中具有一定的本土化和特色化路径。例如，比较南京和上海对外科学创新联系中的主导关系类型可以发现，师生和同门关系对促进南京城市群尺度下对外科学创新联系的作用要强于上海，这可能由于以下两方面原因：首先，前文基于"城市对"的分析已经指出，南京与长三角其他城市之间的毕业生流动可能比上海与其他城市之间的毕业生流动更为普遍。其次，上海的科研人员可能更倾向于与长三角城市群其他城市的科研人员开展更多的项目合作。而对于那些对外科学创新联系较弱的城市而言（如盐城、泰州、台州和衢州），师生关系或同门关系是促进其外部创新联系的唯一来源。

二、国家尺度城市科学创新网络的个体影响分析

图 5-7 展示了不同关系类型在国家尺度下对外科学创新联系所占的比重，所列城市的对外科学创新联系强度从左向右递减（上海的对外科学创新联系最强）。事实上，科学创新联系排名前四位的城市也于前文基于 WoS 数据库计算得出的结果一致，均为上海、南京、杭州和苏州。

总体而言，以项目合作关系所体现的社会邻近是国家尺度下城市对外科学创新联系的主要驱动因素，这也与前文基于整体层面的分析结果一致。然而，通过比较不同关系类型在城市对外科学创新联系中所占的比重，我们仍然可以发现长三角城市群不同城市之间的显著差异。与城市群尺度呈现出的特征类似，对外科学创新联系较强的城市往往具有更加多元化的关系类型。此外，对于那些与国内其他城市对外创新联系较少的城市（如扬州、湖州、嘉兴、盐城、连云港）而言，师生或同门关系要比项目合作关系更为重要。一定程度上，这意味着认知邻近可能要比社会邻近更有助于创新资源稀缺的城市与国内其他城市构建科学创新联系。这可能是由于

项目合作关系通常要求参与者拥有同等的学术地位或知识基础，而欠发达城市的学者相较于较为发达地区的学者而言在这一方面可能有所欠缺。

师生或同门关系在对外创新联系较强的城市中占比较低，这意味着毕业生在长三角城市群内部流动（如南京、杭州、苏州、镇江、宁波、淮安和常州）可能要比在长三角城市群与国家其他城市之间的流动更为普遍。然而，这一结论也存在一个例外，即上海的师生和同门关系占比要高于项目合作关系的比重，这可能是由于上海拥有大量的高校和科研机构，使得毕业生能够在上海与国家其他城市之间流动。

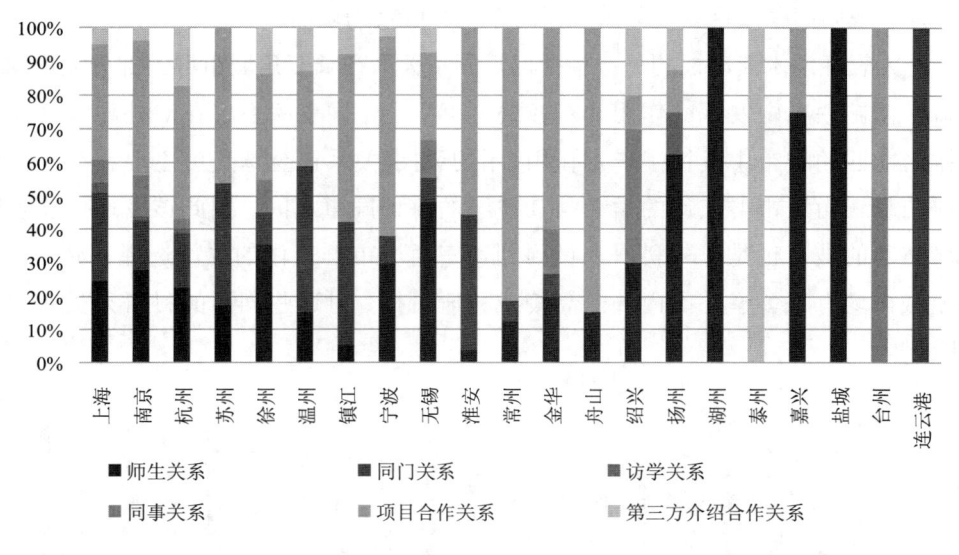

图 5-7　不同关系类型在国家尺度城市对外科学创新联系所占的比重

三、全球尺度城市科学创新网络的个体影响分析

图 5-8 展示了不同关系类型在全球尺度下城市对外科学创新联系所占的比重，所列城市的对外科学创新联系强度从左向右递减。显然，上海的对外科学创新联系最强，其次是南京、杭州和苏州，排名前四位的城市与基于 WoS 数据库计算得出的城市一致。

尽管访学关系对城市在城市群和国家尺度下对外科学创新联系的作用较弱，但这一关系类型是长三角城市群（上海、南京、杭州、苏州、徐州和镇江）多数城市在全球尺度下对外创新联系的主要原因，这也与前文基于整体层面的分析结果一致。同样地，全球尺度下对外科学创新联系较强的城市也往往存在多元化的关系类型。

全球尺度下师生关系和同门关系在科学创新联系中的作用相对较弱，这意味着长三角城市群与全球尺度城市之间的学术流动主要以长三角城市群的科研人员去往国外高校或科研机构进行短期交流为主。尽管学术流动在长三角城市群国家尺度的对外科学创新联系中发挥了重要作用，但对全球尺度的对外科学创新联系作用较弱。然而，在排名前四的城市中，上海的对外科学创新联系受访学关系、项目合作关系以及师生或同门关系这三类关系类型的影响程度较为均衡。

作为表征学术流动性的另一个指标，同事关系在长三角城市群大部分城市的对外科学创新联系中发挥的作用相对较弱。事实上，同事关系仅在对外科学创新联系排名前四的城市中发挥了一定作用。由于同事关系在全球尺度主要存在于那些当前在长三角城市群工作的学者与其曾经的海外同事之间，因此该发现可能表明排名前四的城市也是海外科研人员回到长三角城市群工作的热门选择。显然，这四座城市均有许多享誉国内外的高校或科研机构，对这些回国的科研人员有较强的吸引力。

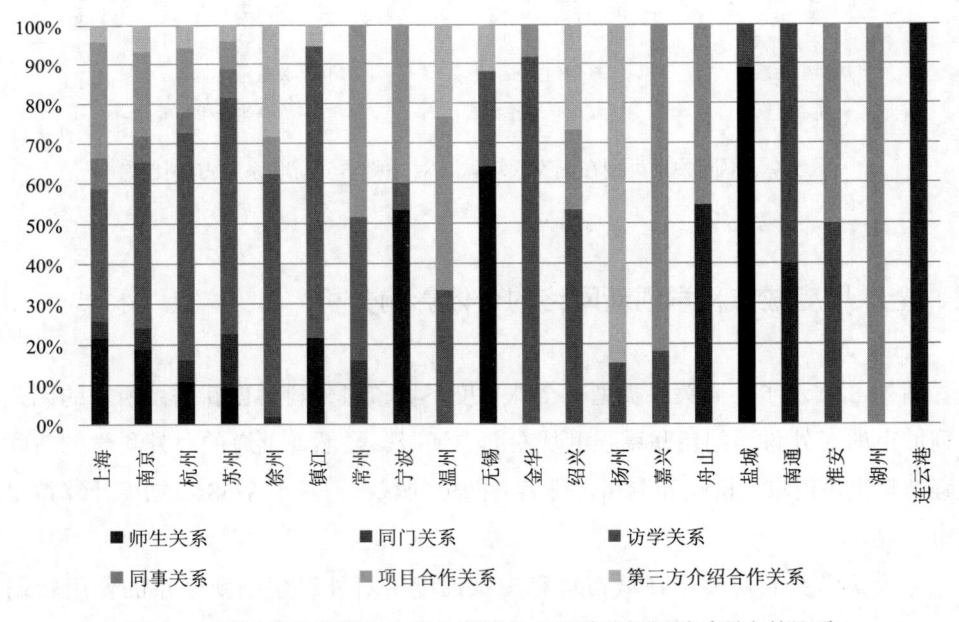

图 5-8　不同关系类型在全球尺度城市对外科学创新联系所占的比重

四、基于不同层面分析结果的机制总结

前文基于"城市对"层面和城市个体层面的分析均表明，上海在全球和国家尺度下的对外科学创新联系强度要显著高于其在城市群尺度下的对外科学创新联系，这也与基于 WoS 数据库计算得出的结果一致。通过比较上述不同层面分析的结果，本节总结提出长三角城市对外创新联系差异背后的微观机制。

如前所述，无论在何种地理尺度下，认知邻近和社会邻近均是促进长三角城市多尺度科学创新网络形成的两个最重要因素。事实上，通过进一步的深入研究，我们可以发现正是各个城市的个体特征影响了它们在科学创新网络中的地位，并造成了相互之间对外科学创新联系的差异。这些个体特征包括长三角城市群各个城市所拥有的高校或科研机构的数量与声望，以及这些城市出台的人才吸引政策和促进与其他地区知名高校或科研机构合作的相关政策等。

每个城市所拥有高校和科研机构的数量和声望都会影响该城市的学术流动模式。前文的分析已经表明，学术流动性能够促进城际科学创新网络的发展，长三角城市群内部各个城市之间在推动学术流动方面的能力差异可以解释其在对外科学创新联系方面的差异。图 5-9 展示了学术流动性如何导致长三角城市之间科学创新联系差异的内在机制。为简化讨论，图 5-9 仅列举了三种常见类型的学术流动性，包括毕业生流动、短期学术访问以及工作地点变更。总体而言，毕业生流动通常发生在城市群尺度或国家尺度下，而学术访问更多的产生于全球尺度下。相比之下，由于工作地点变更而产生的流动在各个地理尺度下都不是学术流动性的主要类型。

一般而言，一座城市拥有的高校或科研机构越多、声望越高，该城市留住毕业生或帮助毕业生去往同等或更高级别的高校或科研机构的能力就越强，这一点也可以解释为何上海在城市群尺度下的对外科学创新联系要弱于南京。事实上，无论是流出上海或流入上海的毕业生，基本都只涉及长三角城市群的几个主要城市（南京、杭州、苏州），上海与长三角城市群其他城市（特别是欠发达城市）之间的毕业生流动较少。相比之下，由于南京顶尖的高校或科研机构数量相对较少，南京的毕业生更可能去往长三角城市群的其他城市工作。这也有助于解释为什么上海在国家尺度下具有更高的对外科学创新联系，因为诸如北京、广州、西安和武汉等城市也有相对较多的一流高校或科研机构。而在全球尺度下，上海的一流高校或科研机构的科

研人员更可能会去往国外的高校或科研机构进行学术访问,从而使得上海拥有全球层面最广泛的对外科学创新联系。

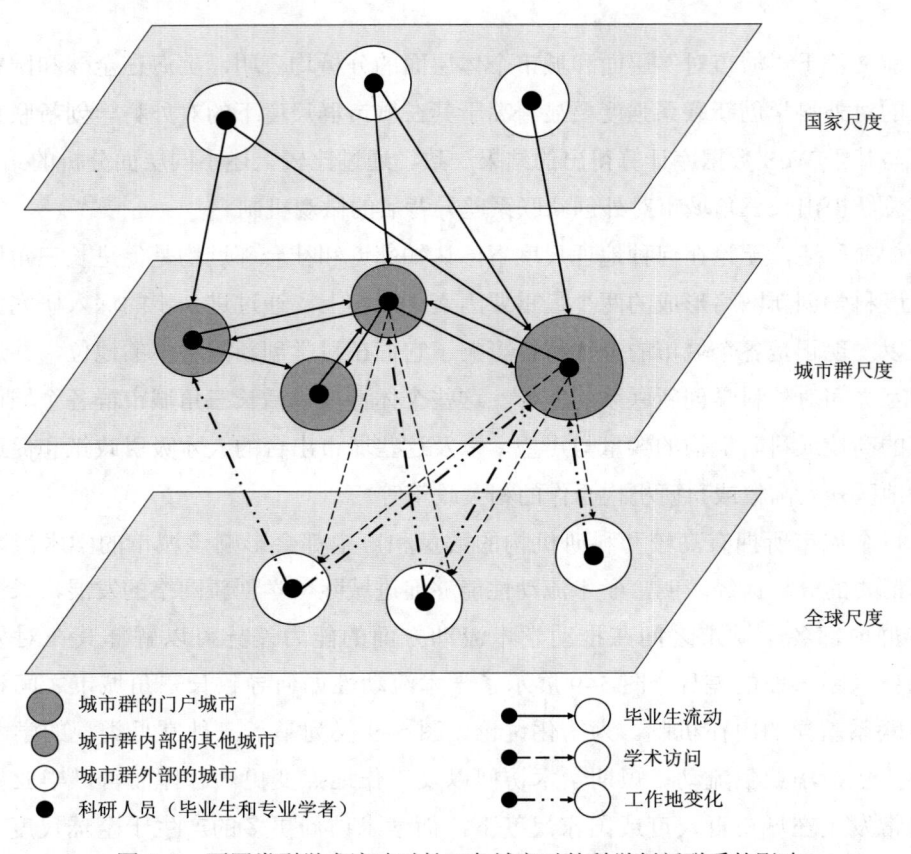

图 5-9　不同类型学术流动对长三角城市对外科学创新联系的影响

高校或科研机构的数量还可能会影响科研人员如何选择研究项目的合作者。来自欠发达城市的科研人员更倾向于向那些来自拥有大量一流高校或科研机构的城市的科研人员寻求合作,而后者则更愿意与那些与其同等或来自更好的高校或科研机构的科研人员合作。事实上,这也进一步解释了上海为何在城市群尺度下的对外科学创新联系相对较弱。

当然,科学政策带来的影响是双重的。首先,有竞争力的人才引进政策以及高声望的高校或科研机构会增加城市对于外来人才的吸引力,这些政策包括各类国家级人才计划,也包括地方政府发布的各类人才计划。这些人才计划往往需要给科研人员提供大量资金,因此经济实力较强的城市往往更易吸引人才,这也是为什么回国的科研人员更多地前往上海或长三角城市群另外三个主要城市工作的原因。其次,一些地方级的人才计划也促进了当地与一些知名高校或科研机构之间的合作。例如,一些欠发达的城市可能会通过与知名高校或科研机构合作建立分支机构以获取外部知识资源,这些分支机构则有助于促进当地学者进一步拓展对外科学创新联系。

第六章 长三角城市多尺度技术创新网络的形成机制

上一章探讨了论文合作者之间的微观邻近对长三角城市多尺度科学创新网络的影响，本章将继续探讨专利申请人之间的微观邻近对长三角城市多尺度技术创新网络的影响。需要说明的是，论文合作者之间的微观邻近可以基于问卷调查获取，但由于专利文本只提供专利申请人的名称和地址信息，我们无法通过类似发送电子邮件的方式对专利申请人进行问卷调查。然而，通过对专利文本的深入分析，我们发现多数合作专利的申请者是组织或机构（如企业、高校和科研机构），仅有很少一部分专利是以个人名义申请，而这些组织的名称之间往往就隐含了专利申请人之间的某种关系。通过借助自然语义分析方法，同时结合互联网信息检索，可以对合作专利申请人之间的关系进行判断，并在此基础上做进一步的邻近分析。

本章在结构安排上与第五章类似：第一节介绍合作专利申请人之间不同类型关系的界定、分类以及和不同维度邻近之间的联系。在此基础上，从微观邻近视角分析长三角城市多尺度技术创新网络的驱动机制。此后的三节分别从三个不同但相关的视角分析专利申请人之间的多维邻近如何影响长三角城市多尺度技术创新网络。具体而言，第二节从整体层面重点探讨了专利申请人之间的微观邻近对长三角城市多尺度技术创新网络的影响。第三节从两两城市构成的"城市对"层面探讨了专利申请者之间的微观邻近如何造成了不同"城市对"之间技术创新联系的差异。第四节从城市个体层面分析了专利申请人之间的微观邻近如何影响了长三角各个城市对外技术创新联系的差异，探讨了为什么某些城市的对外技术创新联系要明显强于其他城市，并进一步分析了上海在长三角城市多尺度技术创新网络中所承担的创新枢纽功能。与第六章结构略有不同的是，上述三节内容虽然以分析专利申请人之间的微观邻近为主，但在具体论述中也会以一些访谈内容作为补充。

第一节　基于专利申请人关系的微观邻近界定

本节首先解释了为什么选择通过界定专利申请人的关系类型而不是直接采用计量回归的方法来研究微观邻近对长三角城市多尺度技术创新网络的影响，随后对界定专利申请人关系类型的过程以及对部分专利申请人的访谈过程进行了说明，最后介绍了如何将专利申请人之间的不同关系类型与专利申请人之间的微观邻近相对应。

一、为什么需要界定专利申请人的关系类型

在已有文献中，计量回归模型常被用来定量分析不同维度邻近对技术创新网络的影响（Balland et al., 2013; Broekel and Boschma, 2012; Hong and Su, 2013; Morescalchi et al., 2015; Ter Wal, 2014），其核心思想是定量测度发明者、组织机构、城市、区域甚至国家之间的不同维度邻近。考虑到我们是关注城市之间的技术创新网络，因此需要对城市之间不同维度邻近进行测度以进行计量分析。然而，由于以下三点原因，本书并未采用传统的计量回归方法，而是选择通过界定专利申请人之间的关系类型来研究微观邻近对长三角城市多尺度技术创新网络的影响。

首先，虽然计量方法可能有助于分析不同维度的邻近对长三角城市多尺度技术创新网络的影响，但由于城市是分析的基本单位，因此它无法直接解释这一网络背后的微观形成机制。然而，探讨长三角城市多尺度技术创新网络背后的微观形成机制是本书的研究重点之一。换言之，城市在运用计量方法的研究过程中被视为"黑匣子"，而在这些黑匣子中，产生技术创新网络的经济实体反而被忽视了。此外，多数采用计量方法的研究中一般很少讨论为何某些"城市对"之间的创新联系要强于其他"城市对"，或者为何某些城市的对外技术创新联系要强于其他城市等问题。

其次，尽管城市之间的地理邻近可以用它们之间的地理距离表示，但城市之间其他维度邻近的测度往往较为困难且缺乏统一标准。实际上，城市层面多维邻近的测度通常也是借鉴了发明者或组织机构层面多维邻近的测度方法。例如，测度发明者或组织机构之间制度邻近的一种常用方法是采用虚拟变量，即如果不存在制度邻近则取值为0，如果存在则取值为1（Balland et al., 2013; Hong and Su, 2013; Ponds et al., 2007），这种方法也常用于测度城市或地区之间的制度邻近（Morescalchi et al., 2015）。但是，对于其他维度邻近（如组织邻近和认知邻近），在发明者或组织机构层面的测度方法一般不适合直接运用于城市层面的多维邻近测度（Balland et al., 2013; Cassi et al., 2015; Scherngell and Lata, 2013; Hong and Su, 2013）。

最后，尽管在一些情况下城市之间的某些维度邻近可以被测度，但仅仅关注回归模型的分析结果仍然不可避免地会丢失合作专利中包含的其他重要信息，这些可能被忽视或丢失的信息往往是城市之间多维邻近的真正来源。例如，通过第五章的分析，我们可以发现学术流动性是城市之间认知邻近的主要推动因素。因此，对专利申请人之间的不同关系类型进行深入挖掘，可以有助于我们更好地理解城市之间多维邻近产生的根源。

二、专利申请人关系类型的界定过程

本书第五章界定了论文合作者之间不同的关系类型，并将其与作者之间的多维邻近相关联。同样，本章也界定了专利申请人之间的不同关系类型，并将不同关系类型与专利申请人之间的微观邻近进行关联。两者的主要区别在于，前者是基于对论文通讯作者进行邮件问卷调查获取相关信息，而后者则是基于自然语义分析与互联网搜索相结合的方法获取相关信息。对于合作专利而言，通过自然语义分析方法识别专利申请人之间的邻近关系具有一定的可行性。一方面，目前专利申请人通常是企业、高校和科研机构，专利申请人之间的邻近关系比论文作者之间的邻近关系要相对简单和清晰。另一方面，在本书构建的研究数据库中，合作专利的数量远少于合作论文的数量，因而识别起来相对较为容易，且易于人工校验核对。

如前所述，本书研究过程中收集的合作专利信息包含了专利申请人的姓名和地址等详细信息，这也使得我们能够进一步确定这些申请者之间的关系。根据合作专利申请人的姓名和地址，通过语义分析方法，并借助百度、谷歌以及其他信息来源（如申请者的官方网站和商业新闻）从而确定申请者之间的关系。为了包括尽可能多的合作专利，只有在尝试了所有可能方法后仍没有可靠信息来源时，才会放弃识别该合作专利申请人之间的关系。尽管数据收集过程很耗时，但最终确定了合作专利中近60%的申请人关系。

一般而言，参与合作专利申请的组织机构主要包括企业和高校科研机构（Hong, 2008; Hong and Su, 2013），虽然目前企业是专利申请的主体，但高校科研机构在专利申请中的作用近年来不断增强。事实上，专利申请已经逐渐成为评估国内研究人员学术和研发绩效的重要标准之一，在一些高校科研机构设立的个人绩效评估框架下，有效的专利申请甚至比发表学术文章更有价值，这在某种程度上也鼓励了高校科研机构申请更多的专利。

广义上讲，这两类的申请者理论上可以形成三种关系类型，即企业—企业关系，高校科研机构—高校科研机构以及企业—高校科研机构。值得一提的是，庞兹等人（Ponds et al., 2007）的研究中也进行了类似的分类，他们将参与科学创新网络的组织机构分为三类：学术组织、企业以及政府和非盈利组织。在此基础上，我们理论上可以构建六种类型的创新合作关系。但是，这种对申请者之间关系进行简单分类的方式可能会遗漏一些有关企业和高校科研机构的详细信息。例如，企业与企业之间的关系可以是两个互相独立的企业之间的关系，也可以是母公司与其子公司之间的关系；企业和高校科研机构之间的关系可以是高校科研机构与独立企业之间的关系，也可能是高校科研机构与其衍生企业之间的关系。

为了进一步考虑申请人之间更为复杂的关系，我们将上述三种关系类型分为了七种子类型，以便更好地解释专利申请人之间的微观邻近与长三角城市多尺度技术创新网络的关系（表6–1）。事实上，我们确实发现获取的专利文本中存在多种类型的企业和高校科研机构，因此有必要对企业和高校科研机构的类型进行进一步的细分。例如，企业中有在国外设立分支机构的国内企业，有在中国运营的外商投资企业，有独立于高校科研机构的国内企业，也有高校科研机构的衍生企业（如校办企业）等。高校科研机构也存在类似情况，如国外的高校科研机构、国内的高校科研机构、与地方政府合作设立的高校科研机构的分支机构等。为了区分申请人之间不同的关系类型，本书采用了"内部联系"和"之间联系"两种说法来区分相关和不相关的组织机构之间的关系。例如，外企内部联系是指在全球尺度下外国母公司与在中国经营的子公司之间产生的联系，也可以指在城市群或国家尺度下一个外国母公司下的两个在中国国内的子公司之间产生的联系。相应地，国内企业内部联系也可以照此定义。企业—高校科研机构之间的联系是指在不同尺度下高校科研机构和不相关的企业（即非高校科研机构衍生企业）之间产生的联系，这类联系主要体现了高校科研机构和企业之间基于产学研合作产生的技术创新联系。

表 6–1　专利申请人之间的不同关系类型

类别	子类	描述
企业—企业	外企内部联系	外资企业内部产生的联系
	国内企业内部联系	本国企业内部产生的联系
	企业之间的联系①	不同企业之间产生的联系
高校科研机构②—企业	高校科研机构与企业内部联系	高校科研机构与其衍生机构之间产生的联系
	高校科研机构与企业之间的联系	高校科研机构与不相关的企业之间产生的联系
高校科研机构—高校科研机构	高校科研机构与高校科研机构内部联系	高校科研机构与其分支机构或与地方合作设立的机构之间产生的联系
	高校科研机构与高校科研机构之间的联系	不同高校科研机构之间产生的联系

三、针对专利申请人的访谈

需要指出的是，上述基于自然语义与互联网检索相结合识别专利申请人之间关系类型的方法本质上仍是探索性的，这是因为我们无法了解到合作专利的申请者之间是否先前就存在联系，因此也需要对部分专利申请人进行访谈以补充这一分析方法的不足。之所以将其作为补充分析，主要是因为进行访谈的数量不够，不具备对宏观研究进行系统分析的代表性。事实上，本书对长三角城市多尺度技术创新网络的微观机制分析在很大程度上还是依赖于对合作专利中申请人关系的识别，这些访谈数据的使用主要是对部分研究结论进行补充或佐证。

从专利申请人中筛选受访者的方式如下：首先，对长三角四大核心城市（上海、苏州、南京和杭州）2012~2014 年这三年间的合作专利申请总数进行识别。结果显示，四大城市合作专利数量占长三角城市群专利申请总数的 85%。其次，分别对四大城市合作专利的申请人进行分类。结果发现，公司是专利申请人的主体，其次是高校和科研机构，再次是个人。在此基础上，通过官网或者个人网页搜集这些专利申请人的信息。由于具有详细联系信息的申请人数量并不多，因而本书并没有采用抽样的方法，而是对收集到的全部申请人进行了逐一联系，以获得尽可能多的回复。

---

① 仅当发现几乎没有证据表明申请者之间可能存在企业内部关系时，才会将申请者之间的关系分配到此子类别。但此子类别的缺点是我们无法进一步指出他们进行合作的根源。

② 由于中国的医院往往是高校的附属医院，且大部分都承担研究功能。因此，为了简化讨论，也将医院归类为高校科研机构。

对专利申请人的访谈集中于 2016 年五月到六月期间，具体步骤如下：首先，尝试通过电话与这些专利申请人（通常是企业，少部分是高校和科研机构）进行联系。常见的一种情况是，当提出希望与企业管理人员或高校科研人员进行面谈的时候，会被直接拒绝。另一种情况主要涉及对企业的访谈，相关人员在向企业主管汇报之后，仍然拒绝接受访谈。这两种情况被拒绝的主要原因可能是因为企业通常将研发视作最高的商业机密，因此对相关问题会十分敏感。尽管上述两种情况经常出现，但本书在研究过程中还是设法对 24 名企业管理人员以及高校及科研机构的研发人员进行了电话或者面对面的访谈（表 6-2），每次访谈的时间持续 30~45 分钟。

表 6-2 专利申请人访谈情况分类表

城市	按访谈类型划分		按受访对象类型划分		总计
	电话	面对面	企业管理人员	高校和科研机构的研发人员	
上海	3	5	6	2	8
苏州	1	5	6	0	6
南京	0	7	4	3	7
杭州	1	2	2	1	3

访谈主要集中在两类问题上。一类问题是他们为什么和其他组织（企业或高校科研机构）合作申请专利，另一类问题是他们如何看待多维邻近对其技术创新网络的影响。在这两类核心问题的基础上，针对不同类型的专利申请人，访谈过程中还会提出其他的一些相关问题。例如，对于企业而言，会对其发展历史、产品、市场、区位选择和当地政府的政策供给等问题进行问询。

由于对公司而言，研发活动通常被视为一种关键的商业行为，因此本书在研究过程中同样也采取了一些保护措施来减轻被访问者对于隐私泄露问题的担忧。首先，在没有得到允许的情况下，不会对该企业进行访谈，以尽可能减少对该企业日常活动的影响。其次，为受访谈人提供两个访谈方式的选择（电话或者面谈），以防止某些受访谈人不喜欢面对面的方式。第三，所有受访者及其公司和机构的信息都采用匿名化处理并被严格保护。

四、界定专利申请人之间的微观邻近

与第五章关注五个维度的微观邻近不同，本章对长三角城市多尺度技术创新网络的微观机制分析仅关注地理邻近和组织邻近，这主要是因为专利申请的主体是企业和高校科研机构这类组织机构，而组织邻近是理解组织之间创新网络的一个非常重要的维度。此外，基于专利申请人之间的不同关系类型所获取的邻近信息更多地也与组织邻近有关，与其他维度邻近（如认知邻近和社会邻近）关联度较低。事实上，仅仅基于本书中界定的专利申请人之间的关系，我们很难准确判断这些组织机构之间是否存在其他维度的邻近，但这并不意味着其他维度邻近对组织机构之间的技术创新网络不重要。从某种意义上说，组织机构之间的认知邻近和社会邻近已经与组织邻近本身融为一体，为了后续分析的简化，本书在文字表述上仅采用了地理邻近和组织邻近。

组织机构之间的地理邻近可以通过组织机构所在城市之间的地理距离来测度，本书采用谷歌地图（https://www.google.com/maps）来测量城市之间的地理距离。尽管其他维度邻近也十分重要，但在多数邻近研究文献中，地理邻近是最受关注的一个维度（Broekel and Boschma, 2012; Hong and Su, 2013; Morescalchi et al., 2015; von Proff and Brenner, 2014）。基于此，我们认为地理邻近对城市之间的技术创新网络具有重要意义，但其影响程度可能视具体的地理尺度不同而产生一定的差异。

组织邻近可以进一步分为组织内邻近和组织间邻近。前者是指相关的组织机构之间（如母子公司或高校科研机构及其衍生企业）的邻近，而后者为彼此无关的组织机构之间的邻近。这里对关联度的判断主要基于两个组织机构之间是否存在所有权关系。结合上文所讨论的申请人之间存在的七种关系类型，本书将组织内邻近分为如下四种关系类型：外企内部联系、国内企业内部联系、高校科研机构与企业内部联系、高校科研机构与高校科研机构内部联系。相应地，组织间邻近包括如下三种关系类型：企业之间的联系、高校科研机构与企业之间的联系、高校科研机构与高校科研机构之间的联系。

需要注意的是，本书中界定的组织内邻近与个体层面界定的组织邻近略有不同，后者一般是根据申请者是否来自同一个组织机构来界定的（Singh, 2007）。此外，本书界定的组织内邻近与从企业层面界定的组织内邻近定义类似（Rice and Aydin, 1991），但本书对组织间邻近的界定更加广义，包括了前文所述的认知邻近和社会邻近。例如，企业之间的技术创新联系可能是由于两家毫无关联的企业之间存在认知邻近或社会邻近。同样，高校科研机构和企业之间的联系可能是由于高校科研机构和企业之间存在认知或社会邻近。由于无法区分这些维度的邻近，因此后续的分析主要基于专利申请人之间的不同关系类型来解释城市之间的技术创新网络。

第二节 整体视角下微观邻近对技术创新网络的影响

通过界定和识别专利申请人之间的不同关系，并针对部分专利申请人进行访谈，以下三节将分别从整体、"城市对"以及城市个体三个层面分别探讨专利申请人之间的微观邻近如何影响长三角城市多尺度技术创新网络。与第五章的论述结构类似，以上三节内容均是从城市群、国家和全球三个尺度分别展开。本节将主要分析专利申请人之间的微观邻近在整体层面如何影响长三角城市多尺度技术创新网络，并探讨在研究期内专利申请人之间的不同关系类型对长三角城市多尺度技术创新网络影响的变化情况。

一、城市群尺度城市技术创新网络的整体影响分析

为了进行这一整体层面的分析，本书统计了专利申请人之间不同的关系类型在城市群尺度下对应的城市间合作申请专利的数量。图6-1展示了2005~2013年城市群尺度下与申请者不同关系类型对应的合作专利数占合作专利总数的比重[①]，从中可以得出一些结论。

[①] 在计算专利申请人不同类型关系占比的过程中，我们采取了与上文针对科学创新网络分析相类似的处理方法，即采用三年移动平均以减少数据波动造成的影响，后续针对国家和全球尺度的分析亦如此。

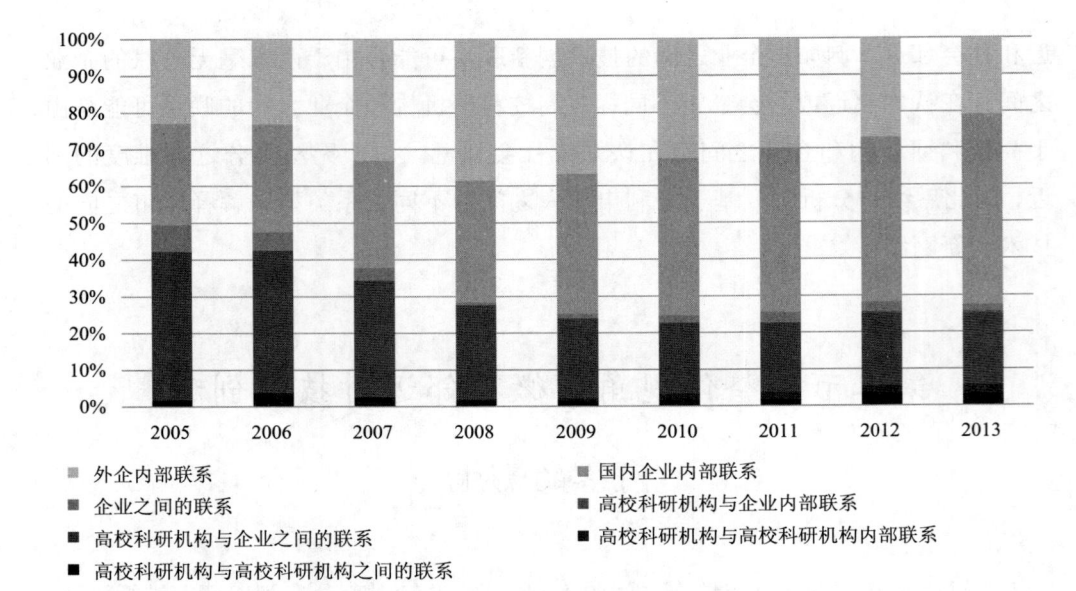

图 6-1　城市群尺度下不同专利申请人关系类型占比

首先，组织间邻近与组织内邻近对城市群尺度下城市技术创新网络所发挥的作用呈现出较为显著的演化特征。总体来看，外企内部联系以及国内企业内部联系是长三角城市群尺度城市技术创新网络形成和演化的主要原因，与这两种关系类型相对应的合作专利数量占比从 2005 年的 50%增加到了 2010 年的 76%，并在此后一直保持相对稳定。合作专利主要产生于外企或本国企业的内部，这与已有一些研究得出结论的一致，即知识在某一特定组织机构内部转移（如从总部转移到子公司或在子公司之间转移）的难度要低于在不同的机构之间转移的难度（Easterby-Smith *et al*., 2008; Li, 2005）。事实上，企业内部的知识转移往往是长期且具有合作性，而企业之间的知识转移通常是短期且具有竞争性（Seufert *et al*., 1999）。此外，知识转移所需的信任在企业之间往往也很难建立（Li, 2005; McEvily *et al*., 2003）。

其次，除了组织内邻近和组织间邻近的作用不断发生变化外，专利申请人之间的不同关系类型在两类邻近中所占的比重也在不断发生变化。就组织内邻近而言，外企内部联系占比在 2005 年到 2008 年间稳定增长，而在 2008 年金融危机的冲击后，这一比重在不断下降。相反，国内企业内部联系占比在研究期内总体呈上升趋势，这可能表明长三角城市群内的中国本土企业越来越多地采取跨地区布局战略。通过对专利申请人的具体信息进行查询和分析，可以发现国内企业内部联系通常有两种模式：一种是母公司与子公司（生产基地或研发中心）之间的内部合作。一个典型例子是前文提及的江苏恒瑞医药有限公司内部的合作，该公司总部位于连云港，在上海设有子公司（研发中心）。还有一个例子是浙江吉利控股集团有限公司内部的合作，该公司总部位于杭州，在台州（浙江）设有生产基地；另一种模式是子公司内部的合作，这主要体现在中国国家电网的子公司之间的合作，其是国内建设和运营电力网络的最大国企之一。近年来高校科研机构和高校科研机构之间的联系占比不断上升也反映了高校科研机构的跨地区布局战略，典型的例子包括东南大学（南京）与其无锡分校之间的合作、南京大学与盐城的一家科研机构之间的合作。

就组织间邻近而言，尽管高校科研机构与企业之间的联系占比在研究期内逐渐下降，但它仍明显高于组织间邻近的其他关系类型占比。此外，该类型关系所占份额要低于外企内部联系和国内企业内部联系的占比，这可能是由于国内产学合作程度还处于较低的水平。例如，Hong（2008）和 Hong and Su（2013）基于国家知识产权局数据库（CNIPA）的研究发现，高校和企业在 1985~2004 年间仅共同申请了不到 5 000 项的专利，远低于他们潜在的合作数量。在城市群尺度下，高校科研机构和企业之间的联系占比不断下降，这可能归因于地理邻近在促进城际技术创新网络中的作用随着距离的增加而不断减弱（Hong, 2008; Hong and Su, 2013）。虽然高校科研机构与高校科研机构之间的联系占比一直在上升，但该联系占比的绝对值相对较小，这些联系主要体现在东南大学与江苏大学（镇江）之间、南京大学与同济大学（上海）之间以及苏州大学（苏州）与中国药科大学之间。

最后一点结论与前文提到的地理邻近的作用有关。图 6-2 展示了 2005 年、2009 年以及 2013 年平均合作专利数量与城市之间地理距离的关系图。总体来看，这三个时间节点的曲线均显示出相似的规律，即地理距离在 300 千米以内的技术创新联系相对较强。然而，从这些图中我们也很难看出合作专利的数量会随着地理距离的增加而下降。相反，我们仅能看到合作专利数的峰值主要出现在地理距离 300 千米以内，如上海和苏州的地理距离为 80 千米，上海和温州的地理距离为 200 千米。此外，合作专利峰值对应的地理距离呈现出一定的扩大趋势。例如，2013 年合作专利的峰值不仅出现在 300 千米以内，同时也在 430 千米处出现了一个峰值。因此综合来看，地理邻近仍然是影响城市群尺度城市技术创新网络的重要因素之一，但它的作用可能会逐渐被组织邻近取代（Boschma, 2005; Boschma and Frenken, 2010; Marrocu et al., 2011; Ma et al., 2015）。

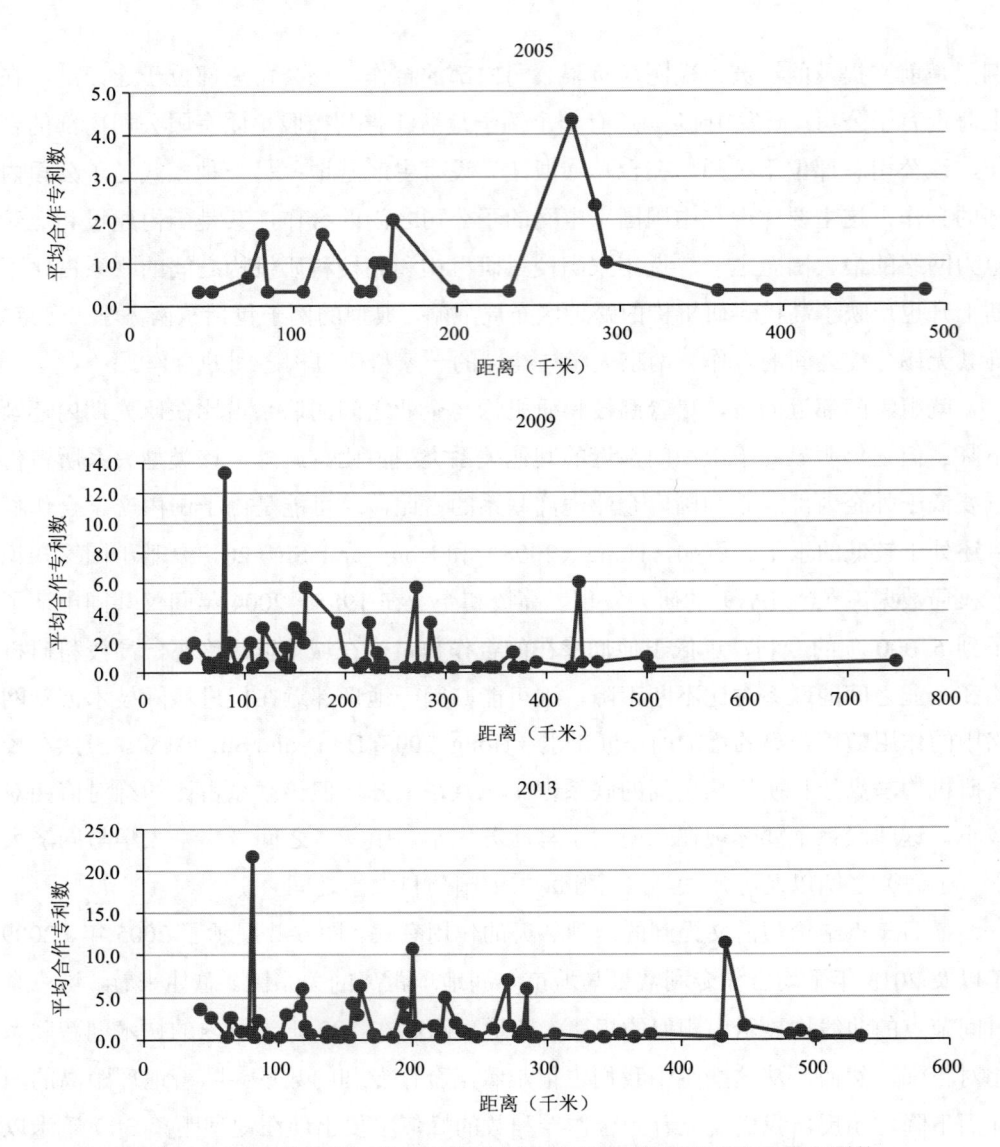

图 6-2　城市群尺度下特定年份城市间不同地理距离对应的合作专利数

二、国家尺度城市技术创新网络的整体影响分析

国家尺度的分析采用了和上一节类似的分析方法，即统计专利申请人之间不同的关系类型在国家尺度下对应的城市间合作申请专利的数量。图 6-3 展示了 2005～2013 年，国家尺度下与申请人不同关系类型相对应的合作专利数占合作专利总数的

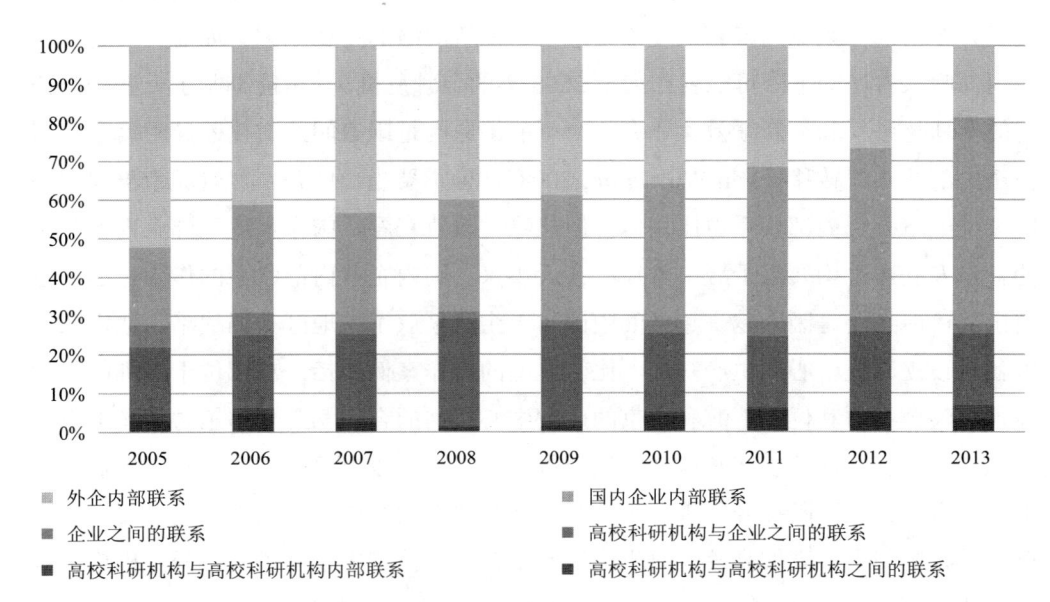

比重，从中可以得出一些结论。

图 6–3　国家尺度下不同专利申请人关系类型占比

首先，国家尺度下的城市技术创新网络主要受外企内部联系和国内企业内部联系所体现的组织内邻近影响，这一点和城市群尺度下的分析结论基本一致。此外，外企内部联系和国内企业内部联系在研究期内占比几乎没变（约 70%），这也再次表明知识更容易在组织内部转移（Easterby-Smith et al., 2008; Li, 2005）。而组织内邻近在促进国家尺度下城市技术创新网络中占据主导作用；这更体现了跨地区企业的重要作用。以外企内部联系为例，跨国公司在长三角城市群以及国家其他地区设立的子公司之间常常存在合作。典型的例子包括 IBM 公司在北京和上海设立的研发中心之间存在合作、博世家电集团在南京和安徽滁州设立的两个子公司之间也存在合作。

其次，与城市群尺度下的结论类似，专利申请人之间的不同类型关系在国家尺度下所占的比重也一直在变化。就组织间邻近而言，近年来高校科研机构和企业之间的联系所占份额一直保持相对稳定，而高校科研机构与高校科研机构之间的联系占比一直在上升，前文也讨论了产生这些变化的原因（Hong, 2008）。不仅如此，国家尺度下与这两类组织间邻近相对应的合作专利数量也均高于城市群尺度下的数值。

就组织内邻近而言，国内企业内部联系占比正在不断上升，并且近年来已经取代了外企内部联系成为国家尺度下城市技术创新网络的主要原因。如前文所述，外企内部联系占比的下降可能要归因于 2008 年的金融危机，其可能抑制了一些跨国公司的全球化进程和创新绩效。还有一个可能的原因是国家间的文化差异阻碍了跨国公司内部的知识转移（Van Wijk *et al.*, 2008）。但需要指出的是，尽管城市群尺度和国家尺度下外企内部联系占比相似，但从绝对数值来看，国家尺度下外企内部联系的合作专利数平均要高于城市群尺度。近年来，国内企业内部联系的作用也越来越突出，可能主要是因为越来越多的中国本土企业采取了跨地区布局战略，他们在全国各地设立研发中心和生产基地。比较典型的合作案例包括：总部位于深圳的华为技术有限公司与其位于上海和南京的研发中心之间的合作、三一重工与其在上海、苏州、北京和长沙的生产基地之间的合作。此外，高校科研机构与高校科研机构内部联系占比也在不断提升。进一步分析专利申请人的构成可以发现，这主要得益于以中国科学院为代表的高校科研机构近年来在全国范围内设立了许多分支机构（包括与地方政府合作设立的研究机构），推动了城市间的技术创新合作。

基于图 6-4，我们也可以进一步分析地理邻近的作用。可以看出，当城市之间地理距离为 1 200 千米左右时，平均合作专利数量达到峰值，随后随着地理距离的增加而不断减少。同时，该图还表明在 1 200 千米以内，随着地理距离的增加，城市间的平均合作专利数量也在增加，这似乎意味着长三角城市和国内其他城市之间的技术创新联系似乎存在最优地理距离（Boschma, 2005; Boschma and Frenken, 2010; Broekel and Boschma, 2012; Marrocu *et al.*, 2011; Nooteboom, 2000）。鉴于多数合作的地理距离在 1 200 千米以内，地理邻近对国家尺度城市技术创新网络的作用可能并不十分显著。当然，由于无法控制其他变量，这一结论成立与否仍需慎重。

三、全球尺度城市技术创新网络的整体影响分析

在全球尺度，我们同样统计了专利申请人之间不同的关系类型对应的城市间合作申请专利的数量。图 6-5 展示了 2005～2013 年，全球尺度下与申请者不同关系类型所对应的合作专利数占合作专利总数的占比[①]，从中可以得出一些结论。

---

① 七种类型的申请者关系仅体现出五种，这主要是因为高校科研机构和企业联系类型、高校科研机构和高校科研机构联系类型均无对应的合作申请。

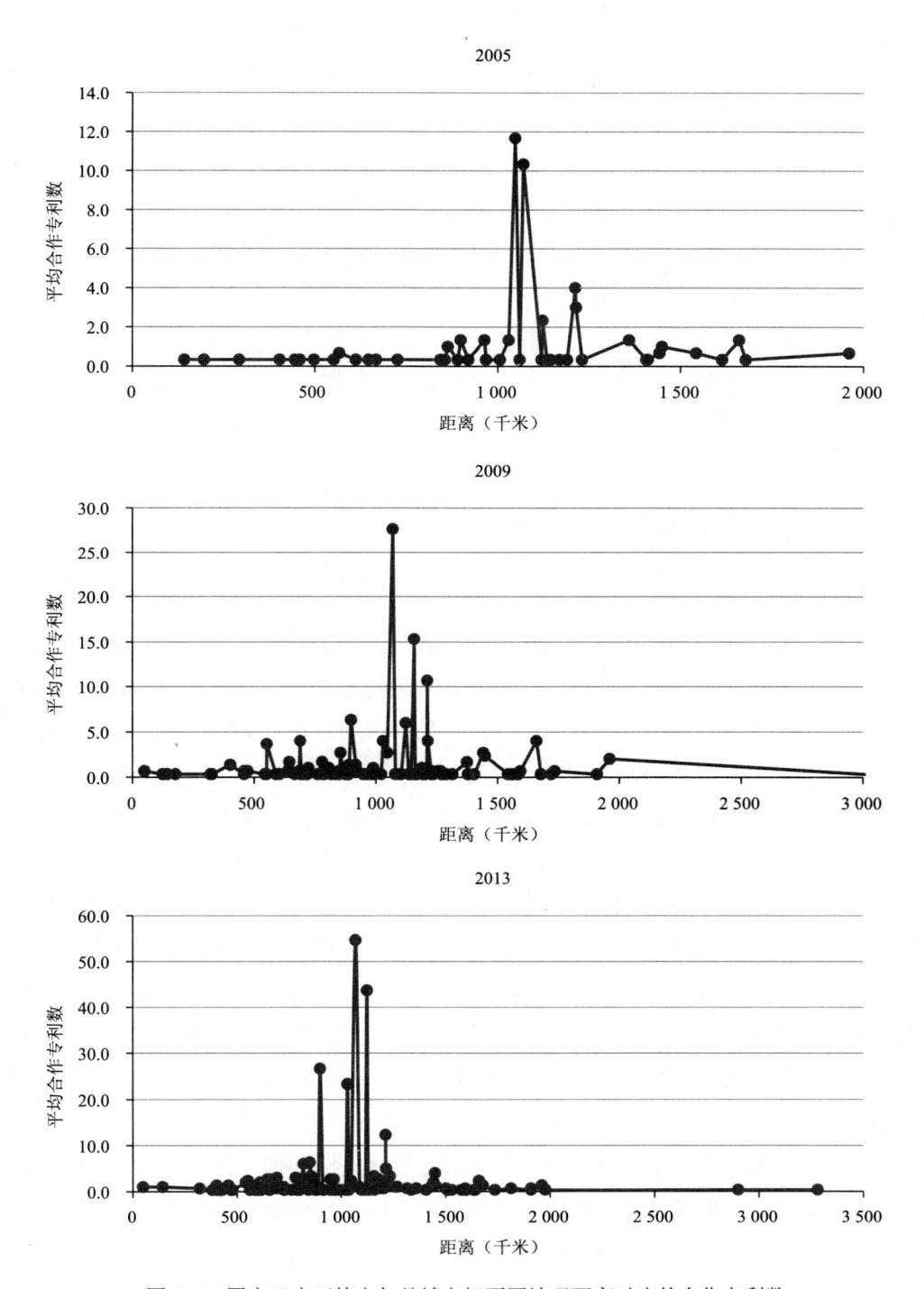

图 6-4 国家尺度下特定年份城市间不同地理距离对应的合作专利数

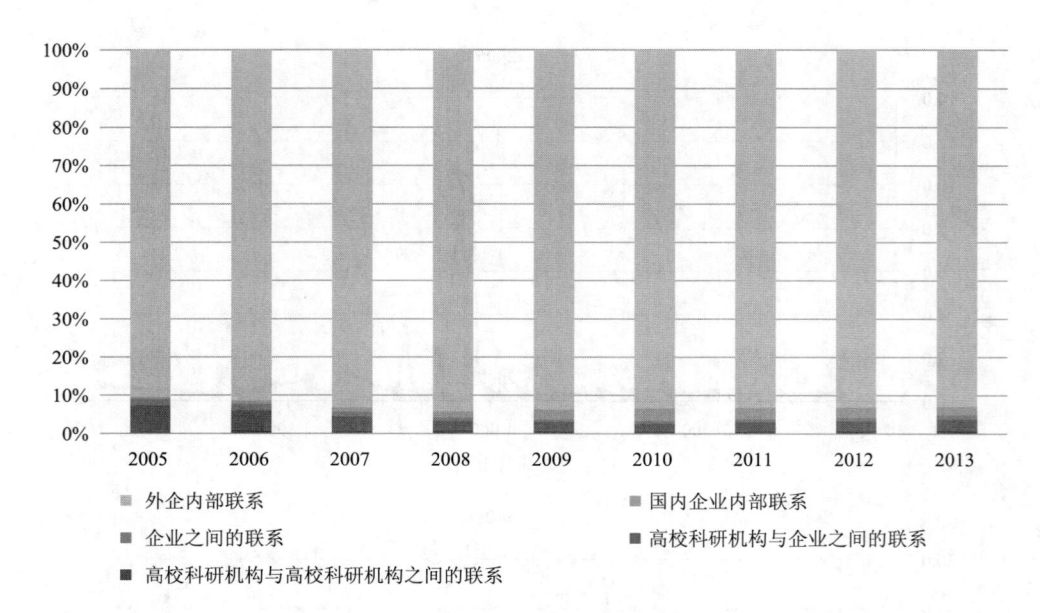

图 6–5 全球尺度下不同专利申请人关系类型占比

首先，外企内部联系所代表的组织间邻近占据了主导地位。多数年份的外企内部联系占比超过 90%，这也明显高于城市群尺度和国家尺度下的占比。虽然在各个地理尺度下，外企内部联系对技术创新网络的形成均发挥了重要作用，但其在全球尺度下的作用显得尤为突出。事实上，已有关于世界城市网络（Coe, 1997; Coffey, 2000; Derudder *et al*., 2013; Faulconbridge, 2006; Taylor *et al*., 2014b）和全球生产网络（Coe *et al*., 2004; Yeung, 2009）的研究结论与本书的发现也基本一致。前者主要关注高端生产性服务业企业和一些跨国公司的国际化进程，后者主要关注生产链在全球尺度的配置。本书研究样本中的外企主要为跨国公司，这些跨国公司通常会基于各地区劳动力成本和人才资源的相对优势，将其研发中心和生产基地分布在全球不同地区。高端生产性服务业公司的国际化进程有助于推动企业内部的知识转移，而一些跨国公司对外直接投资（FDI）产生的全球集群网络也有助于知识流动（Bathelt and Li, 2014）。事实上，对外直接投资是跨国公司在中国进行投资的主要形式之一，而对外直接投资能够通过跨国公司内部的合作网络进行知识转移，从而加强全球各集群之间的联系。跨国公司研发中心的国际化进程（Alnuaimi *et al*., 2012; Cantwell, 1995; Pavlínek, 2012）则是跨国公司在华直接投资活动的一种特殊表现形式。通过对专利申请人的信息进一步分析可以发现，许多全球尺度下的城市间技术创新联系发生在当地的研发中心与其外国总部之间。例如，全球最大的化工企业巴斯夫股份公司，其总部位于德国的路德维希港，在上海建有亚太研发中心。上海和路德维希之间的技术创新联系大部分是基于该研发中心与总部之间的专利合作。

尽管其他类型的专利申请人关系占比较小，我们也可以从中得出一些结论。例如，国内企业之间联系的比重变化体现了一些中国本土企业采取的"走出去"战略（Buckley et al., 2007; Pan and Brooker, 2014），这些国内企业和其他跨国公司一样在全球范围内布局研发中心和生产基地。一个典型的例子是华为技术有限公司，它是总部位于深圳的全球最大的电信设备制造商。根据 2015 年的公司年度报告显示，华为迄今已在全球建立了 16 个研发中心，这些研发中心与总部之间的专利合作推动了其所在城市与深圳之间的技术创新联系，且主要集中在位于长三角城市群（上海和南京）的研发中心与以硅谷、达拉斯和新加坡为代表的海外研发中心。然而，经历了 2005～2010 年的快速增长后，国内企业内部联系所占份额已开始下降。

随着近年来其他三种类型的专利申请人关系占比均略有增加，有必要对其所代表的组织间邻近进行讨论。就企业之间联系和高校科研机构与企业之间的联系而言，技术创新网络通常存在于国内本土企业和一些国外的企业或高校科研机构之间。较为有趣的是，这些国内本土企业多数是生物医学、电子或其他先进技术领域的小型创业公司，而这些公司的创始人一般也是海归。他们在世界著名的高校科研机构中取得学位，并且在国外的公司或高校科研机构中具有丰富的研究经验，这与已有研究关注到的"新阿尔戈英雄"（the new argonauts）的概念（Saxenian, 2007; Saxenian and Sabel, 2008）以及广义上的高技术工人流动（Agrawal et al., 2006; Breschi and Lissoni, 2009; Filatotchev et al., 2011）概念等密切相关。通过对专利原始文本的信息挖掘，我们发现了一些具有代表性的初创公司，如安派科生物医学科技有限公司、苏州晶品光电股份有限公司、爱达索科技（无锡）有限公司等。就高校科研机构与高校科研机构之间的联系而言，技术创新联系往往发生在一些知名高校科研机构之间，如长三角城市群的上海交通大学、中国科学院上海生物科学研究所、南京大学和浙江大学，以及全球层面的香港大学、新加坡国立大学和麻省理工学院等。

与国家尺度下的分析结论一致，地理邻近对全球尺度技术创新网络的影响似乎也并不显著。如图 6-6 所示，长三角城市与全球尺度城市相距 9 000 到 12 000 千米时，平均合作专利的数量最高，此前或此后专利数量均明显下降。换言之，长三角城市与全球其他城市之间的技术创新联系的最优地理距离可能为 9 000 到 12 000 千米。事实上，已有一些研究已经关注到了有关知识转移最优邻近的问题（Boschma, 2005; Boschma and Frenken, 2010; Nooteboom, 2000），豪威尔（Howells, 2012）也很

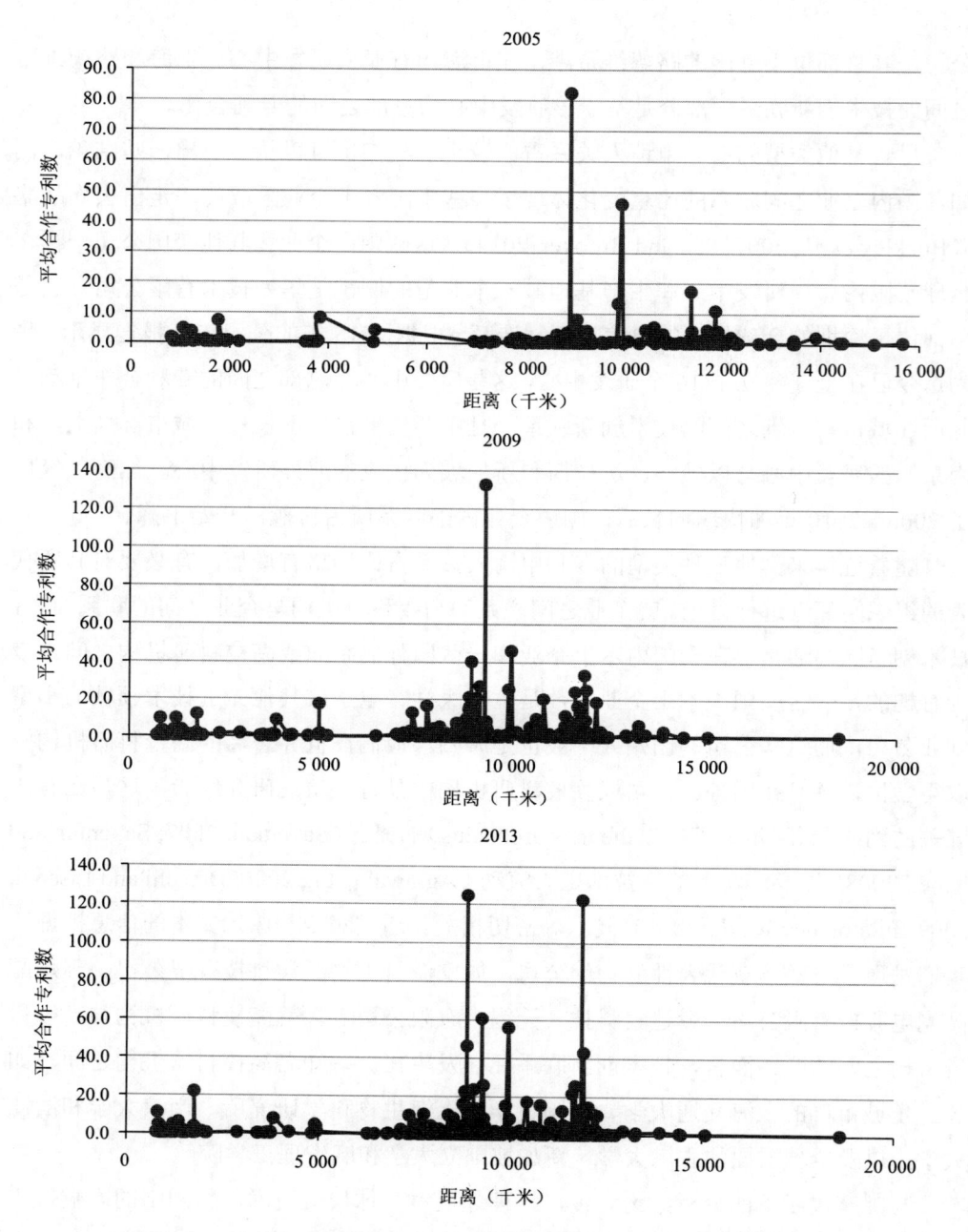

图 6-6　全球尺度下特定年份城市间不同地理距离对应的合作专利数

早就提出"创新合作的地理尺度不能过于接近也不能过于遥远"这样的观点。但由于无法控制其他变量，所以我们仍需慎重看待最优地理距离的结论。然而，以下两个事实也进一步证实了地理邻近的影响可能并不显著。首先是多数合作专利产生于地理距离小于 12 000 千米的城市之间,且在这一范围内,随着地理距离的增加,专利数量总体也呈上升趋势。其次是全球尺度下合作专利的数量整体要高于城市群尺度和国家尺度的专利合作量。

第三节 "城市对"视角下微观邻近对技术创新网络的影响

如前所述,虽然整体层面的分析有助于理解在不同地理尺度下专利申请人之间的微观邻近对长三角城市多尺度技术创新网络整体结构的影响,但结果本身无法解释具体城市之间的技术创新联系差异。由于城市间技术创新联系的强度在不同地理尺度下具有显著的差异,所以这些"城市对"之间差异背后的微观机制在不同地理尺度上也可能存在差异。事实上,不同地理尺度下城市间技术创新联系的驱动机制在前文中已有提及。本节将基于上述分析,进一步探究专利申请人之间的不同关系类型对具体"城市对"技术创新联系的影响。考虑到"城市对"的合作专利数量偏少,且上文已经从整体层面对不同关系类型作用的演化特征进行了分析,本节仅选择 2013 年特定"城市对"的技术创新联系进行具体分析。

一、城市群尺度城市技术创新网络的"城市对"分析

表 6–3 列出了城市群尺度下技术创新联系排名前十名的城市,同时也列出了对每个"城市对"技术创新联系影响最大的四类专利申请人关系及占比。可以发现,对大多数"城市对"而言,影响技术创新联系的因素少于四个。在城市群尺度下,排名前十名的"城市对"的合作专利数占合作专利总数的 58.1%[①],从中可以得出以下结论。

首先,与其他城市相比,上海、南京、杭州和苏州之间技术创新联系的影响因素更为多样,并且不同"城市对"的主要影响因素存在差异。具体而言,上海—苏

[①] 这个占比相对较低是因为有很多城市的合作专利数量相对较少,无法进入前十名。 在国家和全球尺度下也存在类似的现象,这也导致在各个地理尺度下特定城市对的合作专利数量占比相对较低。

州和上海—杭州两个"城市对"技术创新联系的影响因素存在一定的相似性。外企内部联系是这两个"城市对"技术创新联系的主要影响因素，随后是国内企业内部联系和高校科研机构与企业之间的联系。外企内部联系起主导作用一定程度上反映了一些跨国公司的多区位布局策略，即以上海为地区总部或研发中心，其他周边城市为生产基地或其他研发基地。对这些跨国公司而言，设施共享度和交流便利度可能是他们进行区位选择需要考虑的重要因素。许多跨国公司（如拜耳、通用电气和摩托罗拉）在长三角城市群内部进行了多元化的投资活动，这些投资活动均是以上海为中心，在其周边区域布局研发中心或生产基地（Sun *et al.*, 2006; Chen, 2006, 2007）。通过对专利文本的信息挖掘，我们可以发现许多有代表性的知名跨国公司，如施耐德电气、陶氏化学公司和默沙东公司，这三家企业均在上海设有区域研发中心，同时前两家公司在苏州设有子公司，第三家企业在杭州设立了最大的区域性生产基地。苏州等上海周边城市从这些跨国公司的区域布局战略中获益颇多，这主要是由于跨国公司的子公司通过内部的知识转移进一步加强了苏州等上海周边城市与上海的技术创新联系。正如一位在苏州工作的受访者所说："我们决定将制造公司设在苏州，主要是因为它离上海很近。我们可以轻松地与我们在上海的区域研发中心工作的同事进行协作，他们也可以快速响应我们的需求和想法。"

表 6–3　城市群尺度下技术创新联系排名前十的"城市对"主要申请者关系类型

城市对	排名前四的申请者关系类型			
	第一	第二	第三	第四
上海—苏州	I (51.4%)	II (31.9%)	V (16.7%)	—
上海—连云港	II (91.2%)	V (8.8%)	—	—
上海—温州	II (90.6%)	V (9.4%)	—	—
上海—南京	V (38.1%)	II (33.3%)	I (19%)	VII (9.5%)
上海—杭州	I (44.4%)	II (27.8%)	V (22.2%)	III (5.6%)
上海—无锡	II (57.9%)	I (36.8%)	III (5.3%)	—
上海—台州	V (70.6%)	II (23.5%)	I (5.9%)	—
杭州—台州	II (86.8%)	V (6.6%)	I (6.6%)	—
上海—杭州	II (53.8%)	I (30.8%)	V (15.4%)	—
南京—苏州	II (57.1%)	V (21.4%)	I (14.3%)	VII (7.1%)

注释：I 表示外企内部联系，II 表示国内企业内部联系，III 表示企业之间的联系，V 表示高校科研机构与企业之间的联系，VII 表示高校科研机构与高校科研机构之间的联系；括号中为与各原因有关的城际创新联系占比。

与上海—苏州和上海—杭州这两个"城市对"不同，上海—南京"城市对"的技术创新联系则主要受高校科研机构和企业之间的联系影响，这可能与这两座城市丰富的科创资源有关。事实上，高校科研机构和企业之间的联系在上海—苏州、上海—杭州和南京—杭州"城市对"中的作用也较为突出，这也进一步证实了相关研究得出的结论，即地理邻近对高校和企业之间联系影响较小（Laursen et al., 2011; Hong and Su, 2013）。然而，由于高校与科研机构并非专利申请的主体，因此上海和南京之间的技术创新联系并不十分密切。

其他"城市对"的技术创新联系主要与国内企业内部联系有关，但存在一定的差异。对于上海—无锡和上海—常州"城市对"而言，外企内部联系的作用是一个十分关键的影响因素，这可能与无锡和常州具有良好的工业基础有关。相应地，对一些欠发达城市（如连云港、温州和台州）与较发达城市（如上海和杭州）之间的技术创新联系而言，其可能更主要地受由少数大企业主导的国内企业内部联系的影响。例如，上海—连云港的技术创新联系是由两家总部位于连云港并在上海设有研发中心的知名制药公司——江苏恒瑞药业有限公司和江苏汉森药业有限公司所主导，而上海—台州的技术创新联系更多的是高校科研机构和企业之间的合作。这一点与上海—南京"城市对"的技术创新联系具有一定相似性，但两者的区别在于，前者主要是上海的高校科研机构和台州的企业（如浙江海正制药有限公司）形成的单向合作关系，而后者则是双向合作关系，这也反映了欠发达城市对外部知识资源的依赖性，外部知识资源对这些城市融入区域创新网络具有非常重要的作用。

二、国家尺度城市技术创新网络的"城市对"分析

表 6-4 列出了国家尺度下技术创新联系排名前十的"城市对"及与其有关的关系类型所占比。排名前十名的"城市对"合作专利数占专利总数的 65.2%，略高于城市群尺度的比重。以下将分别对这些"城市对"的驱动机制进行探讨。

上海、杭州、南京和苏州均与北京建立了较为紧密的技术创新联系，但形成这些联系的原因存在差异。其中，上海—北京之间的联系主要归因于外企内部联系，两座城市均吸引了大量跨国公司设立地区总部或研发中心，从而出现了外企内部联系占主导地位的现象。跨国公司的研发中心在上海和北京高度集聚，这不仅仅是其决策者对市场规模、劳动力成本和创新基础设施综合考量的结果，也是出于对传统经济不确定性的权衡（Sun and Wen, 2007; von Zedtwitz, 2004）。例如，von Zedtwitz

（2004）收集的199家外国研发机构中，在北京的有78家，上海的有61家。英特尔是本书研究样本中一个值得关注的跨国公司，该公司在北京和上海均设有研发中心，即英特尔中国研究中心、英特尔技术开发（SH）有限公司和英特尔中国软件中心。另一个值得关注的跨国公司是诺基亚，该公司在北京和上海也都设有子公司。

杭州—北京以及南京—北京的技术创新联系主要与国内企业之间的联系有关，但在企业类型方面存在差异。杭州—北京的技术创新联系主要由华三通信技术有限公司所主导，该公司是一家总部设立于杭州的信息技术公司，并同时在杭州和北京设立有研发中心。南京—北京的技术创新联系主要形成于国家电网的内部联系，其是中国最大的国有企业之一。而苏州—北京的技术创新联系较为独特，主要产生于高校科研机构和企业内部的联系。江苏华东锂电技术研究院有限公司是其中一个典型的代表，该公司是由苏州张家港人民政府与清华大学核能与新能源技术研究院于2013年联合建立的企业法人机构，与清华大学之间保持了紧密的产学研合作关系。

其他六个"城市对"的形成原因可划分为三种类型。上海—深圳与其他"城市对"存在显著差异。该"城市对"的技术创新联系主要是由高校科研机构和企业之间的联系形成的，其主要构成是总部设立于深圳的华为技术有限公司与上海交通大学和复旦大学之间的技术创新联系。除华为技术有限公司外，中兴通讯等其他公司也与上海的高校科研机构之间存在合作联系，再次体现了上海知识资源的竞争力以及高校科研机构较少地区（如深圳）依赖外部知识资源的发展模式。

宁波—烟台、苏州—长沙和上海—广州这三个"城市对"技术创新联系的形成可主要归因于国内企业内部联系。这三个"城市对"技术创新联系的模式具有一定的相似性，均是由一家大公司主导。具体而言，宁波—烟台的技术创新联系完全由万华化工集团有限公司所主导，该"城市对"的技术创新联系依赖于该公司位于烟台的总部与位于宁波的研发和生产基地之间的企业内部联系。苏州—长沙的技术创新联系则完全由三一重工所主导，该公司此前总部位于长沙[①]，但在苏州设有生产子公司。上海—广州的技术创新联系主要是由金发科技股份有限公司所主导，该公司总部位于广州，同时在上海、苏州、天津和武汉等国内其他城市设有子公司。

上海—长春和上海—大连这两个"城市对"的技术创新联系主要是由高校科研机构与企业之间的联系形成。与上海—深圳之间的模式不同，这两个"城市对"与位于上海的跨国公司和另外两座城市的高校科研机构之间的技术创新联系有关。具

[①] 三一重工总部于2012年搬到北京，但该公司仍有很多研发和生产基地在长沙。

体而言，技术创新联系主要产生于化工巨头巴斯夫的上海研发中心与中科院长春应用化学研究所和中科院大连化学物理研究所之间，巴斯夫与这两个研究所开展研发合作，主要是因为这两个研究所在化学和新材料领域具有较强的研究实力。上海—大连的技术创新联系也与位于这两个城市的高校科研机构之间的联系有关，且主要存在于中科院下属的不同子机构之间。

表 6–4 国家尺度下技术创新联系排名前十的"城市对"主要申请者关系类型

城市对	排名前四的申请者关系类型			
	第一	第二	第三	第四
上海—北京	I (58.1%)	II (24.4%)	V (13.1%)	VII (2.5%)
杭州—北京	II (90.2%)	I (5.3%)	V (2.3%)	VII (2.2%)
南京—北京	II (77.5%)	V (13.8%)	I (6.3%)	VII (2.5%)
苏州—北京	IV (39.7%)	II (36.8%)	V (13.2%)	I (10.3%)
上海—深圳	V (44.4%)	II (27.8%)	I (19.4%)	III (5.6%)
宁波—烟台	II (100%)	—	—	—
苏州—长沙	II (100%)	—	—	—
上海—广州	II (76.5%)	V (17.6%)	I (5.9%)	—
上海—长春	V (100%)	—	—	—
上海—大连	V (70%)	VI (30%)	—	—

注：I 表示外企内部联系，II 表示国内企业内部联系，III 表示企业之间的联系，IV 表示高校科研机构与企业内部联系，V 表示高校科研机构与企业之间的联系，VI 表示高校科研机构内部联系，VII 表示高校科研机构与高校科研机构之间的联系；括号中为与各原因有关的城际创新联系占比。

三、全球尺度城市技术创新网络的"城市对"分析

表 6–5 列出了全球尺度下技术创新联系排名前十的"城市对"及与其相关的专利申请人不同关系类型的占比，这十个"城市对"合作专利数占合作专利总数的 41.3%[①]。

从表 6–5 中可以明显看出所有"城市对"均与上海有关，并且外企内部联系是

---

① 这一比重相对较低的原因前文已经提及。在全球尺度下，技术创新联系排名前二十的"城市对"的合作专利数占比会提升到 54.2%。囿于篇幅限制，本节中仅分析了排名前十的"城市对"。后面还将提及的一个原因是多数"城市对"之间技术创新联系背后的原因基本一致，即可以主要归因于外企内部联系。

这一系列"城市对"技术创新联系的主要甚至是全部来源。这也表明，上海是很多跨国公司研发中心和生产基地集中布局的城市（Chen, 2006; Sun et al., 2006; Sun and Wen, 2007）。外企内部联系是这些"城市对"技术创新联系形成的主要原因，与前文全球尺度的整体分析结果一致。"城市对"技术创新联系的主要区别在于这一类联系是产生于跨国公司内部还是不同跨国公司之间，如上海—路德维希港之间的技术创新联系完全是由巴斯夫大中华区总部和亚太创新园以及德国以外的两个生产基地所主导，上海—曼海姆之间的技术创新联系与巴斯夫内部的企业合作有关。其他"城市对"的技术创新联系则往往产生于不同的跨国公司之间，如上海—纽约之间的技术创新联系与 IBM、默沙东、哈曼国际工业公司和霍尼韦尔国际公司等跨国公司的内部联系有关。

表 6–5 全球尺度下技术创新联系排名前十的"城市对"主要申请者关系类型

城市对	排名前四的申请者关系类型			
	第一	第二	第三	第四
上海—路德维希	I (100%)	—	—	—
上海—纽约	I (97.5%)	V (1.9%)	II (0.6%)	—
上海—巴黎	I (93.9%)	V (6.1%)	—	—
上海—硅谷	I (98.2%)	V (1.8%)	—	—
上海—曼海姆	I (100%)	—	—	—
上海—费城	I (100%)	—	—	—
上海—波士顿	I (94.8%)	VII (3.9%)	V (1.3%)	—
上海—巴赛尔	I (100%)	—	—	—
上海—法兰克福	I (97.5%)	II (1.5%)	—	—
上海—东京	I (97%)	V (3%)	—	—

注释：I 表示外企内部联系，II 表示国内企业内部联系，V 表示高校科研机构与企业之间的联系，VII 表示高校科研机构与高校科研机构之间的联系；括号中为与各原因有关的城际创新联系占比。

除了外企内部联系，高校科研机构与企业之间的联系、高校科研机构之间的联系以及国内企业内部联系对某些"城市对"技术创新联系的形成也存在一定影响。例如，高校科研机构与企业之间的联系是上海—巴黎这一"城市对"技术创新联系形成的主要原因，其联系主要发生于上海的医药工业研究院和华东师范大学与法国如施维雅实验室和罗地亚（苏威集团）等企业之间。上海—波士顿这一"城市对"的技术创新联系也部分和高校科研机构之间的联系有关，其主要产生于中国科学院上海有机化学研究所与哈佛大学、上海交通大学、麻省理工学院等之间的合作。上海—法兰克福这一"城市对"的技术创新联系与国内企业内部联系也有一定关系，其主要产生于中国建材国际工程集团（CTIEC）与德国的 CTF 太阳能之间。前者是一家总部位于上海的国有企业，后者是一家于 2011 年被前者收购的德国工程企业。

第四节 城市个体视角下微观邻近对技术创新网络的影响

前两节分别从整体层面和"城市对"层面对专利申请人之间的微观邻近如何影响长三角城市多尺度技术创新网络进行了分析，本节则从城市个体层面，对不同地理尺度下城市对外技术创新联系强度差异的形成原因进行探究。通过计算不同类型专利申请人关系的占比，可以进一步探讨长三角城市群不同城市之间对外技术创新联系强度差异的原因。同时，占比也可以在一定程度上解释上海在促进长三角城市多尺度技术创新网络发展中所发挥的创新枢纽功能。受篇幅所限，本节仅对 2013 年的特定城市进行分析。图 6-7 至图 6-9 反映了不同地理尺度外部创新联系最多的十个城市及各自涉及的不同类型申请者关系的占比。

一、城市群尺度城市技术创新网络的个体影响分析

在城市群尺度下，共有九座长三角城市与城市群内其他城市之间存在 10 件以上的合作专利，图 6-7 按外部创新联系强度的降序列出了这些城市。总体而言，可以将这九座城市划分成两类进行分析。第一类由排名最高的两座城市上海和苏州组成。对于这两座城市而言，外企内部联系和国内企业内部联系占比相差不大，表明这两座城市在与长三角城市群内部其他城市形成技术创新联系的过程中，本土企业和外商投资企业均发挥了重要作用。此外，这两座城市的外企内部联系占其外部创新联系的比重要显著高于其他城市，再次证实了上海和苏州在跨国公司全球研发和生产网络中具有的重要战略作用，也是长三角城市群大多数外企内部联系均发生在上海与苏州的原因。除外企内部联系之外，高校科研机构和企业之间的联系也是两座城

市产生外部技术创新联系的重要原因，而上海与苏州的不同之处在于上海的联系主要和高校科研机构有关，而苏州则更多的是与企业相关。

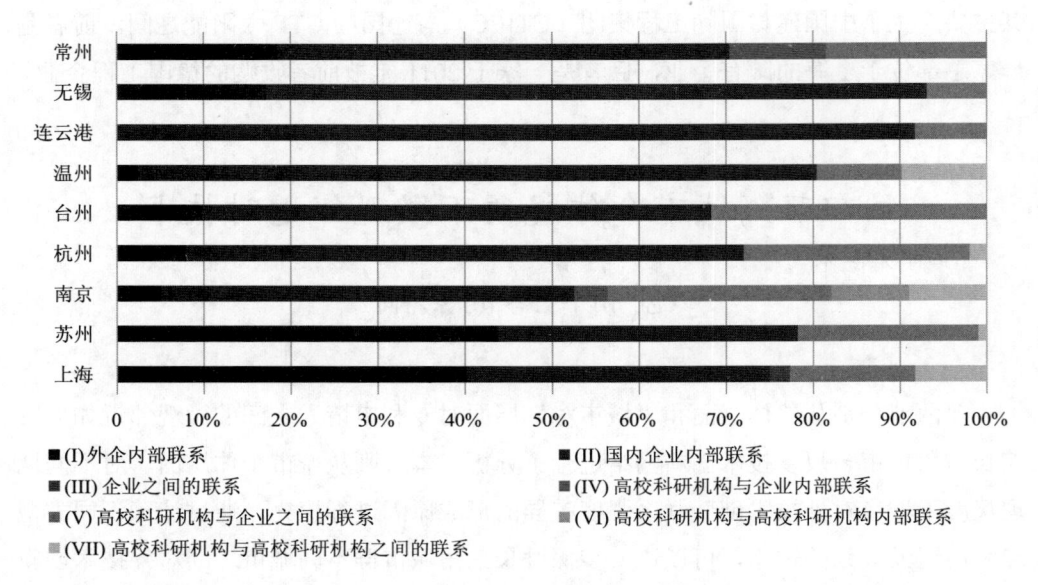

图 6–7　城市群尺度下长三角城市不同专利申请人关系类型所占对外创新联系的比重

第二类则是由剩余的七座城市构成。这类城市的外部联系大多依赖于国内企业内部联系，但是仍需对其进行进一步分析。首先是南京和杭州，这两座城市的外企内部联系所占创新联系的比重均相对较低，甚至低于长三角城市群的一些非核心城市，如台州、常州、无锡。对于杭州而言，造成这一结果的原因可能是其民营经济导向的发展模式以及高校科研机构数量较少。众所周知，民营经济是浙江经济发展的主要驱动力，这可能在某种程度上削弱了杭州对国外制造业跨国公司的吸引力。相关报道显示，服务业占据了杭州近三分之二的对外直接投资份额①。此外，杭州仅有浙江大学这一所知名高校，也在某种程度上降低了对国外跨国公司的吸引力。当被问及杭州为何较少成为一些跨国公司的研发或生产基地这一问题时，上海的一些受访者也提到了上述两个原因。例如，一位在上海的跨国公司的研发中心的工作人员在访谈时说道："杭州无疑是一座宜居城市，拥有世界知名的西湖和大运河。杭州的空气质量和城市环境也十分优越。但至少在目前，我们不太可能考虑在杭州建立另一个研发中心或生产基地。因为杭州的一流高校和研究机构的数量十分有限，无

---

① 见 http://hzdaily.hangzhou.com.cn/hzrb/html/2007-05/15/content_96111.htm，获取于 2017 年 2 月 22 日。

法为我们提供足够的知识支持,并且我们的行业类型不适合当地政府。"

上述原因可以解释为什么在杭州的技术创新联系中外企内部联系占比较低,但无法对南京的情况进行解释,因为南京具有较为丰富的知识资源和多元化的产业结构。南京拥有南京大学、东南大学以及中科院的多个研究所,形成了以石化、汽车制造、钢铁生产和电子信息等为支柱的产业体系。对于南京而言,对跨国公司吸引力弱的原因可能是由于其与上海之间的经济联系较弱以及对外开放程度低于上海。正如另外一位上海的受访者所说:"我认为我们公司的决策者未在南京建立分支机构可能的原因有两个。大家都普遍认为上海与苏州或无锡这类城市之间的经济联系要强于与南京,南京本身对其周边城市具有一定的经济影响。如果需要另一个生产基地,我们更愿意选择苏州而非南京。此外,南京的全球影响力还不够强,与苏州的新加坡工业园相比,南京的开发区在国际上知名度不高。"

另外需要讨论的是,对于一些缺乏高校科研机构的城市来说,寻求外部合作或吸引高校科研机构在当地设立分支机构是这些城市提升对外技术创新联系通常所采取的一些策略。这些城市往往表现出较高的高校科研机构和企业之间联系比重以及高校科研机构与企业内部联系比重,比较有代表性的城市是台州和常州。例如,总部位于台州的浙江海正药业有限公司一直与上海医药工业学院保持着稳定的合作关系。常州除了寻求外部知识支持外,还积极与南京大学、东南大学等长三角内的一流高校科研机构合作设立研究机构。

二、国家尺度城市技术创新网络的个体影响分析

图 6-8 按外部创新联系强度降序列出了 2013 年国家尺度下合作专利数在 10 件以上的六座城市,从中可以得出以下结论。

首先,除了上海的对外技术创新联系主要受外企内部联系影响外,其余五个城市主要受国内企业内部联系的影响,这再次证明上海对于跨国公司的吸引力。南京、苏州和杭州的对外技术创新联系也与外企内部联系具有一定的关联性,在这三座城市中,南京的外企内部联系占比最高,与城市群尺度下的情况完全不同。当然,这也可能表明苏州在城市群尺度下的外企内部联系比重较高是因为其与上海之间的紧密联系。如前文所述,在上海设有子公司的跨国公司更有可能在苏州而不是南京设立其他机构。然而,南京在国家尺度下具有知识和交通等方面的优势,在全国范围内寻求投资机会的跨国公司可能会更倾向于选择南京而非苏州。正如一位在跨国公

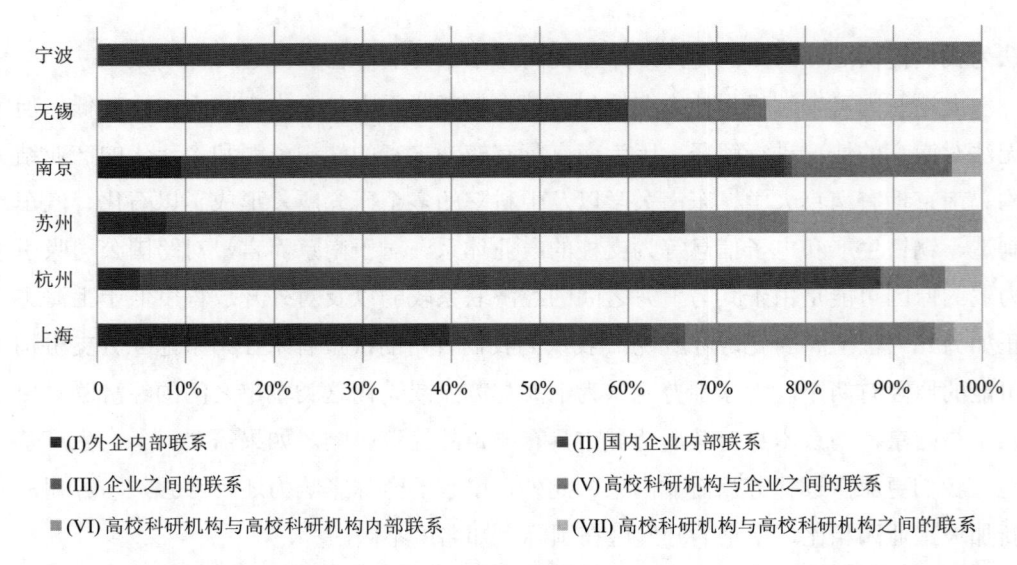

图 6–8　国家尺度下长三角城市不同专利申请人关系类型所占对外创新联系的比重

司南京子公司工作的受访者所言："我们的子公司承担着研发和生产的职能。之所以决定在南京设立子公司就是因为其拥有较多的一流高校或科研机构，并且有一些在我们行业颇具盛名。尽管出于技术安全的考虑，我们多数的研发活动是与北京的区域研发中心进行合作，但我们还是在积极寻求与南京的高校科研机构建立一些联系。如我们目前已经招募了一些从南京大学和中国药科大学毕业的研发人员，我们与北京研发中心的合作偶尔也会涉及南京的一些高校科研机构。此外，我认为南京在吸引投资方面的优惠政策和便利的交通条件也是我们选择南京的重要因素。"

与城市群尺度相比，上海和南京的高校科研机构与企业之间的联系占外部创新联系的比重也相对较高。在国家尺度下，这两座城市与高校科研机构和企业之间联系相关的合作专利的数量也相对较多，可能是由于当企业在全国范围内选择合作者时，它们不仅会考虑地理邻近，还会考虑高校科研机构的声誉和研究实力（Hong and Su, 2013）。一些在高校科研机构工作的受访者的说法也佐证了这一观点，如上海的一位受访者提到："我认为地理邻近并非我们高校与企业之间合作的原因，我们机构经常会受到来自国内不同省份（如北京、山东、广东、四川甚至是西藏）的企业的合作邀请。俗话说"酒香不怕巷子深"，只要你在你的领域有竞争力，无论你身处何处，那些需要技术支持的企业都会主动与你联系。"另一位南京的受访者也有类似的说法："我们研究所与武汉和西安的一些企业进行了创新合作，他们之所以选择我们，主要是因为我们在相关行业的研究领域中处于领先地位。地理位置实际上并不重要。"

最后，苏州和无锡等知识资源相对缺乏、但经济实力强劲的城市也在积极寻求外部创新资源，但与台州和常州这类城市的本地企业选择主动"走出去"在长三角城市群内寻求创新支持的策略不同，苏州和无锡则主要采取"引进来"的战略，即吸引国内很多著名的高校科研机构在本地设立分支机构。高校科研机构和高校科研机构内部联系具有较高的比重，是这两座城市"引进来"战略的集中反映。苏州的联系主要发生在清华大学与江苏华东锂电技术研究院之间，而江苏华东锂电技术研究院是清华大学与苏州市政府于 2013 年合作设立的研究机构，这在前文也已提及。无锡的高校科研机构内部联系主要发生在江苏物联网研发中心与中国科学院微电子研究所之间，而江苏物联网研发中心是中国科学院、江苏省政府和无锡市政府合作设立的研发中心。

三、全球尺度城市技术创新网络的个体影响分析

在全球尺度下，长三角城市与全球其他城市之间合作专利数量超过 10 件的城市一共有 5 个，由图 6–9 降序列出。外企内部联系显然是这些城市外部创新联系的主要原因。具体而言，上海的外企内部联系占比最大，其次是苏州、南京和杭州。虽

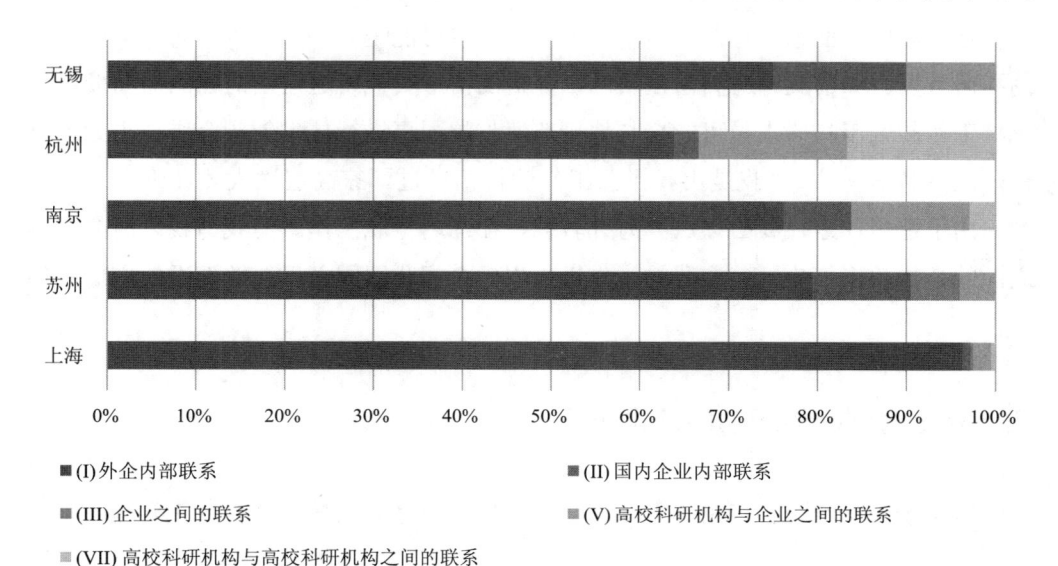

图 6–9 全球尺度下长三角城市不同专利申请人关系类型所占对外创新联系的比重

然外企内部联系是上海对外技术创新联系形成的主要原因[①]，但并不都是长三角其他城市对外技术创新联系的主要原因。事实上，其他类型的专利申请者关系对于理解全球知识流动也十分重要。

以苏州为例，其 15%的全球对外技术创新联系由本地企业及其海外子公司或海外的高校科研机构组成。值得注意的是，这些本地企业的创始人或研发负责人大多具有海外学习或工作经验，发挥着萨克森尼安（Saxenian，2007）笔下所描述的"新阿尔戈英雄"的作用。他们回国的原因非常多元化，不过大多都提到了国内优惠的政策、良好的创业环境、灵活的机制以及潜在的市场机会等。一位苏州的受访者说："在我决定回苏州创业之前，我花了五年时间取得了博士学位，并在一家跨国公司做了三年研发负责人。我选择回国的原因有很多，但最重要的是城市的创业环境，支持创新的政策和潜在市场机会。"来自苏州的另一位受访者补充道："我非常喜欢当前工作的灵活性，在苏州工业园区开展业务的同时，还领导着一支海外研究团队，他们可以为我在国内的公司提供技术支持。我也不需要放弃我在美国的教职。事实上我每个月都要往返一次中美。而且，目前园区已经聚集了很多与我的研究领域相关的企业。"另一位来自南京的受访者这样描述："我决定回国是因为地方政府将对我的发明成果进行资助。此外，在公司发展过程中，还可以享受很多的优惠政策和激励措施。"

除了海归企业家，这些"新阿尔戈英雄"也可能是一些在高校科研机构中工作的科研人员。如前文针对科学创新网络分析的情形类似，这些当前在国内高校科研机构工作的归国科研人员可能会与他们在海外的同事进行技术创新合作。正如一位杭州的受访者所说："我是由我当前工作的机构通过国家高层次人才计划引进回国的。由于这一计划，我必须放弃海外教职，在国内全职工作。但我与我以前的同事之间的合作并未停止，其实我的工作机构也曾希望我回国之后能够促进他们的海外合作。"

四、对上海创新枢纽功能的再审视

前文的分析结论已指出，上海与全球其他城市之间的技术创新联系要强于其与

[①] 由于上海的外企内部创新联系较强，导致其他类型的专利申请者关系占比较小。事实上，与其他关系类型有关的对外技术创新联系在绝对数值上也远远高于其他城市。

国内其他城市以及与长三角城市群内部其他城市之间的技术创新联系，本小节将进一步探讨上海对外技术创新联系所表现出的"全球紧联但地方断联"特征的微观机制。城市个体层面的分析已经表明，上海对外技术创新联系的微观机制在不同地理尺度下存在差异。

在不同地理尺度下，外企内部联系都是形成上海对外技术创新联系的主导因素之一。在一定程度上，跨国公司的地方化和合作战略可以解释为什么上海全球尺度的技术创新联系要强于城市群和国家尺度的技术创新联系。首先，跨国公司一旦在上海设立了研发中心，一般不会再在长三角城市群内部其他城市设立新的研发中心。如果建立生产基地，选址可能更偏好于苏州、无锡等与上海在经济和地理上邻近的城市。因此，上海在城市群尺度下的对外技术创新联系较为薄弱，并且仅仅涉及周边部分城市。

其次，跨国公司的知识转移模式也是另外一个主导因素。与在国内不同地区子公司之间的知识转移相比，在海外总部和国内子公司之间的知识转移更为普遍，这也是上海与全球其他城市之间存在更多的技术创新联系的原因之一。跨国公司或信息技术公司经常会采用一种"中心—外围"的研发组织结构（Quan and Chesbrough, 2010），为了保护知识产权，研发活动通常被按照层级划分成各个相对独立的模块，并分布于跨国公司的全球研发网络中。一些在上海跨国公司研发中心工作的受访者提到了类似的研发布局战略，如："我们是母公司全球研发网络的一部分，在建立研发中心之前，我们已经在上海有一个生产基地。由于中国市场份额的上升，因此成立了研发中心以支持新产品开发，但我们的研发中心主要是进行产品应用技术的创新，而母公司的研发中心主要进行核心或通用技术创新。"

第三个原因与跨国公司和地方企业之间的合作战略有关。事实上，学术界对跨国公司真正融入当地经济并产生溢出效应的程度一直存在争论（Phelps *et al*, 2003; Phelps, 2008），尽管跨国公司可以通过各种联系与地方企业进行知识互动与协作（Wei *et al*., 2011; Wei, 2015）。通过对合作专利活动的分析，我们发现跨国公司与地方公司之间的知识协作相对较少，这与其他基于问卷调查的研究结论一致（Wei *et al*., 2011）。一位来自杭州的受访者也对此进行了解释："由于知识产权保护和技术差异等各种原因，我们与位于上海以及其他城市的中国本土企业之间没有直接的研究合作，我认为这是多数国外研发中心在国内普遍采用的方法。"

最后一个原因是上海对于跨国公司而言具有可持续的吸引力，并且可以通过源源不断的归国人才不断增强与全球的技术创新联系。换言之，上海在与这些城市的竞争中具有绝对优势。以归国人才为例，许多城市为了吸引这些"新阿尔戈英雄"制定了大量的吸引政策（Zweig, 2006），但是对于已经建立了广泛全球联系的创新枢纽城市而言，上海更容易吸引到这些拥有先进知识与技术的"新阿尔戈英雄"。在一定程度上，这也产生了"强者越强、弱者越弱"的马太效应，（Merton, 1968），从而造成城市在全球化进程中的差距进一步拉大。一位上海的受访者这样讲述自己的亲身经历："我认为对像我这样希望在长三角城市群开展业务的海外归国人才来说，上海是首选城市。尽管像苏州这样位于上海周边的城市，发展速度也很快，也具有较强的吸引力，但是缺少上海独有的一些特质。比如说，我在上海可以很轻松的享受到高端金融服务、结识重要的外国客户，并且可以与复旦大学等世界知名高校开展广泛的产学合作。"

第七章　长三角城市多尺度创新网络的启示与建议

城市多尺度创新网络具有丰富的理论与实践内涵，本章在简要回顾全书主要研究结论的基础上，结合当前理论研究趋势与实践探索前沿，探讨长三角城市多尺度创新网络的启示与建议。本章主要结构安排如下：第一节主要探讨城市多尺度创新网络研究的理论价值及其对于进一步认识城市创新网络的启示。第二节主要探讨城市多尺度创新网络的构建对于推动区域一体化与区域创新共同体建设的重要意义。

第一节　城市多尺度创新网络研究的理论价值及启示

城市多尺度创新网络的概念内涵、结构特征与微观机制是本书重点研究的三方面内容，本节将从这三个方面进一步凝练总结城市多尺度创新网络的理论价值，并探讨其对城市创新网络研究的启示。

一、城市多尺度创新网络的概念内涵

本书前三章主要从理论基础、概念模型与分析框架三个方面对城市多尺度创新网络的概念内涵进行了阐释。本书将城市多尺度创新网络定义为城市群内部各城市之间以及城市群内部的城市与城市群外部的城市之间，通过位于城市内部的企业、高校、科研院所等创新主体之间的知识流动，在全球、国家和城市群尺度形成的一种城市创新空间组织结构。本质上讲，城市多尺度创新网络仍然是城市之间基于创新联系形成的一种网络化组织结构，城市群内部各城市之间形成的城市创新网络则是城市多尺度创新网络研究的基本出发点，城市多尺度创新网络这一概念的理论价

值在于其为审视当今全球知识经济时代下的城市群提供了两个不同但又密切相关的视角。

（一）功能视角下的城市群

虽然戈特曼（Gottmann, 1957, 1961）早在60多年前就已强调城市群的意义不仅在于其对国家和全球经济发展与城镇化进程的巨大推动作用，也在于其在全球知识经济时代下所承担的开放（枢纽）与创新（孵化器）功能。然而，在此后的很长一段时间内，"北美巨型区域主义学派"（North American School of Megaregionalists）主要从形态视角将城市群视作大尺度城市化进程的一种主要空间形态进行研究，而直到近年来才出现以"欧洲巨型区域主义学派"（European School of Megaregionalists）为代表的针对城市群功能多中心的研究（Harrison and Hoyler, 2015）。就中国而言，"十四五"时期是实施新型城镇化战略的重要机遇期，也是推动城镇化高质量发展的关键期。而城市群作为中国新型城镇化格局的主体形态，既需要不断优化其空间布局与形态，也需要更加重视其所承担的开放与创新功能。鉴于此，本书基于城市群提出了城市多尺度创新网络这一概念，从城市间创新联系的视角探究长三角城市群的开放与创新功能，有利于进一步深化对城市群功能特征的理解与认识，同时也有利于促进城市网络、创新经济地理等不同理论之间的"对话"。

（二）全球—地方视角下的城市群

全球—地方视角是对功能视角的延伸与扩展，因为城市群的开放（枢纽）功能所强调的本质是城市群的全球与地方联系。当然，这一全球—地方视角在近年来的关系经济地理学中已经受到了广泛关注，其中最具代表性的当属巴塞尔特等人（Bathelt et al., 2004）针对产业集群的内外联系提出的"全球管道—本地蜂鸣"模型。通过对城市多尺度创新网络理论基础的梳理与概念内涵的解读，本书从理论层面论证了城市群在连接全球与地方创新网络中的重要作用，同时也指出城市多尺度创新网络有利于从全球—地方视角分析当代城市群在全球知识经济时代的发展特征。因此，城市多尺度创新网络这一概念一定程度上扩展了全球—地方视角的分析尺度（从产业集群到城市群），同时也回应了部分学者对城市群枢纽功能的思考（Agnew, 2003; Florida et al., 2008; Phelps and Ozawa, 2003; Scott, 2002; Taylor and Derudder, 2016）。

此外，城市多尺度创新网络这一概念所蕴含的全球—地方视角还指我们既要将全球创新网络中的城市群视作一个整体，又要关注城市群内部不同城市对外创新联系分布不平衡的现实。为此，本书在城市多尺度创新网络的理论模型构建中，也根据城市对外创新联系的差异将城市划分为不同类型（即创新首位城市、创新枢纽/门户城市、创新边缘城市、创新离线城市），突出了城市群内部各个城市所具有的"地方化"特征。事实上，这一对外创新联系的不均衡分布恰恰反映了城市群内部各个城市所具有的"地方化"特质，因为城市自身的属性（如科创资源的丰裕程度、对创新型人才的吸引力等）深刻影响着城市在不同尺度创新网络中的地位与作用。

二、城市多尺度创新网络的结构演化特征

本书第四章基于论文合作和专利合作数据，分别从科学创新网络与技术创新网络两个方面探究了长三角城市多尺度创新网络功能多中心结构的演化特征，并基于对不同尺度功能多中心结构特征的比较，进一步分析了上海在长三角城市多尺度创新网络中所承担的创新枢纽功能。相关研究结论为长三角城市创新网络的"多尺度"特征以及功能多中心的尺度依赖性提供了强有力的证据（Amin and Cohendet, 2004; Bathelt et al., 2004; Coe and Bunnell, 2003; Faulconbridge, 2006; Hall and Pain, 2006），同时也进一步表明即使是基于创新联系形成的城市创新网络，其结构特征也可能因创新联系类型的不同（科学创新联系与技术创新联系）而呈现出显著差异。然而，无论是基于何种创新联系类型对长三角城市多尺度创新网络结构进行分析，结果都表明长三角城市群尚未完全能够承担促进知识在不同地理尺度创新网络进行流动的门户功能。而要实现这一功能，作为长三角城市群首位城市的上海不仅应该具有强大的全球影响力，也需要与城市群内部的其他城市保持紧密的创新联系，在多尺度城市创新网络中真正地发挥创新枢纽的作用。上述结论的理论价值主要体现在以下两个方面。

（一）联系类型与城市网络结构的多样性

城市间联系是构成城市网络的基础与前提，而自"世界城市网络学派"在21世纪初兴起以来，城市网络研究所关注的城市间联系类型主要涵盖高端生产性服务业企业联系（Taylor et al., 2008; Zhang and Kloosterman, 2016）、人口流动（Burger and Meijers, 2012）、交通联系（Liu et al., 2016）等，近年来部分研究才开始关注基于城市间创新联系形成的城市网络。本书基于城市间创新联系进行的多尺度分析不仅揭示了城市创新网络区别于其他类型城市网络的一些结构特征，而且也反映出城市网络可以具有多样性的结构。这一多样性不仅表现为不同尺度下的多样性，也表现为不同创新联系类型之间的多样性。事实上，正是这一多样性才使得城市网络研究充满魅力，持续吸引着不同领域学者从不同视角开展相关研究。当然，也正是不同类

型的城市间联系才构成了形态各异的城市网络，而衡量某种联系类型的适用性需要以具体的研究目的为标准，不可能存在某种联系类型能够满足所有研究目的的情况。需要注意的是，这一多样性也要求我们对于相关结论的解释与应用也应该保持谨慎，要充分考虑所采用联系类型的优缺点。

（二）不同城市对外创新联系差异与城市多尺度创新网络结构

前文已指出，全球—地方视角下的城市群强调不同城市的"地方化"特质，而这一特质反映在城市多尺度创新网络中正是城市群内部各个城市对外创新联系的差异，并进而影响了不同城市在不同尺度城市创新网络中的地位与作用。例如，本书实证分析的一个发现就是南京在城市群尺度的对外创新联系要显著强于上海，而如果不进一步分析南京与上海在对外创新联系构成方面的差异，则很难解释这一发现。同样，如果不比较南京与上海在国家和全球尺度对外创新联系的差异，也很难准确把握这两个城市在长三角城市多尺度城市创新网络中所各自发挥的作用。当然，城市在不同尺度城市创新网络中的地位与作用同样也会反作用于城市创新能力。虽然本书没有对这一点进行深入分析，但理论上讲，对同等条件下的两个城市而言，如果一个城市能拥有更多的对外创新联系，那么这个城市也更有可能依托外部创新资源进一步提升自身创新能力。

三、城市多尺度创新网络形成的微观机制

本书第五章和第六章通过对论文合作与专利合作数据的进一步挖掘，并结合问卷调查与访谈信息，从个体层面邻近视角探讨了长三角城市多尺度创新网络形成的微观机制。就科学创新网络而言，本书的实证分析发现作者之间的认知邻近和社会邻近是他们之间合作产生的主要原因，而学术流动性则是产生城市之间科学创新网络的前提，且不同类型的学术流动性及其相关的机制在不同地理尺度下存在明显差异。就技术创新网络而言，本书的实证分析发现跨国公司、国内本土公司、高校和科研机构以及"新阿尔戈英雄"式的海外归国人才等微观个体均发挥了不同程度的作用。整体而言，本书从微观层面对长三角城市多尺度创新网络形成机制的探讨，为已有研究主要关注城市创新网络形成的宏观机制提供了很好的补充，同时也对多维邻近理论在个体层面的应用进行了有益的探索。具体而言，其理论价值主要表现在以下两个方面。

（一）重视城市网络形成与演化的微观力量

城市之间无法自动产生创新联系，推动城市之间形成创新联系的主体是城市内部的各类微观经济实体（如科研人员、企业等），这是本书反复强调的一个观点。当然，这一观点也可以进一步拓展至其他类型的城市网络，如高端生产性服务业企业就是推动世界城市网络形成与演化的微观主体。换言之，各类微观经济实体正是塑造城市网络宏观格局与模式的重要推动力量。对于城市群而言，单纯关注其宏观层面的网络结构特征也不能全面理解城市群的开放与创新功能。事实上，正如梅耶尔（Mayer, 2008）所说的那样："融入特定（多维）空间形态以及利用特定（多维）空间形态发挥作用的并不是空间形态本身而是社会行为者。某一特定空间形态对于解释某些社会进程或对这些社会进程的影响程度只能从参与者的角度来衡量。"当然，城市的"地方化"特质也会影响微观经济实体的行为选择。例如，本书所进行的问卷调查与访谈结果就显示，上海、苏州等城市由于在环境、政策、资源等方面的优势，是"新阿尔戈英雄"式的海外归国人才在长三角就业创业的首选城市，这也解释了为什么部分在创新资源方面处于劣势的长三角城市采取各种措施积极拓展其对外创新联系。

（二）地理邻近仍然是促进知识流动的重要因素

无论是何种"尺度—单元"组合下的创新联系（包括城市多尺度创新网络中的创新联系），其本质上都形成于个体（如科研人员）之间的知识流动，但这一知识流动过程并非个体之间的随机行为，而是依赖于个体之间不同类型社会关系所反映的多维邻近。因此，若不考虑其他维度邻近的作用，也无法准确且全面地理解地理邻近对知识流动的影响。然而，这并不意味着地理邻近在促进知识流动方面已不再重要。事实上，地理邻近在解释动态和复杂社会经济过程方面（包括学习和知识创造的过程）仍具有重要作用，并与其他维度邻近在促进知识流动的过程中互为补充、相互作用。本书虽然强调了个体之间的认知邻近与社会邻近是推动长三角城市多尺度科学创新网络形成的重要因素，但这一认知邻近与社会邻近的形成本质上还得益于个体之间的地理邻近。例如，访问学生与合作导师之间的临时地理邻近促进了双方的认知邻近，使得后者成为推动长三角全球尺度城市科学创新网络形成的关键力量。

四、对城市创新网络研究的启示

在创新引领发展的新时代背景下,国内学界针对城市创新网络的研究方兴未艾。相关研究成果为支撑创新型国家建设、优化区域创新发展格局发挥了重要作用。结合本书研究的主要内容与相关结论,从基础理论、类型比较与外部经济三个方面进一步思考和探讨城市创新网络研究需要关注的问题。

(一)城市创新网络的基础理论研究

"流空间"理论为研究城市间相互关系以及由此形成的城市网络奠定了重要的理论基础,然而作为基于城市间知识流动而形成的一种网络化城市空间组织结构,城市创新网络不仅具有城市网络的一般特征,其自身在空间尺度、形成机制等方面也表现出一定的特殊性。因此,需要在"流空间"理论的基础上进一步深化针对城市创新网络的基础理论研究。首先,与世界城市网络研究相比,城市创新网络在城市间创新联系构建的理论基础方面略显薄弱。具体而言,全球城市与世界城市理论是世界城市网络研究的重要理论基础,为依托高端生产性服务业企业及连锁网络模型构建世界城市间联系提供了理论依据。然而,全球知识经济时代的城市应具备怎样的创新职能,以及如何将这种职能转变成为创新关系需要更多更深入的理论研究(马海涛,2020)。其次,针对城市创新网络多尺度特征的分析,其主要依据是知识流动具有多尺度的特点,需要在理论层面进一步梳理和探讨城市创新网络结构本身是否具备多尺度特征,不同尺度下的城市创新网络之间又是如何相互作用。最后,针对城市创新网络形成和演化机制的讨论中主要借鉴了关系经济地理学和多维邻近理论,但对于不同维度邻近的影响效果仍存在较多争议,需要在后续研究中进一步构建和完善针对城市创新网络形成演化机制的理论分析框架。

(二)城市创新网络的类型比较研究

论文与专利是国内外学者用于表征和衡量显性知识最常用的两个指标,论文合作与专利合作分别反映了不同经济实体之间基于显性知识流动形成的科学创新联系与技术创新联系,是当前城市创新网络研究所主要采用的城市间创新联系类型(李丹丹等,2015;席强敏等,2022)。而除论文合作与专利合作数据外,近年来国内部分学者也开始采用新的创新联系类型研究城市创新网络,如城市间的论文引用、专利交易等(刘承良等,2018)。然而,针对基于不同创新联系类型所形成的创新网络在结构特征、形成机制等方面的对比研究目前还相对缺乏,梳理和探究不同类型城市创新网络的差异还需要大量的实证研究来补足。此外，由于研究时间不一致、数据所反映的创新内涵不同等原因，相关研究得出的研究结论也不尽相同，需要进一步探讨产生差异的原因与机制。当然，上述提及的论文与专利数据本身也有很多缺陷，学术界也一直在探索表征创新与创新联系的新的指标。相信随着信息技术的不断发展和数据作为一种生产要素的重要性不断凸显，新的数据类型必然会不断涌现，而从中发掘能够用于城市创新网络研究的数据类型也应该成为一项需要给予持续关注的研究方向。

（三）城市创新网络的外部经济研究

网络对城市发展的影响是城市网络产生外部经济的一个重要体现，城市创新网络同样可以通过知识流动与知识溢出等渠道对网络中的城市产生外部经济。一方面，网络的外部性体现了城市可以通过嵌入创新网络来获得利益，处于创新网络中的城市在获得资金、信息和人才等要素方面拥有更多机会，除了能够提升自身创新能力以外，这些要素在不同城市间的流动也使得网络的外部经济能够实现共享（陆军和毛文峰，2020）。另一方面，在城市创新网络的节点分配中，知识流动所产生的协同创新过程突破了传统集聚外部性带来的局限性和不均衡性，使得欠发达地区也能发挥自身比较优势参与创新合作并利用创新资源，从而有助于推动区域协同创新发展（曹清峰，2019）。因此，从理论和现实两方面意义来说，都需要进一步深化对城市创新网络外部经济的研究。目前，国内相关研究主要集中于分析城市在创新网络中的特征及其对创新的影响，以及城市创新网络结构对整体创新绩效的影响（叶琴和曾刚，2019）。在现有研究基础上，一方面可以对处于不同尺度创新网络的城市节点进行分析，探究其在创新网络中的地位如何直接和间接影响其自身和周边城市的发展，并比较不同尺度的差异；另一方面也可以比较不同城市节点在同一尺度城市创新网络中所获取的外部经济差异，并探究造成差异的影响因素。当然，对这些问题的探讨需要借助区域科学、经济地理、管理学等不同学科领域的理论和方法，这也将有利于推动城市创新网络的交叉学科研究。

第二节　对长三角科技创新共同体建设的政策建议

为落实长三角一体化和创新驱动发展国家战略，2020年12月底科技部发布了《长三角科技创新共同体建设发展规划》，旨在将长三角地区打造成为高质量发展先行区、原始创新动力源、融合创新示范区和开放创新引领区。作为一个复杂的创新系统，长三角科技创新共同体建设的关键是要促进创新要素在不同尺度城市之间的无障碍流动，提升不同城市之间的协同创新能力。从这一意义上讲，本书从功能视角以及全球—地方视角对基于知识流动形成的长三角城市多尺度创新网络进行分析所得出的研究结论，为长三角推进科技创新共同体建设提供了一些政策建议。

一、加强上海本地化创新网络的建设

纵观世界范围内的主要城市群，其首位城市往往也是创新能力最强的城市，发挥着全球创新资源配置和开放枢纽门户的作用。对于长三角城市群而言，尽管上海是国家及全球尺度高端创新要素的主要集聚地，但是其与长三角其他城市之间的联系较为薄弱，存在着明显的"全球紧联但地方断联"现象，长远来看这将不利于外部高端创新要素在长三角本地的扩散、吸收、转化和再创造，制约了长三角城市群整体创新能力的提升。因此，上海应重视本地化创新网络的建设，积极支持长三角其他城市的创新合作需求，提升其与长三角城市的创新联系强度，具体可从以下三个方面推进。首先，以上海大都市圈建设为抓手，促进都市圈基础设施的互联互通，并通过整合都市圈创新资源，推动都市圈内部企业、高校和科研院所、中介服务机构等构建创新资源共享服务平台，加快推动科技创新券在都市圈内部的通用通兑，促进上海高端创新要素向苏州、南通、嘉兴和宁波等周边城市转移和扩散，加强上海与周边城市的创新联系。其次，积极打造G60科创走廊和沪宁合科创走廊，加强与城市群核心城市南京、杭州等的创新联系，促进区域高端创新要素的整合和扩散。最后，积极探索"创新飞地"的发展模式，鼓励长三角创新资源较少的城市在上海设立以创新为导向的飞地园区或飞地街区，从而加强上海与这类城市的创新联系。

二、推进南京长三角区域创新枢纽城市的建设

本书在对长三角城市在城市群尺度对外创新联系的分析中发现，南京与长三角其他城市之间的创新联系要高于上海，这反映了南京在城市群尺度创新网络中所发挥的重要作用。因此，在长三角科技创新共同体的建设过程中，应该进一步明确核心城市之间的分工与合作。与上海、杭州和合肥相比，南京在长三角科技创新共同体建设中一直缺乏明确清晰、科学合理的定位。结合研究结论，本书认为南京在长

三角科技创新共同体建设中应该承担区域创新枢纽城市的功能。南京作为长三角腹地中心城市，区域创新枢纽的战略定位将更大限度地释放南京的综合交通枢纽优势和科教资源优势，可以有效应对南京综合交通枢纽优势被不断化解的危机，也可以进一步推动将南京的科教资源优势转化为创新发展优势。当然，区域创新枢纽的定位一方面要求南京要进一步提升城市自身创新能力，吸引全球高端创新要素在南京进一步集聚。另一方面，打造长三角区域创新枢纽也要求南京积极推动创新要素向江苏省内的扬州、镇江以及安徽省的马鞍山、芜湖、宣城等城市的流动与扩散，积极推进宁滁科创走廊、宁镇科创走廊、宁扬科创走廊和宁马芜科创走廊的建设。

三、拓宽"离线"城市的对外创新联系渠道

创新"离线"城市往往具有一定的创新能力，但是由于创新主体的对外联系较弱，导致创新活动的组织模式较为封闭和固化，不利于科技创新共同体的建设。长期来看，由于缺乏获取外部多元化知识的渠道，这些创新"离线"城市的发展也容易形成路径锁定，从而也将制约科技创新共同体的发展。就长三角城市群而言，其内部存在许多这样的创新"离线"城市，需要进一步拓宽渠道，提升这类城市的对外创新联系。事实上，在本书研究过程中，我们发现诸如无锡、常州这类创新"离线"城市在加强对外创新联系方面也进行了积极探索，例如与中科院、南京大学、东南大学等国内著名的高校和科研院所合作在当地设立研究院或新型研发机构。与这类"引进来"的措施不同，长三角的一些城市还采取了主动"走出去"的策略以进一步提升其对外创新联系。例如，浙江省的衢州、台州、绍兴等城市近年来积极探索在杭州、上海等地设立"创新飞地"，通过主动"走出去"加强与核心城市之间的创新联系，这一不求"为我所有"但求"为我所用"的创新联系拓展思路也值得长三角其他城市借鉴。

参 考 文 献

Ackers, L., 2005. Moving people and knowledge: Scientific mobility in the European Union. *International migration*, 43(5).

Acosta, M., D. Coronado, E. Ferrándiz, et al., 2011. Factors affecting inter-regional academic scientific collaboration within Europe: The role of economic distance. *Scientometrics*, 87(1).

Acs, Z. J., L. Anselin, and A. Varga, 2002. Patents and innovation counts as measures of regional production of new knowledge. *Research policy*, 31(7).

Adams, J.D., G.C. Black, J.R. Clemmons, et al., 2005. Scientific teams and institutional collaborations: Evidence from US universities, 1981-1999. *Research Policy*, 34(3).

Agnew, J., 2003. From megalopolis to global city-region? The political-geographical context of urban development. *Ekistics*.

Agrawal, A., D. Kapur and J. McHale, 2008. How do spatial and social proximity influence knowledge flows? Evidence from patent data. *Journal of Urban Economics*, 64(2).

Agrawal, A., I. Cockburn and J. McHale, 2006. Gone but not forgotten: knowledge flows, labor mobility, and enduring social relationships. *Journal of Economic Geography*, 6(5).

Albrechts, L., 2001. How to proceed from image and discourse to action: as applied to the Flemish Diamond. *Urban Studies*, 38(4).

Alnuaimi, T., J. Singh and G. George, 2012. Not with my own: long-term effects of cross-country collaboration on subsidiary innovation in emerging economies versus advanced economies. *Journal of Economic Geography*, 12(5).

Amin, A., P. Cohendet, 2004. *Architectures of knowledge: firms, capabilities and communities*. Oxford: Oxford University Press.

Andersson, D.E., S. Gunessee, C.W. Matthiessen, et al., 2014. The geography of Chinese science. *Environment and Planning A*, 46(12).

Autant-Bernard, C., P. Billand, D. Frachisse, et al., 2007. Social distance versus spatial distance in R and D cooperation: Empirical evidence from European collaboration choices in micro and nanotechnologies. *Papers in Regional Science*, 86(3).

Aydalot, P., D. Keeble, 1988. *High technology industry and innovative environments: the European experience*. London: Routledge.

Baigent, E., 2004. Patrick Geddes, Lewis Mumford and Jean Gottmann: divisions over 'megalopolis'. *Progress in Human Geography*, 28(6).

Balland, P.A., 2012. Proximity and the evolution of collaboration networks: Evidence from research and development projects within the global navigation satellite system (GNSS) industry. *Regional Studies*, 46(6).

Balland, P.A., M. De Vaan and R. Boschma, 2013. The dynamics of interfirm networks along the industry life cycle: The case of the global video game industry, 1987–2007. *Journal of Economic Geography*, 13(5).

Balland, P.A., R. Boschma and K. Frenken, 2015. Proximity and innovation: From statics to dynamics. *Regional Studies*, 49(6).

Basch, L., N.G. Schiller and C.S. Blanc, 1994. *Nations Unbound: Transnational Projects, Postcolonial Predicaments and Deterritorialized Nation-States*. Amsterdam: Gordon and Breach.

Bathelt, H., A. Malmberg and P. Maskell, 2004. Clusters and knowledge: local buzz, global pipelines and the process of knowledge creation. *Progress in Human Geography*, 28(1).

Bathelt, H., F. Golfetto and D. Rinallo, 2014. *Trade Shows in the Globalizing Knowledge Economy*. Oxford: Oxford University Press.

Bathelt, H., J. Glückler, 2011. *The relational economy: geographies of knowing and learning*. Oxford: Oxford University Press.

Bathelt, H., P. Li, 2014. Global cluster networks - foreign direct investment flows from Canada to China. *Journal of Economic Geography*, 14(1).

Batten, D.F., 1995. Network cities: creative urban agglomerations for the 21st century. *Urban studies*, 32(2).

Batty, M., 2001. Polynucleated urban landscapes. *Urban studies*, 38(4).

Bercovitz, J., M. Feldman, 2006. Entrepreneurial universities and technology transfer: A conceptual framework for understanding knowledge-based economic development. *The Journal of Technology Transfer*, 31(1).

Berry, B.J., 1964. Cities as systems within systems of cities. *Papers in Regional Science*, 13(1).

Berry, B.J., F.E. Horton, 1970. *Geographic perspectives on urban systems: With integrated readings Prentice-Hall*, Englewood Cliffs, NJ.

Bird, J., 1983 Gateways: slow recognition but irresistible rise, *Tijdschrift voor Economische en Sociale Geografie* 74.

Blackler, F., 2002. Knowledge, knowledge work and organizations. *The strategic management of intellectual capital and organizational knowledge*.

Bordons, M., I. Gomez, M. T. Fernandez, *et al*., 1996. Local, domestic and international scientific collaboration in biomedical research. *Scientometrics*, 37(2).

Boschma, R., 2005. Proximity and innovation: a critical assessment. *Regional studies*, 39(1).

Boschma, R., K. Frenken, 2010. The spatial evolution of innovation networks. A proximity perspective. In: R. Boschma, R. Martin (Eds.). *The Handbook of Evolutionary Economic Geography*, 120-135. Cheltenham: Edward Elgar.

Boulding, K., 1978. The city as an element in the international system. In: Bourne, L. S. and Simmons, J. W. (eds). *Systems of cities* (150-158). New York: Oxford University Press.

Bourne, L.S., 1975. *Urban systems: strategies for regulation: a comparison of policies in Britain, Sweden, Australia, and Canada*. Oxford University Press, USA.

Bourne, L.S., J.W. Simmons, 1978. *Systems of cities: readings on structure growth and policy*. New

York: Oxford University Press.

Breschi, S., F. Lissoni, 2009. Mobility of skilled workers and co-invention networks: an anatomy of localized knowledge flows. *Journal of Economic Geography*, 9(4).

Bridge, G., A. Wood, 2005. Geographies of knowledge, practices of globalization: learning from the oil exploration and production industry. *Area*, 37(2).

Brown, E., P.J. Taylor and G. Catalano, 2002. Beyond world cities: Central America in a global space of flows. *Area*, 34(2).

Buckley, P.J., L.J. Clegg, A.R. Cross, et al., 2007. The determinants of Chinese outward foreign direct investment. *Journal of international business studies*, 38(4).

Burger, M., E. Meijers, 2012. Form follows function? Linking morphological and functional polycentricity. *Urban Studies*, 49(5).

Burger, M.J., B. Van der Knaap and R.S. Wall, 2014a. Polycentricity and the multiplexity of urban networks. *European Planning Studies*, 22(4).

Burger, M.J., E.J. Meijers and F.G. Oort, 2014b. Multiple perspectives on functional coherence: heterogeneity and multiplexity in the Randstad. *Tijdschrift voor economische en sociale geografie*, 105(4).

Burger, M.J., E.J. Meijers, 2016. Agglomerations and the rise of urban network externalities. *Papers in Regional Science*, 95(1).

Burger, M.J., F.G. van Oort, R.S. Wall, *et al.*, 2013. Analysing the competitive advantage of cities in the Dutch Randstad by urban market overlap. In Klaesson, J., B. Johansson, and C. Karlsson (Eds.). *Metropolitan Regions: Knowledge Infrastructures of the Global Economy*, 375-391. Heidelberg: Springer.

Burgess, E., 1925. *The growth of the city*. University of Chicago Press

Burton, I., 1963. A restatement of the dispersed city hypothesis. *Annals of the Association of American Geographers*, 53(3).

Cairncross, F., 2001. *The death of distance: How the communications revolution is changing our lives*. Cambridge: Harvard Business Press.

Camagni, R. (Ed.), 1991. *Innovation networks: spatial perspectives*. London: Belhaven-Pinter.

Camagni, R., 1993. Inter-firm industrial networks: the costs and benefits of cooperative behavior. *Journal of Industry Studies*, 1(1).

Camagni, R., L. Diappi and S. Stabilini, 1994. City networks in the Lombardy region: an analysis in terms of communication flows. *Flux*, 15.

Camagni, R.P., C. Salone, 1993. Network urban structures in northern Italy: elements for a theoretical framework. *Urban studies*, 30(6).

Cantwell, J., 1995. The globalization of technology: what remains of the product cycle. *Cambridge Journal of Economics*, 19 (1).

Carrincazeaux, C., Y. Lung and J. Vicente, 2008. The scientific trajectory of the French school of proximity: interaction-and institution-based approaches to regional innovation systems. *European Planning Studies*, 16(5).

Cassi, L., A. Morrison and A.L. Ter Wal, 2012. The evolution of trade and scientific collaboration networks in the global wine sector: a longitudinal study using network analysis. *Economic geography*, 88(3).

Cassi, L., A. Morrison and R. Rabellotti, 2015. Proximity and scientific collaboration: Evidence from the global wine industry. *Tijdschrift voor economische en sociale geografie*, 106(2).

Cassi, L., A. Plunket, 2015. Research collaboration in co-inventor networks: combining closure, bridging and proximities. *Regional Studies*, 49(6).

Castells, M., 1999. Grassrooting the space of flows. *Urban Geography*, 20(4).

Castells, M., 2000. *The information age: economy, society and culture. Vol. 1: The rise of the network society*. Oxford: Blackwell.

Champion, A.G., 2001. A changing demographic regime and evolving poly centric urban regions: Consequences for the size, composition and distribution of city. *Urban Studies*, 38(4).

Chen, X., 2007. A tale of two regions in China rapid economic development and slow industrial upgrading in the Pearl River and the Yangtze River Deltas. International *Journal of Comparative Sociology*, 48(2-3).

Chen, Y.C., 2006. Changing the Shanghai Innovation Systems: The Role of Multinational Corporations' R and D Centres. *Science Technology and Society*, *11*(1).

Chen, Y.C., 2007. The upgrading of multinational regional innovation networks in China. *Asia Pacific Business Review*, *13*(3).

Chesbrough, H.W., 2003. *Open innovation: The new imperative for creating and profiting from technology*. Cambridge: Harvard Business Press.

Choi, J.H., G.A. Barnett and B.S. Chon, 2006. Comparing world city networks: a network analysis of Internet backbone and air transport intercity linkages. *Global Networks*, 6(1).

Christaller, W., 1933. *Central Places in Southern Germany*. Translation into English by Carlisle W. Baskin in 1966. Prentice-Hall.

Coe, N., 1997. Internationalisation, diversification and spatial restructuring in transnational computer service firms: case studies from the UK market. *Geoforum*, 28(3).

Coe, N.M., M. Hess, H.W.C. Yeung, *et al.*, 2004. 'Globalizing' regional development: a global production networks perspective. *Transactions of the Institute of British geographers*, 29(4).

Coe, N.M., P.F. Kelly and K. Olds, 2003. Globalization, transnationalism, and the Asia-Pacific. In Peck, J., H.W. Yeung, (Eds.). *Remaking the Global Economy: Economic-Geographical Perspectives*, 45-60. London: Sage.

Coe, N.M., T.G. Bunnell, 2003. 'Spatializing' knowledge communities: towards a conceptualization of transnational innovation networks. *Global networks*, 3(4).

Coffey, W.J., 2000. The geographies of producer services. *Urban geography*, 21(2).

Cooke, P.N., M. Heidenreich and H.J. Braczyk (Eds.), 2004. *Regional innovation systems*. London: Routledge.

Cunningham, S.W., C. Werker, 2012. Proximity and collaboration in European nanotechnology. *Papers in Regional Science*, 91(4).

Davis, M., 1990. *City of quartz: Excavating the future in Los Angeles*. New York: Verso.

Davoudi, S., 2003. Polycentricity in European spatial planning: From an analytical tool to a normative agenda. *European Planning Studies*, 11(8).

De Goei, B., M.J. Burger, F.G. Van Oort, *et al.*, 2010. Functional polycentrism and urban network development in the Greater South East, United Kingdom: evidence from commuting patterns, 1981-2001. *Regional Studies*, 44(9).

De Prato, G., D. Nepelski, 2012. Global technological collaboration network: Network analysis of international co-inventions. *The Journal of Technology Transfer*, 39(3).

Derudder, B., 2006. On conceptual confusion in empirical analyses of a transnational urban network. *Urban Studies*, 43(11).

Derudder, B., F. Witlox and P. J. Taylor, 2007. US cities in the world city network: Comparing their positions using global origins and destinations of airline passengers. *Urban Geography*, 28(1).

Derudder, B., F. Witlox, 2008. Mapping world city networks through airline flows: context, relevance, and problems. *Journal of Transport Geography*,16(5).

Derudder, B., F. Witlox, and P. J. Taylor, 2007. US cities in the world city network: Comparing their positions using global origins and destinations of airline passengers. *Urban Geography*, 28(1).

Derudder, B., P. J. Taylor, M. Hoyler, *et al.*, 2013. Measurement and interpretation of connectivity of Chinese cities in world city network, 2010. *Chinese Geographical Science*, 23(3).

Derudder, B., P. Taylor, 2016. Change in the world city network, 2000–2012. *The Professional Geographer*, 68(4).

Derudder, B., P. Taylor, P. Ni, *et al.*, 2010. Pathways of Change: Shifting Connectivities in the World City Network, 2000-08. *Urban Studies*, 47(9).

D'Este, P., F. Guy and S. Iammarino, 2013. Shaping the formation of university–industry research collaborations: what type of proximity does really matter? *Journal of Economic Geography*, 13(4).

Dieleman, F. M., A. Faludi, 1998. Polynucleated metropolitan regions in Northwest Europe: theme of the special issue. *European Planning Studies*, 6(4).

Doloreux, D., 2002. What we should know about regional systems of innovation. *Technology in Society*, 24(3).

Doloreux, D., R. Shearmur, 2012. Collaboration, information and the geography of innovation in knowledge intensive business services. *Journal of economic geography*, 12(1).

Doxiadis, C.A., 1968. The emerging great lakes magalopolis. *Proceedings of the IEEE*, 56(4).

Doxiadis, C. A., J. G. Papaioannou, C. Nagashima, *et al.*, 1972. The Great Lakes megalopolis. *Ekistics*, 33(199).

Easterby-Smith, M., M.A. Lyles and E.W. Tsang, 2008. Inter-organizational knowledge transfer: Current themes and future prospects. *Journal of Management Studies*, 45(4).

Edler, J., H. Fier and C. Grimpe, 2011. International scientist mobility and the locus of knowledge and technology transfer. *Research Policy*, 40(6).

Edquist, C., B. Johnson, 1997. Institutions and organizations in systems of innovation. In Edquist, C. (Ed). *System of Innovation. Technologies, Institutions and Organizations*, 41-63. London: Pinter.

Ernst, D., L. Kim, 2002. Global production networks, knowledge diffusion, and local capability formation. *Research policy*, 31(8).

EU Commission., 1999. *ESDP: European Spatial Development Perspective: Towards Balanced and Sustainable Development of the Territory of the European Union*. Brussels: European Commission.

Evangelista, R., S. Iammarino, V. Mastrostefano, *et al.*, 2002. Looking for regional systems of innovation: evidence from the Italian innovation survey. *Regional Studies*, 36(2).

Faludi, A., 2004. Territorial cohesion: old (French) wine in new bottles?. *Urban Studies*, *41*(7).

Fang, C., D. Yu, 2017. Urban agglomeration: An evolving concept of an emerging phenomenon. *Landscape and urban planning*, *162*.

Faulconbridge, J.R., 2006. Stretching tacit knowledge beyond a local fix? Global spaces of learning in advertising professional service firms. *Journal of Economic Geography*, 6(4).

Faulconbridge, J.R., S.J. Hall and J.V. Beaverstock, 2008. New insights into the internationalization of producer services: Organizational strategies and spatial economies for global headhunting firms. *Environment and Planning A*, 40(1).

Filatotchev, I., X. Liu, J. Lu, *et al.*, 2011. Knowledge spillovers through human mobility across national borders: Evidence from Zhongguancun Science Park in China. *Research Policy*, 40(3).

Filippi, M., A. Torre, 2003. Local organisations and institutions. How can geographical proximity be activeted by collective projects? *International Journal of Technology Management*, 26(2-4).

Florida, R., T. Gulden and C. Mellander, 2008. The rise of the mega-region. *Cambridge Journal of Regions, Economy and Society*, 1(3).

Frenken, K., J. Hoekman and F.G. van Oort, 2007. *Towards a European research area*. Rotterdam: NAI010.

Frenken, K., S. Hardeman and J. Hoekman, 2009. Spatial scientometrics: Towards a cumulative research program. *Journal of Informetrics*, 3(3).

Frenz, M., G. Ietto-Gillies, 2009. The impact on innovation performance of different sources of knowledge: Evidence from the UK Community Innovation Survey. *Research Policy*, 38(7).

Friedman, T.L., 2005. *The world is flat: A brief history of the twenty-first century*. Macmillan.

Fritsch, M., 2002. Measuring the quality of regional innovation systems: A knowledge production function approach. *International Regional Science Review*, 25(1).

Gao, X., J. Guan and R. Rousseau, 2011. Mapping collaborative knowledge production in China using patent co-inventorships. *Scientometrics*, 88(2).

Gault, F. (Ed.), 2013. *Handbook of innovation indicators and measurement*. Edward Elgar Publishing.

Geddes, S.P., 1915. *Cities in evolution: An introduction to the town planning movement and to the study of civics*. London: Williams and Norgate.

Gertler, M. S., 2003. Tacit knowledge and the economic geography of context, or the undefinable tacitness of being (there). *Journal of Economic Geography*, 3(1).

Gertler, M. S., Y. M. Levitte, 2005. Local nodes in global networks: the geography of knowledge flows in biotechnology innovation. *Industry and Innovation*, 12(4).

Geuna, A., 1999. *The economics of knowledge production: funding and the structure of university research*. Edward Elgar Publishing.

Gittelman, M., 2007. Does geography matter for science-based firms? Epistemic communities and the geography of research and patenting in biotechnology. *Organization Science*, 18(4).

Giuliani, E., M. Bell, 2005. The micro-determinants of meso-level learning and innovation: Evidence from a Chilean wine cluster. *Research Policy*, 34.

Glückler, J., 2013. Knowledge, networks and space: Connectivity and the problem of non-interactive learning. *Regional Studies*, 47(6).

Gordon, R., 2001. State, milieu, network: Systems of innovation in Silicon Valley. *Center for Global,*

International and Regional Studies Working Paper, 3

Gottmann, J., 1957. Megalopolis or the Urbanization of the Northeastern Seaboard. *Economic Geography*.

Gottmann, J., 1961. *Megalopolis: The urbanized Northeastern Seabord of the United States*. New York: The Twentieth Century Fund.

Gottmann, J., 1976. Megalopolitan systems around the world. *Ekistics*, 243(2).

Gottmann, J., 1987. *Megalopolis revisited: 25 years later* (No. 6). University of Maryland Urban Studies.

Grabher, G., 2002. The project ecology of advertising: tasks, talents and teams. *Regional Studies*, 36(3).

Grant, R. M., 1996. Toward a knowledge-based theory of the firm. *Strategic Management Journal*, 17(S2).

Green, N., 2007. Functional polycentricity: A formal definition in terms of social network analysis. *Urban Studies*, 44(11).

Griliches, Z., 1990. Patent statistics as economic indicators: A Survey. *Journal of Economic Literature*, 28.

Guan, J., Z. Chen, 2012. Patent collaboration and international knowledge flow. *Information Processing and Management*, 48(1).

Halbert, L., 2008. Examining the mega-city-region hypothesis: Evidence from the Paris city-region/Bassin parisien. *Regional Studies*, 42(8).

Hall, P. G., K. Pain, 2006. *The polycentric metropolis: Learning from mega-city regions in Europe*. London: Routledge.

Hall, P., 1999. Planning for the mega-city: a new Eastern Asian urban form? In: Brotchie, J., P. Newton, P. Hall, *et al.* (Eds.) *East West Perspectives on 21st Century Urban Development: Sustainable Eastern and Western Cities in the New Millenium*, 3-36. Ashgate: Aldershot.

Hanssens, H., B. Derudder, S. Van Aelst, *et al.*, 2014. Assessing the functional polycentricity of the mega-city-region of Central Belgium based on advanced producer service transaction links. *Regional Studies*, 48(12).

Hardeman, S., K. Frenken, Ö. Nomaler, *et al.*, 2015. Characterizing and comparing innovation systems by different 'modes' of knowledge production: A proximity approach. *Science and Public Policy*, 42(4).

Harrison, J., M. Hoyler (Eds.), 2015. *Megaregions: Globalization s New Urban Form?* Cheltenham: Edward Elgar Publishing.

Hashi, I., N. Stojčić, 2013. The impact of innovation activities on firm performance using a multi-stage model: Evidence from the Community Innovation Survey 4. *Research Policy*, 42(2).

Healy, A., K. Morgan, 2012. Spaces of innovation: learning, proximity and the ecological turn. *Regional Studies*, 46(8).

Hennemann, S., B. Derudder, 2014. An alternative approach to the calculation and analysis of connectivity in the world city network. *Environment and Planning B: Planning and Design*, 41(3).

Hennemann, S., T. Wang and I. Liefner, 2011. Measuring regional science networks in China: a comparison of international and domestic bibliographic data sources. *Scientometrics*, 88(2).

Hoekman, J., K. Frenken and F. van Oort, 2009. The geography of collaborative knowledge production in Europe. *The Annals of Regional Science*, 43(3).

Hoekman, J., K. Frenken, and R.J. Tijssen, 2010. Research collaboration at a distance: Changing spatial patterns of scientific collaboration within Europe. *Research Policy*, 39(5).

Hong, W., 2008. Decline of the center: The decentralizing process of knowledge transfer of Chinese universities from 1985 to 2004. *Research Policy*, *37*(4).

Hong, W., Y.S. Su, 2013. The effect of institutional proximity in non-local university–industry collaborations: An analysis based on Chinese patent data. *Research Policy*, 42(2).

Howells, J., 2012. The geography of knowledge: never so close but never so far apart. *Journal of Economic Geography*, *12*(5).

Howells, J.R., 2002. Tacit Knowledge, innovation and economic geography. *Urban studies*, 39 (5-6).

Hoyler, M., R.C. Kloosterman and M. Sokol, 2008. Polycentric puzzles–emerging mega-city regions seen through the lens of advanced producer services. *Regional Studies*, 42(8).

Hu, A. G., G.H. Jefferson, 2008. Science and technology in China. In Brandt, L., T.G. Rawski (Eds.), *China's great economic transformation*, 286-336. Cambridge: Cambridge University Press.

Huber, F., 2012. On the role and interrelationship of spatial, social and cognitive proximity: personal knowledge relationships of R and D workers in the Cambridge information technology cluster. *Regional Studies*, 46(9).

Hudson, R., 2005. *Economic geographies: Circuits, flows and spaces*. Sage.

Hughes, A., 2007. Geographies of exchange and circulation: Flows and networks of knowledgeable capitalism. *Progress in Human Geography*, 31(4).

Iammarino, S., M. Piva, M. Vivarelli, *et al.*, 2012. Technological capabilities and patterns of innovative cooperation of firms in the UK regions. *Regional Studies*, 46(10).

Jacobs, J., 1969. *The economy of cities*. Vintage Books.

Jaffe, A.B., M. Trajtenberg and R. Henderson, 1993. Geographic localization of knowledge spillovers as evidenced by patent citations. *The Quarterly Journal of Economics*.

Johnston, R.J., 1982. *The American urban system: A geographical perspective*. Longman, London St. Martin's New York.

Jonkers, K., 2010. *Mobility, migration and the Chinese scientific research system*. London: Routledge

Jöns, H., 2009. 'Brain circulation' and transnational knowledge networks: studying long‐term effects of academic mobility to Germany, 1954–2000. *Global Networks*, 9(3).

Jöns, H., E. Mavroudi and M.Heffernan, 2015. Mobilising the elective diaspora: US–German academic exchanges since 1945. *Transactions of the Institute of British Geographers*, 40(1).

Jürgens, B., V. Herrero-Solana, 2015. Espacenet, Patentscope and Depatisnet: A comparison approach. *World Patent Information*, 42.

Katz, J., 1994. Geographical proximity and scientific collaboration. *Scientometrics*, 31(1).

Katz, J.S., B.R. Martin, 1997. What is research collaboration? *Research Policy*, 26(1).

Kloosterman, R.C., S. Musterd 2001. The polycentric urban region: towards a research agenda. *Urban Studies*, 38(4).

Knoben, J., L.A. Oerlemans, 2006. Proximity and inter-organizational collaboration: A literature review. *International Journal of Management Reviews*, 8(2).

Krätke, S., 2010. Regional knowledge networks: A network analysis approach to the interlinking of knowledge resources. *European Urban and Regional Studies*, 17(1).

Kumar, S., V.A. Rohani, and K. Ratnavelu, 2014. International research collaborations of ASEAN Nations in economics, 1979–2010. *Scientometrics*, *101*(1).

Lambooy, J.G., 1998. Polynucleation and economic development: the Randstad. *European Planning Studies,* 6(4).

Lambregts, B., 2008. Geographies of knowledge formation in mega-city regions: Some evidence from the Dutch Randstad. *Regional Studies*, 42(8).

Lambregts, B., 2009. *The polycentric metropolis unpacked: concepts, trends, and policy in the Randstad Holland*. Amsterdam Institute for Metropolitan and International Development Studies.

Lang, R., D. Dhavale, 2005. *Beyond megalopolis: Exploring America's new "megapolitan" geography*. Brookings Mountain West Publications.

Lang, R., P. K. Knox, 2009. The new metropolis: rethinking megalopolis. *Regional Studies*, 43(6).

Lang, R., T. W. Sanchez and A. C. Oner, 2009. Beyond edge city: Office geography in the new metropolis. *Urban Geography*, 30(7).

Laursen, K., T. Reichstein and A. Salter, 2011. Exploring the effect of geographical proximity and university quality on university–industry collaboration in the United Kingdom. *Regional studies*, 45(4).

Leung, M.W., 2013. 'Read ten thousand books, walk ten thousand miles': Geographical mobility and capital accumulation among Chinese scholars. *Transactions of the Institute of British Geographers*, *38*(2).

Levy, J. M., 2015. *Contemporary urban planning* (10th edition). Routledge.

Li, L., 2005. The effects of trust and shared vision on inward knowledge transfer in subsidiaries' intra- and inter-organizational relationships. *International Business Review*, 14(1).

Liang, L.M., L. Zhang, H. Kretschmer, *et al*., 2006. Geographical and lingual preferences in scientific collaboration of the European Union (1994–2003). In *Proceedings International Workshop on Webometrics, Informetrics and Scientometrics and Seventh COLLNET Meeting*. Nancy, France.

Limtanakool, N., T. Schwanen and M. Dijst, 2009. Developments in the Dutch urban system on the basis of flows. *Regional Studies*, 43(2).

Liu, X., B. Derudder and K. Wu, 2016. Measuring polycentric urban development in China: An intercity transportation network perspective. *Regional Studies*, 50(8).

Liu, X., B. Derudder, 2012. Two‐Mode Networks and the Interlocking World City Network Model: A Reply to Neal. *Geographical Analysis*, *44*(2).

Lösch, A., 1940. *The economics of location*. Translation into English from the Second Rev. German Ed. by William H. Woglom with the Assistance of Wolfgang F. Stolper in 1954. Yale University Press.

Lundvall, B.A., 1992. *National systems of innovation, towards a theory of innovation and interactive learning*. London: Pinter.

Lüthi, S., A. Thierstein and V. Goebel, 2010. Intra‐firm and extra‐firm linkages in the knowledge economy: The case of the emerging mega‐city region of Munich. *Global networks*, 10(1).

Ma, H., C. Fang, B. Pang, *et al*., 2014. The effect of geographical proximity on scientific cooperation among Chinese cities from 1990 to 2010. *PloS one*, 9(11).

Ma, H., C. Fang, B. Pang, *et al*., 2015. Structure of Chinese city network as driven by technological knowledge flows. *Chinese Geographical Science*, 25(4).

Ma, X., M. Timberlake, 2013. World city typologies and national city system deterritorialisation: USA, China and Japan. *Urban Studies*, *50*(2).

Machlup, F., 1962. *The production and distribution of knowledge in the United States (Vol. 278)*. Princeton university press.

Machlup, F., 1980. *Knowledge: Its Creation, Distribution, and Economic Significance, Vol. I.* Princeton University Press.

Maggioni, M. A., T.E. Uberti, 2011. Networks and geography in the economics of knowledge flows. *Quality and quantity*, 45(5).

Maggioni, M.A., M. Nosvelli and T.E. Uberti, 2007. Space versus networks in the geography of innovation: A European analysis. *Papers in Regional Science*, *86*(3).

Marrocu, E., R. Paci and S. Usai, 2011. *Proximity, networks and knowledge production in Europe*. Centre for North South Economic Research, University of Cagliari and Sassari, Sardinia (working paper).

Martin, P., 1996. *The death of geography*. Financial Times, 22.

Maskell, P., A. Malmberg 1999. The competitiveness of firms and regions 'Ubiquitification' and the importance of localized learning. *European Urban and Regional Studies*, 6(1).

Massey, D.B., J. Allen and S. Pile, 1999. *City worlds*. Psychology Press.

Matthiessen, C. W., A.W. Schwarz and S. Find, 2002. The Top-level global research system, 1997-1999: Centres, Networks and Nodality. An Analysis Based on Bibliometric Indicators. *Urban Studies*, 39(5-6).

Matthiessen, C. W., A.W. Schwarz and S. Find, 2010. World cities of scientific knowledge: Systems, networks and potential dynamics: an analysis based on bibliometric indicators. *Urban Studies*, 47(9).

Matthiessen, C.W., A.W. Schwarz and S. Find, 2002. The Top-level global research system, 1997-1999: Centres, Networks and Nodality. An Analysis Based on Bibliometric Indicators. *Urban Studies*, 39(5-6).

Matthiessen, C.W., A.W. Schwarz and S. Find, 2010. World cities of scientific knowledge: Systems, networks and potential dynamics: an analysis based on bibliometric indicators. *Urban Studies*, 47(9).

Mayer, M., 2008. To what end do we theorize sociospatial relations?. *Environment and Planning D: Society and Space*, 26(3).

McEvily, B., V. Perrone and A. Zaheer, 2003. Trust as an organizing principle. *Organization Science*, 14(1).

McGee, T. G., I. M. Robinson, 1995. *The mega-urban regions of Southeast Asia* (Vol. 1). UBC Press.

Meijers, E. J., M.J. Burger, 2010. Spatial structure and productivity in US metropolitan areas. *Environment and Planning A*, 42.

Meijers, E., 2005. Polycentric urban regions and the quest for synergy: is a network of cities more than the sum of the parts? *Urban studies*, *42*(4).

Meijers, E., 2007. From central place to network model: theory and evidence of a paradigm change. *Tijdschrift voor economische en sociale geografie*, 98(2).

Meijers, E., 2008. Measuring polycentricity and its promises. *European Planning Studies*, 16(9).

Meijers, E., J. Hoekstra and R. Aguado, 2008. Strategic planning for city networks: The emergence of a

Basque Global City? *International Planning Studies*, 13(3).

Meijers, E.J., M.J. Burger, 2010. Spatial structure and productivity in US metropolitan areas. *Environment and Planning A*, 42.

Meller, H., 1993. Some reflections on the concept of megalopolis and its use by Patrick Geddes and Lewis Mumford. In: Barker, T., A. Sutcliffe (Eds.). *Megalopolis: The Giant City in History*, 116-129. Palgrave Macmillan UK.

Merton, R.K., 1968. The Matthew effect in science. *Science*, *159*(3810).

Miguélez, E., R. Moreno, 2013. Research networks and inventors' mobility as drivers of innovation: evidence from Europe. *Regional Studies*, *47*(10).

Morescalchi, A., F. Pammolli, O. Penner, *et al.*, 2015. The evolution of networks of innovators within and across borders: Evidence from patent data. *Research Policy*, 44(3).

Morgan, K., 1997. The learning region: institutions, innovation and regional renewal. *Regional Studies*, 41(S1).

Morgan, K., 2004. The exaggerated death of geography: Learning, proximity and territorial innovation systems. *Journal of Economic Geography*, 4(1).

Mumford, L., 1938. *The culture of cities*. New York: Harcourt. Brace and world. National Science Board. 2014. *Science and Engineering Indicators 2014*. Arlington VA: National Science Foundation (NSB 14-01).

Mumford, L., 1961. *The city in history: Its origins, its transformations, and its prospects* (Vol. 67). Houghton Mifflin Harcourt.

National Science Board, 2014. *Science and Engineering Indicators 2014*. Arlington VA: National Science Foundation (NSB 14-01).

National Science Board, 2016. *Science and Engineering Indicators 2016*. Arlington, VA: National Science Foundation (NSB-2016-1).

Neal, Z.P., 2011. From central places to network bases: A transition in the US urban hierarchy, 1900–2000. *City and Community*, 10(1).

Nelson, R.R. (Ed), 1993. *National innovation systems: a comparative analysis*. Oxford: Oxford University Press.

Nelson, R.R., S.G. Winter, 1982. *An evolutionary theory of economic change*. Cambridge: Harvard University Press.

Nijman, J., 1996. Breaking the rules: Miami in the urban hierarchy. *Urban Geography*, 17(1).

Nonaka, I., H. Takeuchi, 1995. *The knowledge-creating company: How Japanese companies create the dynamics of innovation*. Oxford: Oxford university press.

Nonaka, I., R. Toyama and N. Konno, 2000. SECI, Ba and leadership: a unified model of dynamic knowledge creation. *Long Range Planning*, 33(1).

Nooteboom, B., 1999. Innovation, learning and industrial organization. *Cambridge Journal of Economics*, 23(2).

Nooteboom, B., 2000. Learning by interaction: absorptive capacity, cognitive distance and governance. *Journal of Management and Governance*, 4(1-2).

Nooteboom, B., W. Van Haverbeke, G. Duysters, *et al.*, 2007. Optimal cognitive distance and absorptive capacity. *Research Policy*, 36(7).

Óhuallacháin, B., L. Der-Shiuan, 2014. Urban centers and networks of co-invention in American biotechnology. *The Annals of Regional Science*, 52(3).

O'brien, R., 1992. *Global financial integration: the end of geography*. Royal Institute of International Affairs.

OECD, 2002. *Frascati Manual 2002: Proposed Standard Practice for Surveys on Research and Experimental Development*. Paris: OECD.

OECD, 2005. *Oslo manual: The measurement of scientific and technological activities*. Paris: OECD.

Oinas, P., 1999. Activity-specificity in organizational learning: implications for analyzing the role of proximity. *GeoJournal*, 49(4), 363-372.

Owen-Smith, J., W.W. Powell, 2004. Knowledge networks as channels and conduits: The effects of spillovers in the Boston biotechnology community. *Organization Science*, 15(1).

Pain, K., 2011. 'New Worlds' for 'Old'? Twenty‐First‐Century Gateways and Corridors: Reflections on a European Spatial Perspective. *International Journal of Urban and Regional Research*, 35(6).

Pan, F., D. Brooker, 2014. Going global? Examining the geography of Chinese firms' overseas listings on international stock exchanges. *Geoforum*, 52.

Parr, J. 2004. The polycentric urban region: a closer inspection. *Regional Studies*, 38(3).

Partha, D., P.A. David, 1994. Toward a new economics of science. *Research policy*, 23(5).

Pavlínek, P., 2012. The internationalization of corporate R and D and the automotive industry R and D of East-Central Europe. *Economic Geography*, 88(3).

Phelps, N.A., 2008. Cluster or capture: manufacturing foreign direct investment and, external economies and agglomeration. *Regional Studies*, 42(4).

Phelps, N.A., 2010. Suburbs for nations? Some interdisciplinary connections on the suburban economy. *Cities*, 27(2).

Phelps, N.A., D. MacKinnon, I. Stone, *et al.*, 2003. Embedding the multinationals: institutions and the development of overseas manufacturing affiliates in Wales and North East England. *Regional Studies,* 37(1).

Phelps, N.A., T. Ozawa, 2003. Contrasts in agglomeration: proto-industrial, industrial and post-industrial forms compared. *Progress in Human Geography*, 27(5).

Polanyi, M., 1962. Tacit knowing: Its bearing on some problems of philosophy. *Reviews of Modern Physics*, 34(4).

Polanyi, M., 1967. The tacit dimension. *Garden City*, NY: Anchor Books.

Ponds, R., F. Van Oort and K. Frenken, 2007. The geographical and institutional proximity of research collaboration. *Papers in Regional Science*, 86(3).

Ponds, R., F. Van Oort and K. Frenken, 2010. Innovation, spillovers and university–industry collaboration: an extended knowledge production function approach. *Journal of Economic Geography*, 10(2).

Portes, A., 2000. Globalization from below: the rise of transnational communities. In: Kalb, D., M. van der Land, R. Staring, *et al.* (Eds.). 2000. *The ends of globalization: bringing society back in*. Rowman and Littlefield.

Pred, A.R., 1977. *City systems in advanced economies: Past growth, present processes, and future development options*. John Wiley and Sons.

Pred, A.R., 1978. On the spatial structure of organizations and the complexity of metropolitan interdependence. In: Bourne, L. S. and Simmons, J. W. (eds). *Systems of cities* (292-309). New York: Oxford University Press.

Quan, X., H. Chesbrough, 2010. Hierarchical segmentation of R and D process and intellectual property protection: Evidence from multinational R and D laboratories in China. *IEEE Transactions on Engineering Management*, 57(1).

Rallet, A., A. Torre, 1999. Is geographical proximity necessary in the innovation networks in the era of global economy? *GeoJournal*, 49(4).

Ren, S., R. Rousseau, 2002. International visibility of Chinese scientific journals. *Scientometrics*, 53(3).

Renkow, M., D. Hoover, 2000. Commuting, Migration, and Rural-Urban Population Dynamics. *Journal of Regional Science*, 40(2).

Rice, R. E., C. Aydin, 1991. Attitudes toward new organizational technology: Network proximity as a mechanism for social information processing. *Administrative Science Quarterly*.

Rietveld, P., R. Vickerman, 2004. Transport in regional science: The "death of distance" is premature. *Papers in Regional Science*, 83(1).

Ross, C.L.M., 2009. *Megaregions: Planning for global competitiveness*. Washington DC: Island Press.

Rossi, E.C., P. J. Taylor, 2005. Banking networks across Brazilian cities: interlocking cities within and beyond Brazil. *Cities*, 22(5).

Rychen, F., J.B. Zimmermann, 2008. Clusters in the global knowledge-based economy: knowledge gatekeepers and temporary proximity. *Regional Studies*, 42(6).

Sassen, S., 1991. *The global city: New York, London, Tokyo*. Princeton, NJ: Princeton University Press.

Sassen, S., 1994. *Cities in a world economy*. Thousand Oaks, CA: Pine Forge.

Sassen, S., 2007. Megaregions: benefits beyond sharing trains and parking lots. In: Goldfeld, K.S. (Ed.). *The economic geography of megaregions*, 59-83. Princeton University Press.

Saxenian, A. 1996. *Regional advantage*. Cambridge: Harvard University Press.

Saxenian, A., 1991. The origins and dynamics of production networks in Silicon Valley. *Research Policy*, 20(5).

Saxenian, A., 1999. *Silicon Valley's new immigrant entrepreneurs*. San Francisco: Public Policy Institute of California.

Saxenian, A., 2005. From brain drain to brain circulation: Transnational communities and regional upgrading in India and China. *Studies in Comparative International Development*, 40(2).

Saxenian, A., 2007. *The new argonauts: Regional advantage in a global economy*. Cambridge: Harvard University Press.

Saxenian, A., C. Sabel, 2008. Roepke lecture in economic geography venture capital in the "periphery": the new argonauts, global search, and local institution building. *Economic Geography*, 84(4).

Saxenian, A., J.Y. Hsu, 2001. The Silicon Valley–Hsinchu connection: Technical communities and industrial upgrading. *Industrial and Corporate Change*, 10(4).

Scherngell, T., R. Lata, 2013. Towards an integrated European Research Area? Findings from Eigenvector spatially filtered spatial interaction models using European Framework Program data. *Papers in Regional Science*, 92(3).

Scherngell, T., Y. Hu, 2011. Collaborative knowledge production in China: Regional evidence from a gravity model approach. *Regional Studies*, 45(6).

Schmoch, U., 1997. Indicators and the relations between science and technology. *Scientometrics*, 38(1).

Scott, A. J., M. Storper, 1987. High technology industry and regional development: A theoretical critique and reconstruction. *International Social Science Journal*, 39.

Scott, A.J. (Ed.), 2002. *Global city-regions: Trends, theory, policy*. Oxford: Oxford University Press.

Scott, A.J., 1993. *Technopolis: high-technology industry and regional development in Southern California*. University of California Press.

Scott, A.J., 2001. Globalization and the rise of city-regions. *European Planning Studies*, 9(7), 813-826.

Seufert, A., G. von Krogh and A. Bach, 1999. Towards knowledge networking, *Journal of Knowledge Management*, 3(3).

Shapiro, M.A., M. So and H. Woo Park, 2010. Quantifying the national innovation system: Inter-regional collaboration networks in South Korea. *Technology Analysis and Strategic Management*, 22(7).

Shaw, A.T., J.P. Gilly, 2000. On the analytical dimension of proximity dynamics. *Regional Studies*, 34(2).

Shearmur, R., 2012. Are cities the font of innovation? A critical review of the literature on cities and innovation. *Cities*, 29.

Shearmur, R., 2012. Are cities the font of innovation? A critical review of the literature on cities and innovation. *Cities*, 29.

Shearmur, R., D. Doloreux, 2015. Knowledge-Intensive Business Services (KIBS) use and user Innovation: High-order services, geographic hierarchies and internet use in Quebec's manufacturing sector. *Regional Studies*, 49(10).

Sheppard, E., 2002. The spaces and times of globalization: Place, scale, networks, and positionality. *Economic Geography*, 78(3).

Short, J. R., 2007. *Liquid City: Megalopolis and the Contemporary Northeast*. London: Earthscan.

Short, J. R., C. Breitbach, S. Buckman, et al., 2000. From world cities to gateway cities: Extending the boundaries of globalization theory. *City*, 4(3).

Simmie, J. (Ed), 2001. *Innovative cities*. London: Spon Press.

Simmie, J., 1998. Reasons for the development of 'islands of innovation': evidence from Hertfordshire. *Urban Studies*, 35(8).

Simmie, J., 2003. Innovation and urban regions as national and international nodes for the transfer and sharing of knowledge. *Regional Studies*, 37(6-7).

Simmonds, R., G. Hack, 2000. *Global city regions: their emerging forms*. Taylor and Francis.

Singh, J., 2007. External collaboration, social networks and knowledge creation: Evidence from scientific publications. In *Danish Research Unit of Industrial Dynamics Summer Conference*.

Soja, E.W., 1989. *Postmodern geographies: The reassertion of space in critical social theory*. New York: Verso.

Soja, E.W., 2000. *Postmetropolis: Critical studies of cities and regions*. Wiley-Blackwell

Sonn, J.W., 2004. *Interregional and interurban convergence in knowledge production? Spatio-temporal changes in US patenting, 1965-1997*. London School of Economics and Political Science, Department of Geography and Environment.

Sonn, J.W., M. Storper, 2008. The increasing importance of geographical proximity in knowledge production: An analysis of US patent citations, 1975–1997. *Environment and Planning A*, 40(5).

Spender, J.C., 1996. Making knowledge the basis of a dynamic theory of the firm. *Strategic Management Journal*, 17(S2).

Spiekermann, K., M. Wegener, 2004. *How to measure polycentricity*. Warsaw: ESPON, 113.

Sternberg, R., 1999. Innovative linkages and proximity: empirical results from recent surveys of small and medium sized firms in German regions. *Regional Studies*, 33(6).

Stevens, C., 1997. Mapping innovation. *The OECD Observer*, (207).

Stokes, D.E., 1997. *Pasteur's quadrant: Basic science and technological innovation*. Washington: Brookings Institution Press.

Sun, Y., 2016. The structure and dynamics of intra- and inter-regional research collaborative networks: The case of China (1985–2008). *Technological Forecasting and Social Change*, 108.

Sun, Y., C. Cao, 2015. Intra-and inter-regional research collaboration across organizational boundaries: Evolving patterns in China. *Technological Forecasting and Social Change*, 96.

Sun, Y., D. Du and L. Huang, 2006. Foreign R and D in developing countries: empirical evidence from Shanghai, China. *China Review*.

Sun, Y., K. Wen, 2007. Uncertainties, imitative behaviours and foreign R and D location: explaining the over-concentration of foreign R and D in Beijing and Shanghai within China. *Asia Pacific Business Review*, 13(3).

Suttmeier, R.P., C. Cao and D.F. Simon, 2006. "Knowledge Innovation" and the Chinese Academy of Sciences. *Science*, 312(5770).

Suttmeier, R.P., C. Cao, 1999. China faces the new industrial revolution: Achievement and uncertainty in the search for research and innovation strategies. *Asian Perspective*, 23(3).

Swyngedouw, E., 2004. Globalisation or 'glocalisation'? Networks, territories and rescaling. *Cambridge review of international affairs*, 17(1).

Talen, E., 2005. *New urbanism and American planning: the conflict of cultures*. Routledge.

Taylor, P. J., 2001. Specification of the world city network. *Geographical analysis*, 33(2).

Taylor, P. J., B. Derudder, 2016. *World city network: A global urban analysis* (2nd edition). Routledge.

Taylor, P. J., B. Derudder, M. Hoyler, et al., 2014a. City-dyad analyses of China's integration into the world city network. *Urban Studies*, 51(5).

Taylor, P. J., B. Derudder, J. Faulconbridge, et al., 2014b. Advanced Producer Service Firms as Strategic Networks, Global Cities as Strategic Places. *Economic Geography*, 90(3).

Taylor, P. J., D.M. Evans and K. Pain, 2008. Application of the interlocking network model to mega-city-regions: Measuring polycentricity within and beyond city-regions. *Regional Studies*, 42(8).

Taylor, P. J., M. Hoyler and R. Verbruggen, 2010. External urban relational process: Introducing central flow theory to complement central place theory. *Urban Studies*, 47(13).

Taylor, P.J., B. Derudder, 2016. *World city network: A global urban analysis* (2nd edition). Routledge.

Taylor, P.J., B. Derudder, M. Hoyler, et al., 2014a. City-dyad analyses of China's integration into the world city network. *Urban Studies*, 51(5).

Taylor, P.J., D.M. Evans and K. Pain, (2008). Application of the interlocking network model to mega-city-regions: Measuring polycentricity within and beyond city-regions. *Regional*

Studies, 42(8).

Taylor, P.J., G. Catalano and D.R.F Walker., 2002. Measurement of the world city network. *Urban Studies*, 39(13).

Taylor, P.J., M. Hoyler and R. Verbruggen, 2010. External urban relational process: Introducing central flow theory to complement central place theory. *Urban Studies*, 47(13).

Ter Wal, A. L., 2014. The dynamics of the inventor network in German biotechnology: geographic proximity versus triadic closure. *Journal of Economic Geography*, 14(3).

Ter Wal, A.L., R.A. Boschma, 2009. Applying social network analysis in economic geography: Framing some key analytic issues. *The Annals of Regional Science*, 43(3).

Tödtling, F., P. Lehner and M. Trippl, 2006. Innovation in knowledge intensive industries: The nature and geography of knowledge links. *European Planning Studies*, 14(8).

Torre, A., 2008. On the role played by temporary geographical proximity in knowledge transmission. *Regional Studies*, 42(6).

Torre, A., A. Rallet, 2005. Proximity and localization. *Regional Studies*, 39(1).

Tranos, E., P. Nijkamp, 2013. The death of distance revisited: Cyber-place, physical and relational proximities. *Journal of Regional Science*, 53(5).

Van Geenhuizen, M., 2007. Modelling dynamics of knowledge networks and local connectedness: a case study of urban high-tech companies in The Netherlands. *The Annals of Regional Science*, 41(4).

Van Houtum, H., A. Lagendijk, 2001. Contextualizing regional identity and imagination in the construction of polycentric urban regions: The cases of the Ruhr area and the Basque country. *Urban Studies*, 38(4).

van Meeteren, M., A. Poorthuis, B. Derudder, et al., 2016. Pacifying Babel's Tower: A scientometric analysis of polycentricity in urban research. *Urban Studies*, 53(6).

Van Oort, F., M. Burger and O. Raspe, 2010. On the economic foundation of the urban network paradigm: Spatial integration, functional integration and economic complementarities within the Dutch Randstad. *Urban Studies*, 47(4).

Van Wijk, R., J.J. Jansen and M.A. Lyles, 2008. Inter- and intra-organizational knowledge transfer: A meta-analytic review and assessment of its antecedents and consequences. *Journal of Management Studies*, 45(4).

Varga, A., D. Pontikakis and G. Chorafakis, 2014. Metropolitan Edison and cosmopolitan Pasteur? Agglomeration and interregional research network effects on European R and D productivity. *Journal of Economic Geography*, 14(2).

Vasanen, A., 2012. Functional polycentricity: Examining metropolitan spatial structure through the connectivity of urban sub-centers. *Urban Studies*, 49(16).

Vicino, T.J., B. Hanlon and J.R. Short, 2007. Megalopolis 50 years on: The transformation of a city region. *International Journal of Urban and Regional Research*, 31(2).

von Proff, S., T. Brenner, 2014. The dynamics of inter-regional collaboration: an analysis of co-patenting. *The Annals of Regional Science*, 52(1).

Von Zedtwitz, M., 2004. Managing foreign R and D laboratories in China. *R and D Management*, 34(4).

Wagner, C.S., L. Leydesdorff, 2005. Network structure, self-organization, and the growth of international collaboration in science. *Research Policy*, 34(10).

Wagner-Döbler, R., 2001. Continuity and discontinuity of collaboration behavior since 1800: from a bibliometric point of view. *Scientometrics*, 52(3).

Wang, X., S. Xu, Z. Wang, et al., 2013. International scientific collaboration of China: Collaborating countries, institutions and individuals. *Scientometrics*, 95(3).

Wang, Y., P. Lai and D. Sui, 2003. Mapping the Internet using GIS: The death of distance hypothesis revisited. *Journal of Geographical Systems*, 5(4).

Wang, Y., Y. Wu, Y. Pan, et al., 2005. Scientific collaboration in China as reflected in co-authorship. *Scientometrics*, 62(2).

Wei, Y.D., 2015. Network linkages and local embeddedness of foreign ventures in China: The case of Suzhou municipality. *Regional Studies*, 49(2).

Wei, Y.D., I. Liefner and C.H. Miao, 2011. Network configurations and R and D activities of the ICT industry in Suzhou municipality, China. *Geoforum*, 42(4).

Wilhelmsson, M., 2009. The spatial distribution of inventor networks. *The Annals of Regional Science*, 43(3).

Williams, A.M., 2007. Listen to me, learn with me: international migration and knowledge transfer. *British journal of industrial relations*, 45(2).

Wu, F., N.A. Phelps, 2011. (Post) suburban development and state entrepreneurialism in Beijing's outer suburbs. *Environment and Planning A*, 43(2).

Wuyts, S., M.G. Colombo, S. Dutta, et al., 2005. Empirical tests of optimal cognitive distance. *Journal of Economic Behavior and Organization*, 58(2).

Yeung, H.W.C., 2009. Regional development and the competitive dynamics of global production networks: An East Asian perspective. *Regional Studies*, 43(3).

Yusuf, S., 2007. *About urban mega regions: Knowns and unknowns*. World Bank Policy Research Working Paper, (4252).

Zhang, L.Y., 2014. Dynamics and constraints of state-led global city formation in emerging economies: the case of Shanghai. *Urban Studies*, 51(6).

Zhang, X., R.C. Kloosterman, 2016. Connecting the 'workshop of the world': Intra-and extra-service networks of the Pearl River Delta city-region. *Regional Studies*, 50(6).

Zhou, P., L. Leydesdorff, 2006. The emergence of China as a leading nation in science. *Research policy*, 35(1).

Zucker, L.G., M.R. Darby, J. Furner, et al., 2007. Minerva unbound: Knowledge stocks, knowledge flows and new knowledge production. *Research Policy*, 36(6).

Zweig, D., 2006. Competing for talent: China's strategies to reverse the brain drain. *International Labour Review*, 145(1-2).

安頔、胡映洁、万勇:"中国城市信息流网络空间结构特征研究——基于降噪处理与有向网络分析方法",《世界地理研究》,2022年。

蔡莉丽、马学广、陈伟劲等:"基于客运交通流的珠三角城市区域功能多中心特征研究",《经济地理》,2013年第11期。

曹清峰:"协同创新推动区域协调发展的新机制研究——网络外部性视角",《学习与实践》,2019年第10期。

曹湛、戴靓、吴康等:"全球城市知识合作网络演化的结构特征与驱动因素",《地理研究》,2022

年第 4 期。

陈承堂、王婷：“从中国科协的运作模式看其对地方科技立法的影响”，《中国科技论坛》，2003 年第 4 期。

陈肖飞、苗长虹、潘少奇等：“轮轴式产业集群内企业网络特征及形成机理——基于 2014 年奇瑞汽车集群实证分析”，《地理研究》，2018 年第 2 期。

陈肖飞、杨洁辉、王恩儒等：“基于汽车产业供应链体系的中国城市网络特征研究”，《地理研究》，2020 年第 2 期。

崔丹、李国平：“中国三大城市群技术创新效率格局及类型研究”，《中国科学院院刊》，2022 年第 12 期。

董津津、陈关聚：“创新网络嵌入影响、社区意识对绩效的影响”，《科技进步与对策》，2020 年第 5 期。

段德忠、杜德斌、谌颖等："中国城市创新网络的时空复杂性及生长机制研究"，《地理科学》，2018 年第 11 期。

方创琳、毛其智、倪鹏飞：“中国城市群科学选择与分级发展的争鸣及探索”，《地理学报》，2015 年第 4 期。

方创琳、宋吉涛、张蔷等：“中国城市群结构体系的组成与空间分异格局”，《地理学报》，2005 年第 5 期。

方创琳：“中国城市群研究取得的重要进展与未来发展方向”，《地理学报》，2004 年第 8 期。

盖文启、王缉慈：“论区域创新网络对中国高新技术中小企业发展的作用”，《中国软科学》，1999 年第 9 期。

顾朝林、陈璐、丁睿：“全球化与重建国家城市体系设想”，《地理科学》，2005 年第 6 期。

顾朝林：“城市群研究进展与展望”，《地理研究》，2011 年第 5 期。

桂钦昌、杜德斌、刘承良等：“全球城市知识流动网络的结构特征与影响因素”，《地理研究》，2021 年第 5 期。

胡序威、周一星、顾朝林：《中国沿海城镇密集地区空间集聚与扩散研究》，科学出版社，2000 年。

黄亮：“国际研发城市的特征、网络与形成机制研究”（博士论文），华东师范大学，2014 年。

焦美琪、杜德斌、桂钦昌等：“全球城市技术合作网络的拓扑结构特征与空间格局”，《地理科学》，2019 年第 10 期。

李丹丹、汪涛、魏也华等：“中国城市尺度科学知识网络与技术知识网络结构的时空复杂性”，《地理研究》，2015 年第 3 期。

李俊峰、柏晶菁、王淑婧：“镇域传统产业集群创新网络演进特征及形成机理——以安徽高沟镇电缆产业为例”，《地理科学》，2021 年第 6 期。

李琳、邓如：“产业生命周期视角下多维邻近性对集群创新的动态影响——以中国电子信息产业集群为例”，《软科学》，2018 年第 8 期。

李习保、解峰：“中国高校知识生产和创新活动影响因素的实证研究”，《数量经济技术经济研究》，2013 年第 1 期。

李仙德：“基于上市公司网络的长三角城市网络空间结构研究”，《地理科学进展》，2014 年第 12 期。

李迎成：“大都市圈城市创新网络及其发展特征初探”，《城市规划》，2019 年第 6 期。

李迎成：“中西方城市网络研究差异及思考”，《国际城市规划》，2018 年第 2 期。

林涛：“长三角的交通一体化现状、进程与挑战”，《科学》，2022 年第 3 期。

刘承良、管明明、段德忠："中国城际技术转移网络的空间格局及影响因素"，《地理学报》，2018年第8期。

刘承良、桂钦昌、段德忠等："全球科研论文合作网络的结构异质性及其邻近性机理"，《地理学报》，2017年第4期。

隆连堂、姜照华、刘则渊等："中国区域知识生产合作强度的定量分析"，《科技进步与对策》，2006年第1期。

陆军、毛文峰："城市网络外部性的崛起：区域经济高质量一体化发展的新机制"，《经济学家》，2020年第12期。

路旭、马学广、李贵才："基于国际高级生产者服务业布局的珠三角城市网络空间格局研究"，《经济地理》，2012年第4期。

罗震东、何鹤鸣、耿磊："基于客运交通流的长江三角洲功能多中心结构研究"，《城市规划学刊》，2011年第2期。

罗震东、朱查松："解读多中心：形态、功能与治理"，《国际城市规划》，2008年第1期。

罗震东："长江三角洲功能多中心程度初探"，《国际城市规划》，2010年第1期。

吕拉昌、李勇："基于城市创新职能的中国创新城市空间体系"，《地理学报》，2010年第2期。

吕拉昌、梁政骥、黄茹："中国主要城市间的创新联系研究"，《地理科学》，2015年第1期。

马海涛、黄晓东、李迎成："粤港澳大湾区城市群知识多中心的演化过程与机理"，《地理学报》，2018年第12期。

马海涛："基于人才流动的城市网络关系构建"，《地理研究》，2017年第1期。

马海涛："知识流动空间的城市关系建构与创新网络模拟"，《地理学报》，2020年第4期。

宁越敏："中国都市区和大城市群的界定——兼论大城市群在区域经济发展中的作用"，《地理科学》，2011年第3期。

牛欣、陈向东："城市创新跨边界合作与辐射距离探析——基于城市间合作申请专利数据的研究"，《地理科学》，2013年第6期。

钮心毅、王垚、刘嘉伟等："基于跨城功能联系的上海都市圈空间结构研究"，《城市规划学刊》，2018年第5期。

欧阳杰、李家慧："世界级城市群及其中心城市的枢纽能级分析——基于国际航空网络结构的研究"，《城市问题》，2020年第11期。

苏屹、郭家兴、王文静："多维邻近性下新能源合作创新网络演化研究"，《科研管理》，2021年第8期。

唐子来、李粲："迈向全球城市的战略思考"，《国际城市规划》，2015年第4期。

唐子来、李涛："长三角地区和长江中游地区的城市体系比较研究：基于企业关联网络的分析方法"，《城市规划学刊》，2014年第2期。

汪涛、S. Hennemann、I. Liefner 等："知识网络空间结构演化及对 NIS 建设的启示——以中国生物技术知识为例"，《地理研究》，2011年第10期。

王海江、苗长虹："基于 O-D 网络的全国中心城市铁路客运联系及其分布规律"，《经济地理》，2014年第5期。

王鹏、钟敏："粤港澳大湾区创新网络与城市经济韧性"，《华南师范大学学报（社会科学版）》，2020年第6期。

王兴平："创新型都市圈的基本特征与发展机制初探"，《南京社会科学》，2014年第4期。

吴一洲、赖世刚、吴次芳："多中心城市的概念内涵与空间特征解析"，《城市规划》，2016年第6

期。
吴志强、陆天赞：引力和网络："长三角创新城市群落的空间组织特征分析"，《城市规划学刊》，2015 年第 2 期。
席强敏、李国平、孙瑜康等："京津冀科技合作网络的演变特征及影响因素"，《地理学报》，2022 年第 6 期。
熊丽芳、甄峰、王波等："基于百度指数的长三角核心区城市网络特征研究"，《经济地理》，2013 年第 7 期。
徐江："多中心城市群：POLYNET 引发的思考"，《国际城市规划》，2008 年第 1 期。
许培源、吴贵华："粤港澳大湾区知识创新网络的空间演化——兼论深圳科技创新中心地位"，《中国软科学》，2019 年第 5 期。
姚士谋："中国城市群的特征、类型与空间布局"，《城市问题》，1992 年第 1 期。
叶琴、曾刚："经济地理学视角下创新网络研究进展"，《人文地理》，2019 年第 3 期。
曾德明、张裕中、戴海闻："合作网络邻近性、网络结构与标准制定能力的关系研究"，《软科学》，2018 年第 3 期。
张华、孙鹏："多维邻近性对陕西泾阳茯茶产业集群创新的影响研究"，《南京师大学报（自然科学版）》，2022 年第 5 期。
张凯煌、千庆兰："中国新能源汽车产业创新网络特征及其多维邻近性成因"，《地理研究》，2021 年第 8 期。
赵渺希、黎智枫、钟烨等："中国城市群多中心网络的拓扑结构"，《地理科学进展》，2016 年第 3 期。
赵渺希、刘铮："基于生产性服务业的中国城市网络研究"，《城市规划》，2012 年第 9 期。
赵渺希、钟烨、徐高峰："中国三大城市群多中心网络的时空演化"，《经济地理》，2015 年第 3 期
甄峰、王波、陈映雪："基于网络社会空间的中国城市网络特征——以新浪微博为例"，《地理学报》，2012 年第 8 期。
周灿、曾刚、曹贤忠："中国城市创新网络结构与创新能力研究"，《地理研究》，2017 年第 7 期。
周红梅："2021 年长三角地区港口经济运行情况及形势分析"，《中国港口》，2022 年第 5 期。
周一星："中国的城市地理学：评价和展望"，《人文地理》，1991 年第 2 期。
朱惠斌、李贵才："基于功能网络的珠三角区域经济空间格局"，《经济地理》，2015 年第 2 期。
朱凯："政府参与的创新空间"组"模式与"织"导向初探——以南京市为例"，《城市规划》，2015 年第 3 期。